I0004452

Scheckenbach
Semantische Geschäftsprozeßintegration

GABLER EDITION WISSENSCHAFT

Rainer Scheckenbach

Semantische Geschäftsprozeß-integration

Mit einem Geleitwort
von Prof. Dr. Rainer Thome

Springer Fachmedien Wiesbaden GmbH

Die Deutsche Bibliothek - CIP-Einheitsaufnahme

Scheckenbach, Rainer:
Sematische Geschäftsprozessintegration / Rainer Scheckenbach.
Mit einem Geleitw. von Rainer Thome.
- Wiesbaden : Dt. Univ.-Verl. ; Wiesbaden : Gabler, 1997
(Gabler Edition Wissenschaft)
Zugl.: Würzburg, Univ., Diss., 1997
ISBN 978-3-8244-6582-8   ISBN 978-3-663-08943-8 (eBook)
DOI 10.1007/978-3-663-08943-8

Rechte vorbehalten

© Springer Fachmedien Wiesbaden 1997
Ursprünglich erschienen bei Betriebswirtschaftlicher Verlag Dr . Th. Gabler GmbH,
Wiesbaden 1997.

http://www.gabler-online.de

Höchste inhaltliche und technische Qualität unserer Produkte ist unser Ziel. Bei der Produktion und
Auslieferung unserer Bücher wollen wir die Umwelt schonen: Dieses Buch ist auf säurefreiem und
chlorfrei gebleichtem Papier gedruckt.

Die Wiedergabe von Gebrauchsnamen, Handelsnamen, Warenbezeichnungen usw. in diesem
Werk berechtigt auch ohne besondere Kennzeichnung nicht zu der Annahme, daß solche Namen
im Sinne der Warenzeichen- und Markenschutz-Gesetzgebung als frei zu betrachten wären
und daher von jedermann benutzt werden dürften.

Lektorat: Ute Wrasmann / Michael Gließner

Geleitwort

Elektronischen Datenaustausch gibt es schon, seit Samuel Morse sein Alphabet aus langen und kurzen Impulsen erfand. Außer den Codierungen hat sich daran bis heute nicht viel geändert. Wir übertragen weiter, schneller und banaler – simple Aufträge an Stelle lebensrettender Positionsangaben. Aber trotz der enormen Möglichkeiten der lokalen und innerbetrieblichen Datenverarbeitung müssen in den meisten Fällen der zwischenbetrieblichen Kommunikation die Mitarbeiter den Inhalt der Nachrichten noch interpretieren und dem jeweils eigenen Computersystem verständlich machen.

Der biblische Gotteszorn, der die babylonischen Turmbauer mit Sprachverwirrung bestraft hat, wirkt in Gestalt unterschiedlicher Betriebssysteme, Übertagungsprotokolle und Netze bis heute fort, was die nutzbringende Anwendung der maschinellen Informationsverarbeitung enorm behindert. Mit dem ISO 7-Schichtenmodell wird auf der Basis weltweit vereinheitlichter Übertragungs- und Darstellungsverfahren zunächst die syntaktische Verwirrung überwunden. Aus Sicht der Wirtschaftsinformatik besteht jedoch die konsequente Forderung, auch die inhaltliche Verständigung zwischen den Anwendungen zu ermöglichen.

Hierzu liefert die vorliegende Arbeit einen wesentlichen Beitrag. Ihr Ziel, die semantische Geschäftsprozeßintegration, entspricht genau der Überwindung des Defizits, das die technische Entwicklung den Anwendern überlassen hat.

Das Big Business ist davon weniger betroffen. Es zwingt seine Partner einfach zu einem verständlichen, das heißt automatisch verarbeitbaren Jargon der elektronischen Nachrichten. Die kleineren Unternehmen müssen folglich umgekehrt für ihre verschiedenen großen Kunden auch mehrere individuelle Kommunikationsdialekte versenden. Nach dem Erfolg der innerbetrieblichen Integration liegt hier die Herausforderung für die künftigen betrieblichen Informationssysteme.

Herr Scheckenbach beschreibt detailliert, welche wesentlichen Schritte notwendig sind, um eine integrierte Wertschöpfungskette zwischen Unternehmen aufzubauen. Er weist auf die organisatorischen Implikationen hin und systematisiert das Vorgehen bei der Entwicklung einer betriebsübergreifenden Kommunikation. Von der Grundlagendarstellung des elektronischen Datenaustauschs bis zur semantischen Geschäftsprozeßintegration liefert das Buch wesentliche Anregungen zum Verständnis und zur Überwindung der konzeptionellen und organisatorischen Hindernisse beim Aufbau zwischenbetrieblicher Informationssysteme.

Rainer Thome

Vorwort

Moderne Management- und Kooperationsformen im Zeitalter des Electronic Commerce,
wie Business Process Reengineering (BPR), Efficient Consumer Response (ECR) oder
Virtuelle Unternehmung, erfordern eine integrierte, unternehmensübergreifende Prozeßgestaltung. Die isolierte Betrachtung der strategischen Möglichkeiten führt ebensowenig
zu effizienten Lösungen, wie informationstechnologische Gigantomanie. Gesucht werden
vielmehr praktikable Lösungen, die sich an den effektiven Anforderungen von Unternehmen orientieren und sich an die individuellen Anforderungen anpassen lassen. Hierzu
ist neben dem betriebswirtschaftlichen und organisatorischen Prozeß-Know-how auch das
Wissen um die informationstechnologischen Zusammenhänge eine zwingende Voraussetzung. Dies gilt ebenso für das Management wie auch für Personen aus dem Umfeld
Orga/DV, Anbieter von Anwendungs- und EDI-Systemen sowie Berater.

Bei der zwischenbetrieblichen Zusammenarbeit stehen sich informationstechnologisch wie
auch organisatorisch Anwendungssysteme gegenüber, deren Datenmodell und Vorgangsbearbeitung inkompatibel sind, so daß eine Verknüpfung der betrieblichen Abläufe nicht
ohne weiteres möglich ist. Obwohl diese Problemstellung bis in die 60er Jahre zurück
reicht, wurden bislang nur die Aspekte der Datenübermittlung und der standardisierten
Austauschformate befriedigend gelöst. Unberücksichtigt bleiben die korrekte betriebswirtschaftliche Interpretation der Daten sowie deren "intelligente" und schnelle Weiterverarbeitung entsprechend des zugrundeliegenden Geschäftsvorganges. Bestehende
Ansätze greifen auf "dumme", fehleranfällige Importschnittstellen oder dem Menschen als
flexible, jedoch langsame und kostenintensive Schnittstelle zurück.

Die semantische Geschäftsprozeßintegration liefert eine technische und organisatorische
Schnittstellenarchitektur für betriebswirtschaftliche Anwendungssoftware und vorgelagerte
EDI-Systeme. Besonderes Augenmerk wurde auf die Praktikabilität und Geschäftsprozeßorientierung gelegt. Kernstück bildet ein intelligenter Schnittstellen-Agent. In
Abhängigkeit vom Partner, dem zugrundeliegendem Geschäftsvorfall und den individuellen Vergangenheitsdaten werden eingehende Geschäftsdaten überprüft, anpaßt und
dynamisch in den anwendungsinternen Verarbeitungsprozeß eingeschleust. Ebenso lassen
sich mit einfachen Mitteln ausgehende Geschäftsvorfälle intelligent automatisieren.

Der Ansatz der Semantischen Geschäftsprozeßintegration kann sowohl als "Bauanleitung"
aber auch als Diskussionsgrundlage für Systemanbieter und Anwender bei der Konzeption
bzw. der Verbesserung von Integrierten Lösungen herangezogen werden.

Mein Dank sei an dieser Stelle all denen ausgesprochen, deren Mithilfe das vorliegende
Buch ermöglichte. Hervorzuheben ist Herr Prof. Dr. Rainer Thome, der mir die Freiheit

und den Rückhalt gegeben hat, mich nicht nur theoretisch, sondern insbesondere praktisch mit der Problemstellung auseinanderzusetzen. Im weiteren danke ich meinen Freunden Herrn Dipl. Math. Helmut Celina, Herrn Dipl.-Kfm. Michael Dörflein und Frau Dipl.-Kfm. Sabine Ost, die viel Zeit für die kritische Durchsicht des Manuskriptes und konstruktive Diskussionen geopfert haben.

Rainer Scheckenbach

Inhaltsverzeichnis

Abbildungsverzeichnis

Tabellenverzeichnis

Abkürzungsverzeichnis

Abb.	Abbildung
ADMD	Administration Management Domain
ALE	Application Link Enabling
ANSI	American National Standards Institute
API	Application Programming Interface
ASCII	American Standard Code for Information Interchange
ATM	Automatic Teller Machine
bbn	bundeseinheitliche Betriebsnummer
BDE	Betriebsdatenerfassung
BDI	Bundesverbandes der Deutschen Industrie
Bit	binary digit
BPR	Business Process Reengineering
BSR	Basic Semantic Repository
BSU	Basic Semantic Unit
CAD	Computer Aided Design
CALS	Computer Aided Acquisition and Logistics Support
CAM	Computer Aided Manufacturing
CCG	Centrale für Coorganisation
CI	Coded Information
CIC	Content Integrity Check
CIM	Computer Integrated Manufacturing
CSCW	Computer Supported Cooperative Work
DBMS	Datenbank-Management-System/-e
DBW	Die Betriebswirtschaft
DEDIG	Deutsche EDI-Gesellschaft
DFÜ	Datenfernübertragung
DIN	Deutsches Institut für Normung
DMS	Dokumentenmanagementsystem
DTB	deutsche Terminbörse
DV	Datenverarbeitung
EAN	Electronic Article Numbering

EC   Electronic Commerce

ECR   Efficient Consumer Response

EDCL   EDIFACT Code List

EDED   EDIFACT Data Elements Directory

EDI   Electronic Data Interchange

EDIFACT   Electronic Data Interchange for Administration, Commerce and
                Transport

EI   Externe Integration

ENGDAT   Engineering Data Message

EU   Europäische Union

FTAM   File Transfer, Access and Management

FTP   File Transfer Protocol

GoS   Grundlagen ordnungsgemäßer Speicherbuchführung

GUI   Graphical User Interface

GTDI   Guidelines for Trade Data Interchange

HMD   Handbuch moderner Datenverarbeitung

HTTP   Hypertext Transfer Protocol

HW   Hardware

ICMP   Internet Control Message Protocol

ICSDEF   Interchange Structure Definition

ID   Identification

IDoc   Intermediate Document

IEDI   Interactive EDI

ILN   International Location Numbering

IOS   Interorganisational Systems

ISDN   Integrated Services Digital Network

ISO   International Standards Organisation

ITU   International Telecommunication Union

JIT   Just In Time

KMU   kleine und mittelständische Unternehmen

LAN   Local Area Network

MAP   Manufacturing Automation Protocol

MHS   Message Handling System

MIME   Multipurpose Internet Mail Extension

MIT	Massachusetts Institute of Technology
MODACOM	Mobile Data Communication
MOSS	MIME Object Security Service
MSP	Message Security Protocol
MTA	Message Transfer Agent
MWD	Mehrwertdienste
NCI	Non Coded Information
NFS	Network File System
NVE	Nummer der Versandeinheit
o. Verl.	ohne Verlag
OCR	Optical Character Recognition
ODA/ODIF	Office Document Architecture/Office Document Interchange Format
ODETTE	Organization for Data Exchange by Teletransmission in Europe
OFTP	ODETTE File Transfer Protocol
OSI	Open Systems Interconnection
PC	Personal Computer
PCT	Private Communication Technology
PGP	Pretty Good Privacy
PSA	produktionssynchrone Anlieferung
RFC	Remote Function Call
S-HTTP	Secure Hypertext Transport Protocol
S/MIME	Secure MIME
SAS	Standardanwendungssoftware
SBEL	Small Business EDI-Lösungen
SEDAS	Standardregelung einheitlicher Datenaustauschsysteme
SGPI	Semantische Geschäftsprozeßintegration
SINFOS	SEDAS-Informationssatz
SITPRO	Simpler Trade Procedure Board
SMMT	Society of Motor Manufacturers and Traders
SMTP	Simple Mail Transfer Protocol
SQL	Structured Query Language
SSL	Secure Socket Layer
STEP	Standard for Exchange of Product Definition Data
SW	Software

TAG	Technical Assessment Group
TCP/IP	Transmission Control Protocol/Internet Protocol
TDCC	Transportation Data Coordination Committee
TK	Telekommunikation
TOP	Technical and Office Protocol
TQM	Total Quality Management
UA	User Agent
UDP	User Datagram Protocol
UN	United Nations
UNTDED	United Nations Trade Data Elements Directory
UNTDID	United Nations Trade Data Interchange Directory
VAN	Value Added Network
VANS	Value Added Network Services
VAS	Value Added Service
VDA	Verband Deutscher Automobilhersteller
VPN	Virtual Private Network
VULCAN	Virtuelle Unternehmen im Lehr-, Forschungs- und Ausbildungsnetz
WAN	Wide Area Network
WF	Workflow
WP	Working Party
WWW	World Wide Web
ZBI	zwischenbetriebliche Integration
zfo	Zeitschrift für Führung und Organisation

1   Elektronisch integrierte Wertschöpfungsketten

Integration in Form eines dynamischen Informationsaustausches beherrscht das bestehende Wirtschaftsleben. Innerbetrieblich steht seit mehr als einer Dekade die informationstechnologische Integration von Daten zwischen den verschiedenen Unternehmensbereichen im Interessenmittelpunkt. Diese Idee eines medienbruchfreien Datenaustausches spiegelt sich im CIM-Ansatz sowie in den integrierten Standardanwendungssystemen wider. Vor dem Hintergrund von Business Process Reegineering (BPR) gewinnt zunehmend die Dynamik in Form der bereichsübergreifenden Prozeßgestaltung an Bedeutung [STEI94, 83-84; RÜDI96, 58-59].

Informationstechnologisch wie auch organisatorisch stehen sich hierbei inkompatible Anwendungssysteme in den kooperierenden Unternehmen gegenüber [KUBI92, 6-9]. Der Mensch als flexible, jedoch langsame, fehleranfällige und kostenintensive Schnittstelle, überbrückt bislang diese Inkompatibilität, ohne jedoch den steigenden Anforderungen gerecht zu werden. Bereits digital vorliegende Geschäftsdaten werden ausgedruckt, dem Partner per Post oder elektronisch (z. B. Telefax) zugesandt und von diesem wieder für die elektronische, d. h. digitale Weiterverarbeitung erfaßt [OPPE92, 59].

Zwischenbetrieblich führt die steigende Intensität der Kooperationen mit vor- und nachgelagerten Wertschöpfungsstufen sowie Dienstleistern zu einer wachsenden organisatorischen Integration der Beteiligten. Die Globalisierung der Märkte geht einher mit dem Zwang, schneller und flexibler auch komplexe Leistungen am Markt anbieten zu können. Strategien wie ECR (Efficient Consumer Response), JIT (Just In Time) oder Lean Supply stellen höchste Anforderungen an die Koordination der kooperierenden Organisationseinheiten.

Eine zentrale Stellung nehmen hierbei betriebswirtschaftliche Anwendungssysteme ein. Sie dienen der Verwaltung von Leistungsprozessen und Austauschbeziehungen sowohl im Unternehmen als auch zwischen Organisationen [HANS92, 68]. Innerbetrieblich erfolgt die integrierte Informationsverarbeitung zunehmend auf Basis bereichsübergreifender Standardanwendungssysteme, deren Datenmodell und Vorgangsbearbeitung technisch sowie organisatorisch aufeinander abgestimmt sind. Zwischenbetrieblich nimmt der Mensch als „intelligente Schnittstelle" die aufgrund inkompatibler Datenmodelle und mangelnder Integrationsfähigkeit erforderlichen Erfassungs- und Anpassungstätigkeiten wahr [FISC93, 241]. Die Ineffizienz dieses Vorgehens zeigt sich in der Tatsache, daß 70% der manuell erfaßten Daten bereits elektronisch auf anderen Systemen vorliegen [CANN93, 13].

Trotz des enorm wachsenden Bedarfs an Integrationsfunktionalität bei betriebswirtschaftlichen Anwendungssystemen finden sich erst wenige Ansätze für den Im- und Export von

Geschäftsdokumenten. Erfordernisse der Dynamik im Sinne einer Geschäftsprozeßintegration bleiben hierbei ebenso unberücksichtigt wie Fragen der Semantik und Validität von
externen Geschäftsdaten.

Die vorliegende Arbeit greift diese Integrationsproblematik auf (vgl. Abschnitt 1.3.1). Aus
Sicht des betriebswirtschaftlichen Integrationsbedarfs eines Unternehmens werden die
technischen und organisatorischen Rahmenbedingungen einer zwischenbetrieblich integrierten Informationsverarbeitung analysiert. Hierbei stehen nicht strategische Nutzenpotentiale oder einzelne Technologien im Vordergrund, sondern vielmehr die Aspekte der
Semantik und Dynamik als Voraussetzung für die zwischenbetriebliche Geschäftsprozeßkopplung. Das verfügbare informations- und kommunikationstechnologische
Instrumentarium (Telekommunikation, EDI-Systeme, betriebswirtschaftliche
Anwendungssysteme) wird vor diesem Hintergrund hinsichtlich seiner „Integrationsfähigkeit" analysiert. Darauf aufbauend erfolgt die Entwicklung eines dynamisch semantischen Integrationskonzeptes, in Form der „Semantischen Geschäftsprozeßintegration".

1.1   Wertschöpfungsketten

Arbeitsteilig organisierte Wirtschaftssysteme sind durch den Austausch von Gütern und
Leistungen gekennzeichnet. PORTER untergliedert das Unternehmen in strategisch relevante Tätigkeiten zur Leistungserstellung in Form einer Wertkette, die mit vor- und nachgelagerten Wertketten verbunden ist [PORT86, 59]. Nachfolgend wird der sich über
verschiedene Unternehmen bzw. Betriebe erstreckende Wertschöpfungsprozeß als Wertschöpfungskette bezeichnet.

Mit wachsender Integration der unternehmensübergreifenden Wertschöpfung steigt der
Bedarf an Kommunikation, d. h. dem Austausch von informierenden und koordinierenden
Geschäftsdaten.

Im wesentlichen beziehen sich Geschäftsdaten auf

- die Spezifikation der auszutauschenden Leistungen,
- die Konditionen der Geschäftsbeziehung und auf
- die Koordination des Abwicklungsprozesses.

Der elektronische Austausch von Geschäftsdaten zwischen Unternehmen über mehrere
Wertschöpfungsstufen hinweg ist allein jedoch nicht ausreichend. Erst mit der
automatischen Weiterverarbeitung dieser externen Daten im Anwendungssystem des
Empfängers bzw. einer Verknüpfung der betrieblichen Prozeßketten lassen sich
Geschwindigkeits- und Kostenpotentiale vollständig nutzen.

1.1.1   Wertschöpfungspartnerschaften

Wertschöpfungspartnerschaften entstehen aufgrund der Spezialisierung von Wirtschafts-
objekten auf spezifische Teilbereiche des Wertschöpfungsprozesses [WARN93, 64;
PICO92b, 53].

Ein traditionelles Instrument zur Vereinfachung und besseren Koordination der Austauschprozesse stellen Kooperationsvereinbarungen basierend auf Rahmenverträgen dar. Ziel ist
es, mit Hilfe des Informationsaustausches den Materialbedarf derart aufeinander abzustimmen, daß ein harmonischer, produktions- und beschaffungssynchroner Materialfluß zu
einer optimalen Versorgung des Kunden führt [HANS93, 14]. Mit der Intensität der
Austauschbeziehung steigt die wirtschaftliche, technische und organisatorische Abhängigkeit der Partner voneinander [THOM90, H16 3].

Die Globalisierung der Märkte beeinflußt die Auswahl der Kooperationspartner im Sinne
von Global Sourcing sowie der organisatorischen Gestaltung von Geschäftsbeziehungen.
Die Folge sind neue Formen der Leistungsbeziehungen auf horizontaler (z. B. funktionales
Outsourcing) und insbesondere vertikaler Ebene (z. B. Virtuelle Unternehmen) auch über
große räumliche Distanzen hinweg.

So werden beispielsweise sowohl Partner (z. B. Lieferanten) als auch Dienstleister (z. B.
Speditionen) bei logistischen Ansätzen wie JIT oder der produktionssynchronen Anlieferung zu einem wichtigen Bestandteil des betrieblichen Produktionsprozesses. Auch die
primär auf innerbetriebliche Verbesserung des Wertschöpfungsprozesses ausgerichteten
Ansätze, wie Lean Management oder Business Reengineering, beziehen zunehmend die
vor- und nachgelagerten Wertschöpfungsstufen mit ein [HAMM94, 121; HANS93, 12-13;
WARN93, 79-80].

Die entstehenden Wertschöpfungsketten sind gekennzeichnet durch die

- enge Verzahnung betrieblicher und zwischenbetrieblicher Leistungsprozesse,
- verstärkte elektronische Steuerung der Abläufe unter steigender Einbeziehung
  interner und externer Informationen,
- steigende Anzahl beteiligter Partner,
- Infragestellung traditioneller Abläufe und die
- sich verkürzende Zeitspanne zwischen Leistungsanforderung und
  Leistungserstellung (Aktions-/Reaktionsbeziehung).

Betroffene, insbesondere klein- und mittelständische Unternehmen, stehen dieser Entwicklung und den daraus resultierenden technischen, organisatorischen und wettbewerbs-
politischen Konsequenzen skeptisch gegenüber. Die konkrete Umsetzung propagierter
Strategien und Managementansätze stellt mangels verfügbarer Methoden und Vorgehensweisen das zentrale Problem vieler Unternehmen dar. Da sich durch die effizientere

Gestaltung des physischen Warenflusses nur noch geringe Kostensenkungspotentiale und Produktivitätssprünge realisieren lassen [SEDR91, 16-17], gewinnt der bislang wenig berücksichtigte Produktionsfaktor „Information" zunehmend an Bedeutung [PICO89, 4-9].

1.1.2 Integration durch Informations- und Kommunikationstechnologie

Mit Hilfe betriebswirtschaftlicher Anwendungssoftware, wie R/3 (SAP), Open Applications (ORACLE) oder BAAN IV (BAAN), wird innerbetrieblich bereits ein hoher Integrationsgrad auf Funktions- und Prozeßebene erreicht. Für den anonymen Markt als Standardanwendungssoftware konzipiert, besitzen sie eine hohe, funktionale Allgemeingültigkeit [HANS92, 396]. Durch Adaption, wie beispielsweise Parametrisierung, sind derartige Lösungen von unterschiedlichen Unternehmen individuell einsetzbar [HUFG94, 2-3]. Integrationskonzepte im Office- (z. B. TOP) und Produktionsbereich (z. B. CIM, MAP) lassen Bereichslösungen zu weitgehend durchgängigen Systemen zusammenwachsen. Workflow- (z. B. Workparty von SNI) und Groupware-Computing (z. B. Notes von Lotus) eröffnen neue Perspektiven einer bereichsübergreifenden elektronisch gestützten Vorgangsbearbeitung bzw. Zusammenarbeit.

Die Automationslücken und Medienbrüche verschieben sich an die Unternehmensgrenzen. Geschwindigkeit und Effizienz des betriebsübergreifenden Wertschöpfungssystems werden von den „schwächsten Gliedern" in der Kette, der menschlichen Intervention und dem medienbruchbehafteten Handling der Papierdokumente terminiert. Dieser „Flaschenhals" ist durch die informationstechnologische Kopplung der betrieblichen Schnittstellen zur Außenwelt vermeidbar.

1.1.2.1 EDI - Electronic Data Interchange

Die aus den USA stammende Abkürzung „EDI" steht für Electronic Data Interchange und umschreibt den Ansatz, durch die informationstechnologische Verknüpfung betrieblicher DV-Systeme zwischenbetriebliche Prozeßketten zu realisieren. In der Literatur finden sich eine Vielzahl von Definitionen, die in Abhängigkeit des jeweiligen Zusammenhanges den Begriff „EDI" trotz ähnlich lautender Formulierungen unterschiedlich weit fassen [SCHE91, 32; HANS92, 844; PICO93a, 20; NIGG94, 8; WEID95, 8-13].

Die zentralen Aspekte des EDI-Ansatzes sind

- elektronischer Austausch von strukturierten Daten über
- Mittel der Telekommunikation (TK)
- direkt zwischen den Anwendungen kooperierender Unternehmen unter
- Nutzung von standardisierten Datenaustauschformaten und Kommunikationsprotokollen mit

• einem Minimum an manuellen Interventionen.

Unter Unternehmen sollen hierbei selbständige Organisationseinheiten, d. h. gegebenenfalls auch Organisationseinheiten innerhalb eines Konzerns, verstanden werden. Unterschiedliche Auslegungen ergeben sich bei der Art der zu übertragenden Daten. Die enge
Auslegung von EDI [THOM90, H14.4 3-4; DEUT94b, 1; JONA92, 231; MÜLL95, 15]
umfaßt ausschließlich den Austausch von Handels- bzw. Geschäftsdaten (z. B. Bestell-,
Rechnungsdaten). Demgegenüber beinhaltet die weite Auslegung [SCHE91, 37; WARS92,
2; PICO92b, 50] jegliche Form strukturierbarer Daten (vgl. Abschnitt 4.1.3), d. h. auch
technische Daten (z. B. CAD) und Office-Daten.

Im Gegensatz zu technischen bzw. administrativen Office-Daten erfolgt mit Hilfe der
Geschäftsdaten die Initiierung und Koordination des zwischenbetrieblichen Leistungsaustausches als wesentlicher Bestandteil der Geschäftsabwicklung. Als Bindeglied zwischen
den betrieblichen Prozeßketten der kommunizierenden Unternehmen unterliegen diese
besonderen zeitlichen und qualitativen Ansprüchen. Unter EDI soll nachfolgend der
Austausch von Geschäftsdaten verstanden werden.

Die informationstechnologische Verknüpfung betrieblicher Wertschöpfungsprozesse erfordert über technische Schnittstellen, die den Ex- bzw. Import von Daten aus den betrieblichen Anwendungssystemen sowie deren Transfer zum Partner gestatten, hinausgehende
Funktionen. Es bedarf einer definierten, semantisch ablauforganisatorischen „Integrationsfunktionalität", die den Datentransfer sowie ein Nachbearbeiten, Ergänzen oder Verifi-
zieren der Daten durch den Menschen auf eine Minimum reduziert.

Unter der Bezeichnung „zwischenbetriebliche Integration" (ZBI) diskutierte MERTENS
bereits in den 60er Jahren Potentiale einer informationellen Integration kooperierender
Partner [MERT66]. Diese Ideen und Ansätze wurden jedoch aufgrund des technischen und
finanziellen Aufwandes von der Wirtschaft damals nicht angenommen.

Mitte der 70er Jahre wurde der zwischenbetriebliche Integrationsgedanke in Nordamerika
sowie in Westeuropa durch Initiativen der Automobil- (z. B. VDA) und Konsumgüterindustrie (z. B. CCG) sowie der Transportwirtschaft und des Finanzsektors wieder aufgegriffen. Auf Basis der zwischenzeitlich verbesserten Informations- und Kommunika-
tionstechnologie (I&K-Technologie) entstanden branchen- bzw. firmenspezifische Datenaustauschformate und Kommunikationsverfahren [GALL93a, 570-571]. Normen und Standards im Bereich der Kommunikation und der Datenformate erwiesen sich schnell als
wesentliche Voraussetzung für den EDI-Einsatz. Nationale und internationale Gremien
(z. B. ANSI, EU, SITPRO, VDA) begannen – meist unabhängig voneinander – mit der
Entwicklung von Standards. Eine Vielzahl inkompatibler Normen und Empfehlungen sind
die Folge.

1987 erfolgte die Verabschiedung der international gültigen und branchenunabhängigen
EDIFACT-Norm [EBBI91, 3]. Mittelfristig sollen alle bereits bestehenden Austausch-

formatstandards durch EDIFACT abgelöst werden [NOTT89, 120]. Aus diesem Grund wird in der vorliegenden Arbeit EDIFACT als Datenaustauschformatstandard zugrundegelegt. Die Ergebnisse sind in den wesentlichen Aussagen auf andere Standards übertragbar.

1.1.2.2 Nutzung und Auswirkungen des EDI-Einsatzes

Ziel ist ein fehlerfreier, schneller, sicherer und kostengünstiger Austausch von Geschäftsdaten sowie die weitgehend automatisierte Bearbeitung von zwischenbetrieblichen Geschäftstransaktionen zur Reduktion von Kosten und Bearbeitungszeiten. Betriebswirtschaftlich betrachtet führt dies zu einer Senkung des administrativen Aufwandes durch die Verbesserung der Koordination von inner- und zwischenbetrieblichen Materialflüssen [SCHE95e, 36]. Abbildung 1/1 faßt die zentralen Aspekte des traditionellen, papiergebundenen und des elektronischen Datenaustausches zusammen.

Standen in der Vergangenheit noch die technische Datenübertragung und die Austauschformate im Mittelpunkt des Interesses, gewinnt inzwischen die Semantik sowie die dem Geschäftsprozeß angepaßte Dynamik des Austausch- und Verarbeitungsprozesses (Prozeßintegration) zunehmend an Bedeutung.

Nach einer Untersuchung des DIN-Instituts Berlin wurden bereits 1991 in Deutschland durchschnittlich 3,5 Mio. EDIFACT-Nachrichten monatlich versandt, mit stark steigender Tendenz [RÖCK92a, 26]. Schätzungen gehen hierbei von ca. 6000 EDI-Anwendern aus [GALL93a, 574].

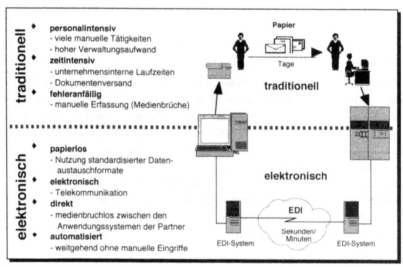

Abb. 1/1:   Traditioneller und elektronischer Datenaustausch [SCHE96a, 4]

Im Vordergrund stehen primär Geschäftstransaktionen mit

- Routinecharakter aufgrund ihrer einfachen Entscheidungs- und Ablaufstrukturen,

- hohem Nachrichtenaufkommen, da sich hier die höchsten Einsparungspotentiale durch eine Automation ergeben, und

- zeitkritischer Bedeutung, die eine manuelle Bearbeitung nicht zulassen.

Wesentliche Voraussetzung für den Einsatz von EDI ist die Formalisierbarkeit und Strukturierbarkeit der zugrundeliegenden Daten und Abläufe. Mittels EDI müssen betriebliche Strukturen und Abläufe zwischenbetrieblich sowohl informationstechnologisch als auch ablauforganisatorisch gekoppelt werden, ohne daß die Individualität des einzelnen Unternehmens darunter leidet. Dies äußert sich in der Aussage, daß 80% des zu betreibenden Aufwandes für eine EDI-Lösung nicht technischer, sondern organisatorischer Natur ist [MÜLL92, 12; GEOR95, 16; DIRL92, 39].

SCHUMANN zeigt anhand der Porter'schen Wertschöpfungskette (vgl. Abbildung 1/2) beispielhaft die vielfältigen Einsatzmöglichkeiten von EDI in einem Industriebetrieb auf [SCHU90, 309].

Großunternehmen mit hohem zwischenbetrieblichen Transaktionsaufkommen, z. B. die Automobilindustrie [MERT89, 123], setzen die „EDI-Fähigkeit" bei der Partnerauswahl bereits voraus [PAPS93, 29]. Für wirtschaftlich abhängige Unternehmen ergibt sich ein Zwang zu EDI, um die Wettbewerbsfähigkeit zu erhalten („do EDI or die").

Unter EDI-Fähigkeit wird hierbei jedoch nur die technische Möglichkeit zum Empfang und Versand von formatierten Daten verstanden, nicht jedoch deren innerbetriebliche Weiterverarbeitung. Aufgrund der stärkeren Marktposition fügen sich die Zulieferbetriebe und realisieren EDI häufig im „Huckepack-Verfahren" mittels EDI-Kleinsystemen (vgl. Abschnitt 5.1.2.1). Unter Beibehaltung der traditionellen Auftragsbearbeitung und ohne Integration in das betriebliche Anwendungssystem werden elektronisch eingehende Informationen (z. B. Bestellungen, Lieferabrufe) ausgedruckt und bearbeitet. Neben dem Mehraufwand durch die EDI-Hard- und -Software ergeben sich Probleme bei der Geschäftsabwicklung, die aus dem inhomogenen Bestellverhalten des Partners resultieren. Zur Zeit steht vielerorts der erzielbare Nutzen mit dem zu betreibenden Aufwand nicht im Verhältnis bzw. wird nur einseitig realisiert.

Dem zwischenbetrieblichen Abstimmungsprozeß kommt aufgrund der häufig eindeutigen wirtschaftlichen Machtverhältnisse eine untergeordnete Bedeutung zu. Im Regelfall nutzt der „stärkere" Wirtschaftspartner seine wirtschaftliche Bedeutung und zwingt den Partner, sich den Vorgaben anzupassen. „Elektronische Hierarchien" sind die Folge. Es ist keine Seltenheit, daß Unternehmen mehrere „EDI-Lösungen" unterhalten müssen, um den Anforderungen verschiedener Partner gerecht zu werden.

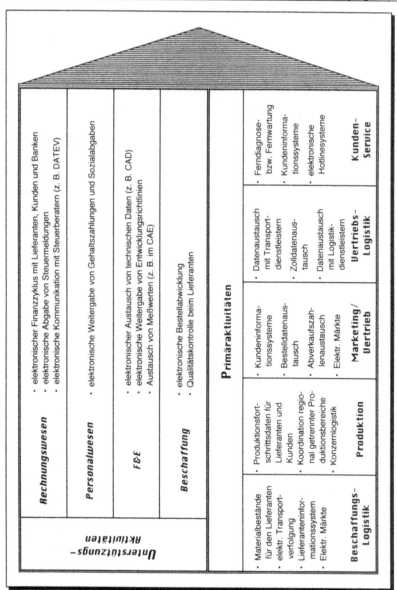

Abb. 1/2:   Beispiele für den zwischenbetrieblichen Datenaustausch (in Anlehnung an [SCHU92b, 38])

1.2   Zwischenbetriebliche Integration

Während unter dem Schlagwort „Wertschöpfungsketten" primär strategische und ökonomische Aspekte einer unternehmensübergreifenden Zusammenarbeit subsumiert werden,
hebt die zwischenbetriebliche Integration (ZBI) auf die organisatorische und I&K-techno-
logische Umsetzung mit Hilfe von EDI-Technologien ab.

Eine Diskussion der innerbetrieblichen Integration (z. B. integrierte Anwendungssysteme,
CIM) unterbleibt an dieser Stelle (vgl. hierzu ausführlich [THOM90; SCHE90b]).

1.2.1   Integrationsbegriff

Integration bedeutet die Herstellung einer Einheit bzw. die Eingliederung in ein größeres
Ganzes. Übertragen auf die integrierte Informationsverarbeitung als Grundlage der
zwischenbetrieblichen Integration wird darunter die ablauforganisatorische Verknüpfung
von Aufgaben, Arbeitsgebieten und I&K-Technologien verstanden [GABL88, 2577].
Negative Auswirkungen künstlicher Grenzen zwischen Aufgaben, Funktionen, Abtei-
lungen und Unternehmen, d. h. Brüche im Informationsfluß, sollen vermieden werden
[MERT95, 44].

Der Begriff „Zwischenbetriebliche Integration" wurde in den 80er Jahren von MERTENS
[MERT85] geprägt, nachdem er bereits Mitte der 60er Jahre auf die großen Nutzeffekte
einer zwischenbetrieblichen integrierten Datenverarbeitung (DV) hingewiesen hatte.
Anhand von Beispielen aus verschiedenen Branchen zeigt er neben potentiellen
Nutzeffekten auch den erforderlichen Abstimmungsbedarf auf. Eine zentrale Bedeutung
kommt hierbei dem Aspekt der Datenintegration, d. h. der elektronischen Abbildung von
strukturierbaren Geschäftsdokumenten, zu [MERT66].

Auswirkungen auf die Arbeitsschritte innerhalb der Logistikkette bei der ZBI werden von
SCHEER am Beispiel der Automobilindustrie diskutiert [SCHE87, 56-63]. Unter der Bezeichnung „betriebsübergreifende Vorgangskette" stellt er hierbei den dynamischen
Aspekt in den Vordergrund. Mit organisatorischen Konzepten für Handelsunternehmen
setzt sich PETRI unter dem Schlagwort „externe Integration" [PETR90, 16] auseinander.

Anfang der 90er Jahre wurde die bislang auf strukturierte Daten beschränkte Diskussion
des zwischenbetrieblichen Datenaustausches um das Schlagwort „Electronic Commerce"
(EC) erweitert [EMDE93; HÜBN93]. EC umfaßt als Oberbegriff alle Formen der
elektronischen Datenübermittlung (z. B. E-Mail, EDI, Telefax) zwischen selbständigen
Organisationen mit dem Ziel, das geschäftliche Handeln zu unterstützen [SCHE96a, 5-7].

Bislang liegt weder eine eindeutige Definition noch eine Abgrenzung des ZBI-Begriffes
vor. Nachfolgend soll unter ZBI die Daten- und Prozeßintegration durch den Austausch
strukturierter Geschäftsdaten sowie deren prozeßorientierte Integration in betriebswirt-

schaftlichen Anwendungssystemen unter Nutzung von Standards verstanden werden. EDI
stellt hierzu das Rahmenkonzept dar. Das EDI-Instrumentarium und die EDI-Technologien
bilden die I&K-technologische Basis in Form von standardisierten Datenaustauschformaten (z. B. EDIFACT), TK-Netzen und -Diensten sowie betriebswirtschaftlichen Anwendungssystemen.

1.2.2   Anwendungsorientierte Betrachtungsweise

Aus wirtschaftlicher Sicht läßt sich ein mit Kosten verbundenes ZBI-Engagement nur
durch Einsparungen rechtfertigen und nicht aufgrund eines konzeptionell „besseren" I&K-
Ansatzes begründen.

Erforderlich ist eine anwendungsorientierte Betrachtungsweise, die gesamtheitlich sowohl
die strategischen Wettbewerbspotentiale als auch die I&K-technologischen Möglichkeiten
unter dem Aspekt der Realisier- und Handhabbarkeit berücksichtigt. Zu fordern sind
praktikable Integrationslösungen, mit denen bei ökonomisch und technisch vertretbarem
Aufwand, d. h. weitgehend unter Nutzung verfügbarer Technologien und Standards, gute
bis sehr gute Lösungen erreichbar sind.

Ausgangspunkt aller Integrationsbestrebungen ist die Erkenntnis, daß sich durch die
isolierte Optimierung einzelner Funktionsbereiche bzw. Wertschöpfungsstufen nur mit
hohem Aufwand Effizienzsteigerungen erreichen lassen. Demgegenüber verspricht die
Verbesserung bestehender inner- als auch zwischenbetrieblicher Schnittstellen signifikante
Leistungsverbesserungen [PARG94, 6]. GEYSEN, Vice President Supply von General
Motors (GM) Europe, sieht in der Schaffung der informellen Basis, d. h. dem hochaktuellen Informationsaustausch von Plänen, Zielen und Prioritäten eine wesentliche
Voraussetzung für weitere Effizienzsteigerungen [BESC94, 39]. In der Automobilindustrie
bereits praktiziert, schlagen sich diese betriebsübergreifenden Aspekte zunehmend auch in
den Konzepten wie Lean Supply Management, Virtuelle Unternehmen oder CALS nieder.

Das zur Zeit verfügbare I&K-technologische Instrumentarium ist primär für die Aufgaben
einer innerbetrieblichen (z. B. Workflow-, Vorgangssteuerungssysteme) oder zwischenbetrieblichen Prozeßunterstützung (z. B. EDI-Technologien) ausgelegt.

Mit „Business Transformation" umschreibt HOLST [HOLS93, 5] die Anforderung, die
bislang vorwiegend intern orientierte Prozeßunterstützung zu einer unternehmensübergreifenden Geschäftsprozeßverbesserung weiterzuentwickeln. Traditionelle Bearbeitungs-
schemata und die darauf abgestimmten Standardanwendungssysteme, Organisationsformen
sowie rechtlichen Rahmenbedingungen erweisen sich zunehmend als Altlast.

Die informelle Verbindung der betrieblichen Abläufe zu einem unternehmensübergreifenden Wertschöpfungsprozeß erweist sich aufgrund der hohen Individualität betrieblicher
Organisationen sowie Anwendungssysteme als überaus schwierig. Die in der Vergangenheit praktizierte, isolierte Betrachtungsweise einzelner Teilbereiche, wie strategische ZBI-

Potentiale, Datenaustauschformate, EDI-Systeme oder TK-Dienste, führt zu keiner befriedigenden Integrationslösung. Erst eine gesamtheitliche Betrachtung (vgl. Abbildung 1/3) erlaubt eine problemorientierte Nutzung der verschiedensten I&K-Technologien.

Abb. 1/3:   Betriebliche und zwischenbetriebliche Prozesse

1.2.3   Instrumentarium

Die I&K-technologischen Voraussetzungen für die ZBI auf Basis von EDI-Technologien lassen sich in einen inner- und einen zwischenbetrieblichen Funktionsblock unterteilen. Tabelle 1/1 zeigt einen Überblick der erforderlichen EDI-Voraussetzungen.

Innerbetrieblich ist die Konvertierung unternehmensindividueller Daten in ein standardisiertes Austauschformat erforderlich. Anfangs- bzw. Endpunkt des Kommunikationsprozesses bildet die prozeßorientierte Integration der Daten in das betriebliche Anwendungssystem (Integration). Hinzu kommt zwischenbetrieblich der elektronische Datentransfer über definierte Kommunikationsmedien und -protokolle (Kommunikationskanal) sowie die elektronische Darstellung von strukturierten Informationen (Datenaustauschformat). Schematisch zeigt Abbildung 1/4 diesen Zusammenhang nochmals auf.

Jeder Funktionsbereich ist zwingend für die ZBI erforderlich, kann jedoch auf unterschiedliche Art mit geeigneten I&K-Technologien, den EDI-Instrumenten, realisiert werden.

Alle Integrationsbereiche wurden in der Vergangenheit entweder rein technisch oder herausgelöst aus der Gesamtproblemstellung diskutiert. Integrationsschnittstellen in betriebswirtschaftlichen Anwendungssystemen wurden bei Bedarf entsprechend den indivi-

duellen Anforderungen entwickelt. Sich hieraus ergebende Nachteile, wie hoher Ent-
wicklungs- und Wartungsaufwand, wurden bei großen Unternehmen mit hohem Austauschvolumen schnell kompensiert [SCHU94, 58].

Tab. 1/1:   Inner- und zwischenbetriebliche EDI-Voraussetzungen

innerbetrieblich	zwischenbetrieblich

• **Integration**
  - Prozeß- und Datenschnittstelle zu den betrieblichen Anwendungssystemen
  - nicht integriertes Front-End zur manuellen Erfassung bzw. Ausgabe von EDI-Nachrichten bei EDI-Kleinstanwendern
	• **Kommunikationskanal**
	  - TK-Dienste und Übertragungsprotokolle
	  - Kommunikationsstrategie und zeitliche Koordination

• **EDI-System**
  - Konvertierung
  - Zugang und Steuerung des Kommunikationskanals
	• **Datenaustauschformat**
	  - Art und Umfang der Daten
	  - Strukturierung (Syntax)
	  - Darstellung einzelner Dateninhalte (Semantik)

Bei kleinen und mittelständischen Unternehmen (KMU), die weder das erforderliche Austauschvolumen erreichen noch den Anpassungsaufwand tragen können, ergeben sich
massive Probleme. Ursache ist neben Know-how-Defiziten insbesondere die mangelnde
EDI-Funktionalität der dort zum Einsatz kommenden Anwendungssysteme.

Hierzu kommen die funktionale Koordination der einzelnen EDI-Instrumente hinsichtlich
Kompatibilität und Interaktion sowie die Anpassung der inner- und zwischenbetrieblichen
Geschäftsabwicklung.

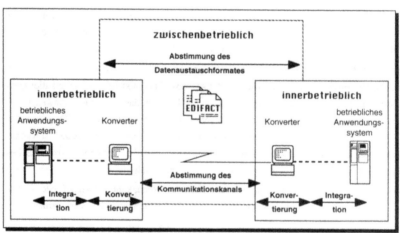

Abb. 1/4:   Inner- und zwischenbetriebliche ZBI-Bereiche

Beispielsweise steigt die Bestellhäufigkeit bei sinkenden Bestellmengen und Lieferfristen. Folge für den Lieferanten ist der Zwang zu einer unmittelbaren Bearbeitung eingehender Geschäftsdaten (Realtime EDI). Organisatorische Anpassungen bei den Lieferanten sind unvermeidbar. Sowohl die Auftragsbearbeitung, die Produktion und das eigene Bestellverhalten sind anzupassen, um keine zusätzlichen Läger zur Sicherstellung der Lieferfähigkeit aufbauen zu müssen.

1.2.4   Integrationsfaktor Standardanwendungssoftware

Primäre Aufgabe betriebswirtschaftlicher Anwendungssysteme ist die Verwaltung, Steuerung und Kontrolle des betrieblichen Wertschöpfungsprozesses. Traditionell ist eine Interaktion mit Fremdsystemen nicht Bestandteil der Architektur betriebswirtschaftlicher Anwendungssysteme.

Im Gegensatz hierzu wurden integrative Technologien, wie die Telekommunikation (TK), EDI-Systeme oder Datenaustauschformate, gezielt für den elektronischen Austausch von Daten bzw. weiterverarbeitbaren Informationen entwickelt. Dennoch bilden betriebliche Anwendungssysteme den Ausgangs- und Endpunkt der ZBI.

Betriebswirtschaftliche Anwendungssoftware ist zu unterscheiden in

• Individualsoftware und

• Standardanwendungssoftware (SAS).

Individualentwicklungen decken exakt definierte Ausprägungen und Funktionen eines individuellen Anwendungsfalles ab [HUFG94, 4]. Sie sind gekennzeichnet durch einen hohen Entwicklungs- und Pflegeaufwand.

SAS sind für einen anonymen Markt entwickelte Programmsysteme zur Lösung betriebswirtschaftlicher Problemstellungen [SCHE90b, 139]. Sie sind gekennzeichnet durch „eine vom Entwickler in Datenstruktur, Funktions- und Ablaufgestaltung normierte Zusammenstellung von Verfahrensabläufen als Programmbausteine, deren Verwendung unter vielfältigen Organisationsbedingungen in unterschiedlichen Unternehmen vorgesehen ist" [HUFG94, 3]. Durch das breite Spektrum an Adaptionsmöglichkeiten lassen sich SAS schnell und kostengünstig an individuelle Bedürfnisse anpassen [HUFG94, 34; HANS92, 396; SCHE90b, 140]. Die hohe Funktionalität sowie der geringere Adaptions- und Pflegeaufwand von SAS rechtfertigen in immer weniger Fällen die hohen Kosten einer Eigenentwicklung und führen zu einer immer stärkeren Verbreitung von SAS [STEI94, 72; ÖSTE90, 11-36].

Eine 1995 in den USA und Europa durchgeführte Befragung [RÜDI96, 56-59] zeigt, daß für europäische Manager bei der Frage nach den wichtigsten Themen der Informationstechnologie der Ausbau funktionsübergreifender Informationssysteme oberste Priorität einnimmt. Die zentrale Bedeutung des Prozeßgedankens und der zwischenbetrieblichen

Verknüpfung von Anwendungssystemen zeigt sich im Technologie-Ranking, wo Work-flow-Systeme an erster und EDI an dritter Stelle angesiedelt wurden. Mit 49% der Befragten plant nahezu jedes zweite Unternehmen den Aufbau von EDI-Services. Angesichts dieser Aussagen verwundert es nicht, daß in zunehmendem Ausmaß „EDI-Schnittstellen" für Anwendungssysteme angeboten werden.

Für die ZBI bedeutet dies, daß sowohl der Verbreitungsgrad von EDI als auch die Nutzungsintensität wesentlich von der Integrationsarchitektur der SAS abhängen. Dies gilt in besonderem Maße für KMU, die weder das Know-how noch die finanziellen Möglichkeiten für Eigenentwicklungen besitzen und auf die Standardfunktionalität der Anwendungssysteme angewiesen sind.

Angebotene EDI-Schnittstellen, wie die „EDI-Basis" der SAP-Systeme „R/2" und „R/3", das „EDI-Gateway" der ORACLE-Anwendungen „Open Applications", das EDI-Modul von BAAN IV (BAAN) oder das „COMET-EDI"-Modul von SNI, stellen hierzu einen ersten Schritt dar. Eine nähere Analyse (vgl. Abschnitt 5.2.3) zeigt, daß erhebliche Unterschiede in der Funktionalität, Flexibilität sowie der „Handhabbarkeit" bestehen und individuelle funktionale Anpassungen durch den Anbieter bis hin zur „Programmierung" der Schnittstelle den Regelfall darstellen.

Hierbei ist zu berücksichtigen, daß SAS-Anbieter in der Regel weder EDI-Erfahrungen noch ZBI-Know-how besitzen. Verfügbare EDI-Schnittstellen sind gekennzeichnet durch ihre Starrheit und ihre geringe Funktionalität. Unterstützt wird nur der Austausch weniger Geschäftsnachrichtentypen. Auf eine aktive Prozeßunterstützung, die konzeptionelle Integration in das Datenmodell sowie die Anpassung der Verarbeitungslogik der SAS wird verzichtet. Selbst innovative Integrationsansätze, wie sie sich bei R/3 finden, leiden an einer starken Technikorientierung, die die Realisierung von ZBI-Lösungen unnötig erschwert.

1.3   Intention und Vorgehen in der Arbeit

Gegenstand der Arbeit ist die zwischenbetriebliche Geschäftsprozeßintegration auf Basis eines strukturierten und dynamischen Geschäftsdatenaustausches. Die Integration erfolgt unter Einsatz I&K-technologischer Instrumente wie betriebswirtschaftlichen Anwendungs-, Telekommunikations- und EDI-Systemen. Voraussetzung sind strategisch und wirtschaftlich begründbare Integrationslösungen auf Basis verfügbarer I&K-Technologien und verwaltbarer Organisationsstrukturen.

Die wissenschaftliche Ausarbeitung richtet sich an den betriebswirtschaftlich und I&K-technologisch interessierten Leserkreis und bedient sich der Perspektive der anwendungsorientierten Wirtschaftsinformatik.

1.3.1   Intention

Die Geschäftsprozeßintegration ist eine Reaktion auf die unternehmensübergreifenden Integrations- und Prozeßanforderungen moderner Kooperationsformen und stellt eine logische Verknüpfung und Weiterführung der zwischenbetrieblichen Datenintegration (EDI) sowie der innerbetrieblichen Prozeßunterstützung (Workflow) dar.

Ziel dieser Arbeit ist:

* die Problematisierung der Geschäftsprozeßintegration als übergreifende technische, organisatorische und wirtschaftliche Aufgabenstellung,

* die Analyse der organisatorischen und technologischen Rahmenbedingungen sowie des verfügbaren I&K-technologischen Instrumentariums und

* die Entwicklung einer Architektur zur Integration externer Geschäftsprozeßdaten in betriebswirtschaftliche Anwendungssysteme unter besonderer Berücksichtigung semantischer und dynamischer Anforderungen elektronisch integrierter Wertschöpfungspartnerschaften.

Betriebswirtschaftliche Anwendungssysteme stellen ein organisatorisches Abbild des betrieblichen Wertschöpfungsprozesses dar. Traditionell bedingt sind sie weder von ihrer Verarbeitungslogik noch technologisch für die Integration mit Fremdsystemen oder Integrationstools (z. B. EDI-Systemen) ausgelegt. Bei Integrationstools steht der technologische Aspekt der strukturellen Anpassung inkompatibler Datenstrukturen sowie der Datentransfer im Vordergrund. Aspekte der Prozeßintegration bleiben unberücksichtigt.

SGPI steht für „Semantische GeschäftsProzeßIntegration" und ist eine Architektur zur Integration externer Prozesse in betriebswirtschaftliche Anwendungssysteme. Grundlage der SGPI bilden die Erkenntnisse einer Schwachstellenanalyse der betriebswirtschaftlichen Anwendungssysteme und des verfügbaren EDI-Instrumentariums. Angesprochen ist hier somit der Austausch direkt weiterverarbeitbarer Geschäftsdaten (Semantik) unter Berücksichtigung der dynamischen Aspekte zugrundeliegender Geschäftsprozesse (Prozeßintegration) mit einem hohen Automationsgrad der zwischenbetrieblichen Interaktion.

1.3.2   Empirische Basis

Empirischen Untersuchungen kommt aufgrund fehlender Literatur eine wesentliche Rolle im Erkenntnisprozeß der vorliegenden Arbeit zu. Durchgeführt wurden diese in Form umfangreicher Befragungen sowie einer systematischen, experimentellen Auseinandersetzung mit EDI-Instrumenten aller Leistungsklassen (SW-Tests) und Standardanwendungssystemen (Integrationslösungen).

Wesentliche Bestandteile der Ausarbeitung resultieren aus den Erkenntnissen der folgenden Projekte, die am Lehrstuhl für BWL und Wirtschaftsinformatik von Prof. Dr. R. Thome an der Universität Würzburg gewonnen wurden:

- VULCAN II (Virtuelle Unternehmen im Lehr-, ForsChungs- und AusbildungsNetz),

- schriftliche Befragung „Integrationsfähigkeit betriebswirtschaftlicher Standardanwendungssoftware" und

- EDI-Systemstudie „EDI-Systeme: Software-Tests und Auswahlunterstützung für Anwender".

VULCAN II-Projekt

Seit 1991 werden unter der Projektbezeichnung „VULCAN II" Möglichkeiten und Grenzen elektronisch gestützter Wertschöpfungspartnerschaften durch den Austausch strukturierter Geschäftsdaten untersucht. Soweit möglich, wird hierbei auf die Nutzung von Standardprodukten aus dem betrieblichen Anwendungsumfeld, dem EDI-Instrumentarium sowie auf Datenformat- und TK-Standards zurückgegriffen. Im Mittelpunkt stehen gesamtheitliche Problemlösungen für Unternehmen, die SAS, EDI-Systeme sowie verschiedenste Telekommunikationsalternativen umfassen. Im betriebswirtschaftlichen Labor des Lehrstuhls wird seit 1987 ein wirtschaftlich aktives Unternehmen vollständig abgebildet und betrieben. Unter der Projektbezeichnung „VULCAN", einem Akronym für „Virtuelle Unternehmen im Lehr-, ForsChungs- und AusbildungsNetz", werden alle in einem Unternehmen erforderlichen betrieblichen Abläufe auf Basis von Standardanwendungssoftware realisiert. Grundlage dieser virtuellen Unternehmung bildet die Standardanwendungssoftware R/3 der Firma SAP. In der Vergangenheit kamen die SNI-Produkte SIGMUS, SILINE100 sowie COMET zum Einsatz. Mit Ausnahme realer Güter und Geldströme ist aus betrieblicher Sicht das Unternehmen völlig existent.

Gezielt werden bei der Geschäftsprozeßintegration spezifische Informationsbedürfnisse und Problemstellungen des Anwenders berücksichtigt:

- Analyse am Markt verfügbarer Technologien, wie EDI-Systeme, TK-Dienste und SAS,

- Entwurf und Einführung von Electronic Commerce- bzw. EDI-basierten Integrationslösungen sowie

- EDI-Integration in betriebliche Anwendungssysteme und Organisationsstrukturen.

Auf Basis einer umfangreichen und komplexen Projektinfrastruktur (vgl. Abbildung 1/5) werden unterschiedliche Integrationsansätze und -technologien zum Einsatz gebracht, Defizite analysiert und gegebenenfalls organisatorische sowie technologische Erweiterungen vorgenommen.

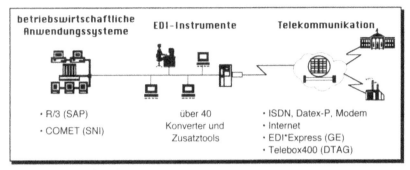

Abb. 1/5:   Projektinfrastruktur

Die zwischenbetriebliche Kommunikation erfolgt auf Basis von ISDN, Modemverbindun-
gen, Datex-P und Internet sowie den TK-Mehrwertdiensten (MWD) von General Electric
(EDI*Express) und der Telekom (Telebox400). Daneben stehen über 40 EDI-Produkte von
über 20 EDI-Anbietern für verschiedene Betriebssysteme (DOS/WINDOWS, UNIX) zur
Verfügung. Als Standardanwendungspakete kamen in der Vergangenheit CometPro und
seit über 2 Jahren R/3 auf zwei RM600 (512 bzw. 768 MB Haupt- und je 33 GB Fest-
plattenspeicher) zum Einsatz.

Die Rechnersysteme sind über ein LAN auf Basis des TCP/IP-Protokolls miteinander verbunden. Der Datenaustausch erfolgt mittels Filetransfer oder NFS (Network File System).
Zwischenbetrieblich lassen sich sowohl Point-to-Point- als auch Store-and-Forward-Verbindungen mit verschiedenen Protokollen (z. B. OFTP, X.400) realisieren.

**Befragung „Integrationsfähigkeit betriebswirtschaftlicher Standardanwen-
dungssoftware"**

Aufgrund der sprunghaft ansteigenden Forderung nach „EDI-Schnittstellen" in betriebswirtschaftlichen Anwendungssystemen arbeiten die Softwarehäuser intensiv an Schnittstellen für ihre Produkte. Da bislang kaum aussagefähige Informationen über die angebotenen
bzw. sich in der Entwicklung befindlichen EDI-Funktionalitäten verfügbar sind, wurde
1995 von der Projektgruppe VULCAN II in Würzburg eine schriftliche Anbieterbefragung
durchgeführt.

Untersuchungsgegenstand waren Architektur, Funktionsumfang sowie Adaptionsfähigkeit
der EDI-Schnittstellen. Als Grundgesamtheit wurden 116 Anbieter ausgewählt, die alle
Leistungsklassen von der PC-Lösung bis hin zu Mainframe-basierten Produkten anbieten.

Grund für diese bewußt sehr heterogen ausgewählte Produktpalette ist:

• die Erfassung möglichst vieler EDI-Integrationsarchitekturen und -Anbieter-
  strategien,

- die Heterogenität der am Markt interagierenden Unternehmen bzw. der Anwendungssysteme sowie

- die mangelnde Aussagefähigkeit einer auf definierte Branchen, Funktionsbereiche oder Leistungsklassen eingegrenzten Grundgesamtheit.

Alle Unternehmen der Grundgesamtheit wurden vorab telefonisch hinsichtlich ihrer Teilnahmebereitschaft befragt, wobei ein kompetenter Ansprechpartner namentlich ermittelt wurde, dem der Fragebogen direkt zuging.

Der mehr als 250 Fragen umfassende Katalog untergliedert sich in fünf Bereiche mit Schwerpunkten in der Geschäftsprozeßunterstützung (Kapitel 3) und EDI-Architektur (Kapitel 4). In Tabelle 1/2 wird die Struktur des Fragebogens aufgezeigt.

Tab. 1/2:   Struktur des Fragenkatalogs

Fragebogenaufbau
1   Persönliche Daten
2   Rahmendaten des Anwendungssystems
2.1 Betriebswirtschaftliche Aspekte
2.2 DV-technische Aspekte
3   Integration der Geschäftsprozeßsteuerung in die Anwendung
3.1 Daten
3.2 Vorgangsverwaltung
3.3 Werkzeuge
3.4 Vorgangsbearbeitung
3.5 Automation von Geschäftsprozessen
4   Integration des Elektronischen Datenaustausches (EDI) in die Anwendung
4.1 Konzeption der EDI-Unterstützung
4.2 Konfiguration
4.3 Verarbeitung der EDI-Nachrichten
5   Markteinschätzungen und Trends
5.1 Markteinschätzung
5.2 Strategische Weiterentwicklung der Anwendung
5.3 Instrumentarien zur unternehmensspezifischen Anpassung
5.4 Kooperationen

Aussagen über ihre Produkte trafen 55 Unternehmen, was 47% der Grundgesamtheit entspricht. Die Rücklaufquote umfaßte 39 auswertbare Fragebögen (34%). Bei einer telefonischen Nachfrage über den Verbleib teilten 16 angeschriebene Anbieter (14%) mit, daß nach Durchsicht des Fragebogens ihr Produkt über keinerlei EDI-Funktionalität verfüge. Die Hälfte der 39 auswertbaren Fragebögen wurden dahingehend beantwortet, daß „EDI" in ihrem Produkt berücksichtigt wird.

Die Auswertung des Datenmaterials erfolgte ausschließlich bei den als EDI-fähig gekenn-
zeichneten Produkten. Alle nachfolgend getroffenen Aussagen beziehen sich somit auf die
vom Anbieter als „EDI-fähig" propagierten Produkte.

Ergebnis der Untersuchung ist ein fundierter Überblick über Art und Umfang der EDI-
Fähigkeit bestehender Anwendungssysteme.

EDI-Systemstudie „EDI-Systeme: Software-Tests und Auswahlunterstützung für Anwender"

Zur Zeit vermarkten mehr als 70 EDI-Systemanbieter allein im deutschsprachigem Raum
weit über 150 EDI-Produkte, mit weiter steigender Tendenz. Die Flut an neuen EDI-
Systemen und -Zusatztools führt zu einer völligen Intransparenz des Marktes.

1995 wurde damit begonnen, im Rahmen des VULCAN II-Projektes systematisch Informationen über das Produktangebot zu sammeln. Alle bekannten Anbieter im deutsch-
sprachigen Raum wurden hierbei schriftlich um Produktinformationen gebeten. Trotz einer
Rücklaufquote von nahezu 100% konnten aufgrund des heterogenen Produktspektrums
sowie der überwiegend nur sehr oberflächlichen Informationen keine brauchbaren Aussagen getroffen werden.

Dies wurde zum Anlaß genommen, mittels detaillierter Softwaretests eine möglichst große
Anzahl verschiedener EDI-Systeme sowie Zusatztools anhand ca. 180 anwendungsorien-
tierter Kriterien zu testen (vgl. Tabelle 1/3). Unter Anwendungsorientierung ist die Foku-
sierung auf Anwenderbedürfnisse wie Handhabbarkeit und Problemlösungsgrad zu verstehen.

Zum 01.06.1996 hatten 30 EDI-Systeme den Softwaretest durchlaufen. Im weiteren Verlauf erfolgte eine Klassifikation entsprechend ihrer Leistungsfähigkeit und Problemorientierung.

Unterschieden wurde hierbei zwischen den Systemklassen:

- Gateway-Systeme (5),
- Server-Systeme (9),
- Klein-Systeme (6) sowie
- betriebswirtschaftlich orientierte EDI-Systeme (10).

Die Systemklassen wurden aufgrund der spezifischen Anforderungsprofile definierter Anwendergruppen sowie der Zielgruppenprofile der Anbieter erarbeitet. Neben der Schaffung
eines Marktüberblick lassen sich detaillierte Aussagen über Funktionsumfang, Problemlösungsgrad und Einsatzpotentiale für jede Systemklasse treffen.

Tab. 1/3:   Struktur des Kriterienkatalogs der EDI-Systemstudie

Aufbau des Kriterienkatalogs	
1 Systemversion und Testumgebung	**5 Arbeitsumgebung**
2 EDI-System	5.1 Oberfläche
2.1 Architektur	5.2 Übersichtlichkeit der Eingabemasken
2.2 Installation	5.3 Einheitlichkeit der Menüs
2.3 Betriebssystem/Hardwareanforderungen	5.4 Online-Hilfe
2.4 Schnittstellen	5.5 Qualität der Online-Hilfe
2.5 Kommunikation	5.6 Handbuch
2.6 Sicherheitsmechanismen	5.7 Wartung/Support
3 Konfiguration	**6 Zusatzfunktionen**
3.1 Inhouse-Struktur	6.1 Zusatztools
3.2 EDI-Format	6.2 Managementinformationssystem
3.3 Zuordnung	**7 Angebotene Dienstleistungen**
3.4 Code-Tabellen	7.1 Betriebswirtschaftliche Beratung
3.5 Partnerprofilverwaltung	7.2 Mehrwertdienste
4 EDI-Betrieb	**8 Betriebswirtschaftliche Funktionen**
4.1 Ablaufsteuerung	**9 Kosten**
4.2 EDI-Sicherheitsmechanismen	
4.3 Protokollierung	
4.4 Archivierung	
4.5 Fehlererkennung	
4.6 Fehlerausgabe	
4.7 Fehlerbehebung	

1.3.3   Vorgehensweise

Eine systematische Einführung sowohl in die strategischen als auch in die I&K-technolo-
gischen Grundlagen der elektronisch unterstützten Geschäftsabwicklung wird in **Kapitel 1**
vorgenommen.

In **Kapitel 2** erfolgt die wirtschaftliche sowie strategische Abschätzung der Potentiale und
Anwendungsfelder einer organisationsübergreifenden, integrierten Informationsverarbeitung. Ausgehend von einer Analyse sowohl operativer als auch strategischer Aspekte des
EDI-Einsatzes setzt sich **Abschnitt 2.1** mit den Nutzenpotentialen sowie den Hemmschwellen, die sich für ein Unternehmen ergeben, auseinander. Probleme und Verfahren
der Wirtschaftlichkeitsbetrachtungen sind Gegenstand des **Abschnittes 2.2**.

Gegenstand von **Kapitel 3** ist die Erarbeitung einer neuen, dynamischen Betrachtungsweise der zwischenbetrieblichen Zusammenarbeit im Sinne eines elektronisch integrierten
Geschäftsprozeßmanagements. In **Abschnitt 3.1** erfolgt die Analyse der einzelnen Marktkommunikationsphasen sowie deren I&K-technologischer Unterstützbarkeit durch eine
aktive Prozeßsteuerung. Hierzu werden in **Abschnitt 3.2** innovative Managementansätze

hinsichtlich ihrer informationellen und unternehmensübergreifenden Voraussetzungen sowie Zielsetzungen analysiert und systematisiert.

Inhalt von **Kapitel 4** ist die Gestaltung von Kommunikationskanälen. Sie müssen sowohl technologischen als auch ablauforganisatorischen Anforderungen der Geschäftsabwicklung entsprechen. **Abschnitt 4.1** beinhaltet die Analyse der I&K-technologischen Voraussetzungen sowie EDI-Austauschszenarien. Eine Bewertung der verfügbaren TK-Netze und -Dienste sowie die Analyse der besonderen Bedeutung von Mehrwertdiensten (MWD) wird in **Abschnitt 4.2** vorgenommen. Mit standardisierten Datenaustauschformaten setzt sich **Abschnitt 4.3** auseinander. Anhand des EDIFACT-Formates werden die syntaktischen Konzepte vorgestellt, semantische Mängel analysiert und weiterführende Ansätze (Open- bzw. Interactive-EDI) diskutiert.

In **Kapitel 5** werden die Voraussetzungen für die dynamische Integration externer Geschäftsdaten in betriebliche DV-Strukturen erarbeitet und den bestehenden Anwendungsarchitekturen sowie Integrationstechnologien gegenübergestellt. In **Abschnitt 5.1** erfolgt eine Funktionsanalyse verfügbarer EDI-Systeme und eine Einsatzklassifikation. EDI-Integrationsansätze betriebswirtschaftlicher Standardanwendungssysteme sind Gegenstand der **Abschnitte 5.2** und **5.3**. Integrations- und Implementierungsstrategien sind Inhalt des **Abschnittes 5.4**. In **Abschnitt 5.5** werden Möglichkeiten und Grenzen verfügbarer Integrationsinstrumente und Anwendungssysteme herausgearbeitet.

Kapitel 6 setzt sich ausschließlich mit dem Ansatz der Semantischen Geschäftsprozeßintegration (SGPI) auseinander. Die SGPI ist Ergebnis der aufgezeigten methodischen und instrumentellen Mängel bestehender EDI-Implementationsansätze sowie der Forderung nach einer automatisierten Geschäftsprozeßschnittstelle zu externen Partnern. Nach einer Anforderungsdefinition in **Abschnitt 6.1** wird in **Abschnitt 6.2** eine funktional strukturierte Integrationsarchitektur entwickelt. Gegenstand von **Abschnitt 6.3** ist die Gestaltung von EDI-Workflows zur Ein- bzw. Ausgangsverarbeitung unter Berücksichtigung von automatisierten Eskalations- sowie Aktions-/Reaktionsmechanismen. Mit der Integrationsmatrix wird in **Abschnitt 6.4** die SGPI für den individuellen Einsatz instrumentalisiert.

2 Wettbewerbsfaktor zwischenbetriebliche Integration

Der Nutzung elektronischer Medien für den Informationsaustausch zwischen Unternehmen wird nicht nur von der Automobilindustrie, die als Vorreiter EDI schon frühzeitig intensiv nutzte, ein hoher Stellenwert beigemessen [GASS92, 39; DEUT94b, 9-12]. Für immer mehr Unternehmen ist EDI keine Frage des Prestiges mehr, sondern eine wirtschaftliche Notwendigkeit.

Zeitvorteile in der logistischen Kette (z. B. Wiederbeschaffungszeiten), Rationalisierungspotentiale im administrativen Bereich sowie die Möglichkeit, neuartige Kooperationsformen nutzen zu können, weisen EDI für viele Befürworter, auch ohne methodische Wirtschaftlichkeitsbetrachtung, als wirtschaftliche Notwendigkeit aus [PICO93b, 185]. Wie auch bei Multimedia tat man sich in der Vergangenheit schwer, die neue Technologie sinnvoll für die eigentlichen Unternehmensziele einzusetzen. Investitionsentscheidungen wurden ohne fundierte Informationsgrundlage getroffen und auf eine Investitionskontrolle wurde verzichtet.

Mag die Entscheidung für EDI in Unternehmen mit hohem zwischenbetrieblichen Belegvolumen oder hohem Materialbestand noch intuitiv plausibel erscheinen, so ist dies bei kleineren Unternehmen nicht mehr der Fall. Für sie ist die EDI-Fähigkeit oftmals, mangels erforderlichen Belegvolumens, nicht nur unwirtschaftlich, sondern ein zusätzlicher Kostenfaktor [SEDR91, 21; KUBI91, 8].

Ausgehend von einer Analyse der operativen und strategischen Aspekte des EDI-Einsatzes setzt sich **Abschnitt 2.1** mit den Nutzenpotentialen und Einsatzmöglichkeiten auseinander, die sich für ein Unternehmen ergeben. Dem werden die erforderlichen Voraussetzungen sowie bestehende Hemmschwellen gegenübergestellt.

Verfahren und Probleme bei der Wirtschaftlichkeitsbetrachtung unter Berücksichtigung von Unsicherheit und Zurechnungsproblematik sind Gegenstand des **Abschnittes 2.2**.

2.1 Potentiale und Ziele

EDI ist für viele Unternehmen eine fachfremde Disziplin, in der sie in der Regel auf keinerlei Erfahrungswerte oder eigenes Know-how zurückgreifen können. In einer Studie des Bundeswirtschaftsministeriums [RÖCK91, 240-247] wurde festgestellt, daß die Kosten-/Nutzenrelation zu einem erheblichen Teil von technischen, organisatorischen und insbesondere von unternehmensindividuellen sowie branchenspezifischen Rahmenbedingungen abhängt.

Eine allgemeingültige Beurteilung der Wirtschaftlichkeit sowie der EDI-Potentiale schließt sich demnach aus. Es bleibt das Aufzeigen der operativen und strategischen Effekte, der Einsatzmöglichkeiten sowie der Hemmschwellen, die bei einer individuellen Entscheidungsfindung zu berücksichtigen sind.

2.1.1   Operative Effekte

Operative Effekte zeichnen sich durch ihre direkte Zurechenbarkeit von Ursache und Wirkung aus und resultieren aus der rationelleren und schnelleren Abwicklung traditioneller Abläufe. Beispielsweise reduzieren sich durch Vermeidung einer manuellen Wiedererfassung der Daten sowohl Personalkosten als auch Kosten für die Behebung auftretender Erfassungsfehler. Traditionelle Abläufe oder Austauschbeziehungen werden nicht angetastet [SEDR91, 19].

Das Augenmerk liegt auf der „Elektrifizierung" bestehender Verfahren ohne Hinterfragung der zugrundeliegenden Methoden. Operative Effekte leiten sich aus dem substitutiven Einsatz von EDI ab.

Derartige operative Effekte lassen sich in drei Klassen einteilen (vgl. Tabelle 2/1):

* Kosteneffekte,

* Zeiteffekte und

* Qualitätseffekte.

Als dominierender Grund für den EDI-Einsatz sind die **Kosteneffekte** zu nennen. Sie resultieren überwiegend aus der Automation vormals manueller Tätigkeiten, wie beispielsweise der Erfassung eingehender Bestellungen. Neben den Personalkosten reduzieren sich auch die administrativen Kosten der Dokumentenverwaltung, d. h. das Sammeln, Verteilen und Archivieren der Papierdokumente. Die von den Unternehmen genannten Einsparungserfolge sind beeindruckend [SCAL93, 86; PICO92a, 40; FEDE94, 2 5-6].

Kritisch anzumerken ist, daß aufgrund fehlender Detailinformationen über die Form der Berechnung eine nähere Analyse dieser Erfolge unmöglich ist. Hinzu kommt, daß die propagierten Erfolge sowohl der Imageförderung als auch der Investitionsrechtfertigung dienen.

Zeiteinsparungen resultieren zum einen aus der schnelleren Übertragung der Daten und zum anderen aus der automatisierten Datenübernahme in die betriebliche Anwendungssoftware [SEDR91, 20]. Die schnellere Verfügbarkeit der Informationen erlaubt insbesondere im internationalen Geschäftsverkehr eine bessere Disposition und damit eine bedarfsgerechtere Leistungserstellung.

Versucht der Partner seinerseits den zeitlichen Vorteil zu nutzen, beispielsweise durch die Verkürzung der Bestellzyklen, relativiert sich der Vorteil oder verkehrt sich ins Gegenteil.

Im Gegensatz zu den Kosteneffekten wirkt sich EDI hier direkt auf das Interaktionsverhalten der kooperierenden Unternehmen sowie auf die innerbetrieblichen Bearbeitungsprozesse aus (vgl. Abschnitt 2.1.2). Im Extremfall kann dies zu einer fundamentalen Restrukturierung der traditionellen administrativen und produktiven Abläufe eines Unternehmens führen.

Qualitätseffekte beziehen sich auf die Datenqualität, d. h. die korrekte Interpretation und Übernahme von externen Daten in das interne Anwendungssystem. Die Relevanz der Datenqualität zeigt sich anschaulich in einer 1991 von der Firma BPU durchgeführten Untersuchung [OPPE92, 58]. Bei einer 14tägigen Stichprobe in einem Unternehmen waren nur 17% der eingegangenen Bestellungen bzw. Bestellformulare ohne Beanstandungen.

Ursache dieser hohen Fehlerquote sind zum einen die auftretenden Medienbrüche und zum anderen die unternehmensindividuelle Darstellung der Informationen (z. B. Formulare, Informationscodes, Sprache). Der personelle Mehraufwand zur Vermeidung dieser Erfassungs- und Interpretationsfehler wird zur Zeit noch als unwirtschaftlich und damit unnötig abgetan.

Tab. 2/1:   Klassifikation operativer Effekte

Klassen	operative Effekte
Kosteneffekte	- Wegfall von Medienbrüchen und Mehrfacherfassung von Daten (Personalkosten) - Reduktion der Übermittlungskosten - Reduktion der administrativen Kosten für das Sammeln, Verteilen und Archivieren von Papierdokumenten
Zeiteffekte	- Beschleunigung der zwischenbetrieblichen Datenübertragung, insbesondere bei internationalen Beziehungen - Beschleunigung der internen Abläufe durch die direkte Datenübernahme ohne Medienbrüche - 24stündige Erreichbarkeit (asynchrone Kommunikation) - Überwindung von Zeitzonen (asynchrone Kommunikation)
Qualitätseffekte	- Fehlerreduktion bei der manuellen Datenerfassung - aktuellere Daten - Überwindung von Sprachbarrieren und Vermeidung von Mißverständnissen

2.1.2   Strategische Effekte

Im Unterschied zu den auf Beschleunigung und Automation bestehender Abläufe basierenden operativen Effekten zeichnen sich strategische Effekte durch ihren organisatorischen, langfristigen und meist nur schwer zuordnenbaren Charakter aus [REIC87, 7; SCHU92a, 166]. Sie resultieren aus dem innovativen EDI-Einsatz. Ziel ist es, langfristige

Wettbewerbsvorteile in Form von Kostenreduktion bzw. Ertragsverbesserung [MONC88, 7-9] durch die Veränderung des zwischenbetrieblichen Wertschöpfungsprozesses zu erzielen.

Strategische Effekte lassen sich in inner- und zwischenbetriebliche Effekte unterscheiden (vgl. Tabelle 2/2).

Tab. 2/2:   Inner- und zwischenbetriebliche Effekte

Klassen	strategische Effekte
innerbetrieblich	- Reduktion der Wiederbeschaffungszeit, d. h. Reduktion von Lagerbeständen und der damit verbundenen Kapitalbindung - Steigerung der Planungs- und Dispositionssicherheit durch schnellere Informationsverfügbarkeit und höhere Aktualität - Entlastung des Personals von monotonen Routinearbeiten - Realisierung neuer Logistik- und Controllingkonzepte auf Basis der besseren Informationsverfügbarkeit - schnellere Auftragsabwicklung durch Daten- und Prozeßintegration - bessere Kontrolle der Materialbewegungen - Auslagerung betrieblicher Funktionen (Outsourcing)
zwischenbetrieblich	- Beschleunigung des Aktions-/Reaktionsverhaltens - Intensivierung des Kunden- bzw. Lieferantenkontaktes - Imagepflege (Innovationsfreudigkeit) - Ausgleich von Standortnachteilen - neue Kooperationsformen zur effektiveren Zusammenarbeit - bessere Aufgabenkoordination und -kontrolle - Angebot neuer Leistungen - Beschleunigung von Zahlungen (z. B. Gutschriftenverfahren) - Entwicklung elektronischer Marktformen

Innerbetrieblich bedingt der EDI-Einsatz durch die Automation traditionell manueller Tätigkeiten (z. B. Datenerfassung, Dokumentenhandling) eine Umgestaltung von Abläufen und Strukturen [GALL93b, 256-257; SCHU90, 310-311]. So führt beispielsweise die schnellere Informationsverfügbarkeit zu einer Verkürzung der Wiederbeschaffungszeit und einem geringeren Lagervolumen. Folgen sind eine Reduktion der Lagerkosten und die Anpassungen des Dispositionsverhaltens.

Die durch EDI erreichbare Aktualität und Qualität der Daten bildet die Voraussetzung für die Realisierung neuer Logistik- und Controllingkonzepte, die ein Outsourcen betrieblicher Funktionen bzw. eine stärkere räumliche Verteilung erlauben.

Zwischenbetrieblich führt der schnellere und qualitativ bessere Informationsfluß zu einer effektiveren Steuerung des Leistungsaustausches. Neben einer Beschleunigung der Geschäftsabwicklung verlieren räumliche Distanzen an Bedeutung und erlauben neuartige Formen der Zusammenarbeit (z. B. Virtuelle Unternehmen).

Viele der bestehenden Logistikkonzepte, wie JIT, Lean Supply oder Outsourcing (z. B. Lagermanagement), setzen eine enge informationelle Verbindung zu vor- und nachgelagerten Wertschöpfungsstufen zwingend voraus, d. h. sie sind eine Umsetzung der strategischen EDI-Effekte [PICO93b, 188-189].

Strategische Effekte ergeben sich nicht automatisch aufgrund des EDI-Einsatzes. Erforderlich ist die Umsetzung der I&K-technologischen Möglichkeiten in eine darauf abgestimmte Geschäftsprozeßgestaltung.

2.1.2.1 Innovatives EDI

Während „substitutives EDI" die Nutzung operativer Effekte umschreibt, zielt die innovative Nutzung von EDI-Technologien auf die strategischen Effekte ab und stellt somit eine Weiterentwicklung des substitutiven Ansatzes dar.

Zeit-, Kosten- und Qualitätseffekte erlauben bzw. erzwingen eine Neugestaltung verschiedener inner- sowie zwischenbetrieblicher Ablaufprozesse. In einem evolutorischen Prozeß entwickeln sich angepaßte Formen der kooperativen Leistungserstellung (z. B. produktionssynchrone Anlieferung), neue Leistungen (z. B. Elektronische Märkte) und neue Leistungsanbieter (z. B. Mehrwertdienstanbieter). Hauptproblem dieser Entwicklung ist das Aufbrechen traditioneller Strukturen (Akzeptanz) und die Schaffung der erforderlichen Verbreitung in der Wirtschaft.

Die Ansätze für die innovative Nutzung von EDI konzentrieren sich auf die Bereiche:

- Auslagerung von betrieblichen Funktionen (funktionales Outsourcing),
- neue Logistikkonzepte (z. B. PSA),
- Anbindung von Kunden und Lieferanten (z. B. ECR, Lean Supply) und
- neue Kooperationsformen für die gemeinschaftliche Produktentwicklung bzw. den Vertrieb von Leistungen (z. B. Virtuelle Unternehmen).

Am verbreitetsten ist die **Funktionsverlagerung** auf Kunden, Zulieferanten sowie auf externe Dienstleister. Ziel ist die Konzentration auf primär strategische Unternehmensaufgaben im Sinne einer Optimierung der Leistungstiefen und die Inanspruchnahme bzw. die Übertragung von Dienstleistungen an Dritte (Outsourcing) [NILS92, 18; PICO93a, 21-22; KUBI91, 7-8]. Zur Zeit erfolgt die Initiierung noch überwiegend aufgrund der besseren Machtposition am Markt (Elektronische Hierarchie).

Logistikkonzepte, wie z. B. Lean Supply oder JIT, zielen auf die Integration von Vorgangsketten unter Nutzung eines intensiven, koordinierenden Informationsaustausches ab.

Sie stehen häufig in engem Zusammenhang mit der Funktionsverlagerung bzw. Lieferantenanbindung. Die Informationen des Partners werden ohne vorherige manuelle Erfassung in die betrieblichen Anwendungen übernommen und sind direkt verfügbar. Innerbetriebliche Prozeßketten werden durch die ZBI nicht nur auf die direkt vor- und nachgelagerten Partner erweitert, sondern umfassen idealerweise den gesamten Wertschöpfungsprozeß.

Das Ziel der dauerhaften **Lieferanten- und Kundenanbindung** mittels EDI leitet sich nicht nur aus den vorgenannten Gründen ab. Der erforderliche Integrationsaufwand durch den Einsatz von EDI-Technologien kann ebenso als Instrument der Partnerbindung (Wechselkosten) herangezogen werden. Nur bei langfristigen Geschäftsbeziehungen sind die erforderlichen Investitionen sowie der partnerindividuelle Adaptionsaufwand wirtschaftlich vertretbar [KLUG93, 97-98]. Konsequenz ist die Reduktion der Partneranzahl bei gleichzeitiger Intensivierung der Zusammenarbeit, was eine Erhöhung der Abhängigkeit bzw. einen Verlust an Autonomie zur Folge hat.

Neuartige Kooperationsformen sind das Ergebnis neuartiger unternehmerischer Ideen, die sich als Synthese aus neuen I&K-Technologien und veränderten Formen der überbetrieblichen Leistungserstellung ableiten. Dank der Integration von Informationen und Prozessen können Leistungen, die vormals zwingend an einem Ort (z. B. Entwicklung) oder durch ein Unternehmen (Service bei komplexen Leistungen) zu erbringen waren, effizienter im Rahmen einer unternehmensübergreifenden Kooperation erbracht werden (Virtuelle Unternehmung).

Darüber hinaus entwickelt sich ein neues, zum Teil das klassische Angebot substituierendes Leistungsangebot, das an den durch EDI veränderten Geschäftsabwicklungsprozeß anknüpft. Zu nennen sind hierzu insbesondere externe Dienstleistungszentren, welche die Lagerhaltung und den Transport zwischen Zulieferer und Abnehmer übernehmen oder der große Bereich von I&K-Infrastrukturprovidern (z. B. MWD, Elektronische Märkte).

Auf den ersten Blick schwer einordenbar, dennoch der ZBI direkt zuzurechnen, sind Elektronische Märkte. Sie unterstützen auf Basis von I&K-Technologien Mechanismen des marktmäßigen Tausches von Gütern und Leistungen [RITZ91, 8-9].

Im Gegensatz zu bilateralen EDI-Beziehungen, bei denen der Fokus auf der Abwicklung des Leistungsaustausches liegt, entsteht der Hauptnutzen Elektronischer Märkte in den vorgelagerten Marktphasen (vgl. Abschnitt 3.1.1) der Informationsbeschaffung und der Vertragsaushandlung. Durch die „Ortlosigkeit", die Vermeidung von Informationsasymmetrien und durch die Senkung von Transaktionskosten ergeben sich signifikante Vorteile bei der Anbahnung von Geschäftsbeziehungen [SCHM93, 468]. Neben dem Wegfall von Zwischenhändlern bzw. deren Gewinnmargen verkürzt sich der Distributionskanal.

Angebote können auch kurzfristig weiträumig am Markt plaziert werden (z. B. Laderaumbörsen zur Vermeidung von Leerfahrten). Für die Nachfrageseite eröffnet sich die Möglichkeit, flexibel auf weltweit elektronisch verfügbare Marktinformationen (Global Sourcing) zugreifen zu können.

2.1.2.2 Wettbewerbserhaltende und wettbewerbsverbessernde Strategien

Da die Realisierung strategischer Effekte stark von der Durchsetzbarkeit gegenüber den Geschäftspartnern abhängt, ist zwischen agierenden und reagierenden Unternehmen zu unterscheiden.

Eine wettbewerbsverbessernde Strategie betreiben transaktionsstarke, wirtschaftlich mächtige Unternehmen, indem sie EDI aktiv zur Restrukturierung ihrer Wertschöpfungsprozesse und ihres Leistungsangebotes nutzen. Neben internen Maßnahmen werden hierbei, insbesondere innerhalb Elektronischer Hierarchien, die vor- und nachgelagerten Wertschöpfungsstufen zwangsweise in die ZBI-Strategie eingebunden.

Wettbewerbserhaltend ist die Strategie vieler KMUs. Sie reagieren auf die Anforderungen wichtiger Partner zur ZBI. Der Einsatz von EDI dient hierbei ausschließlich dem Erhalt der Marktposition.

Dies ändert sich beim Aufbau strategischer Koalitionen durch KMUs. Die ZBI ist Bestandteil einer wettbewerbsverbessernden Strategie zum Erhalt der Konkurrenzfähigkeit gegenüber Wettbewerbern. Als klassisches Beispiel ist die Transportbranche zu nennen, deren Kunden zunehmend eine nationale Abdeckung durch den Spediteur fordern, was für kleinere Speditionen nicht zu leisten ist. Der Zusammenschluß mehrerer regional verteilter Speditionen schafft auf Basis einer informationstechnologischen Verknüpfung nationale Lieferfähigkeit.

2.1.3 Anwendungsorientierte Potentialbewertung und betriebliche Einsatzbereiche

Die Realisierung der dargestellten Nutzenpotentiale wird stark von den unternehmensindividuellen Rahmenbedingungen sowie den Gegebenheiten innerhalb der zwischenbetrieblichen Leistungsbeziehung determiniert [PICO93b, 185; CANN93, 13-17]. Art und Umfang des EDI-Einsatzes (Einsatzbereiche) innerhalb einer Wertschöpfungskette (EDI-Gemeinschaft) geben den Gestaltungsrahmen vor, innerhalb dessen jedes Unternehmen eine individuelle innerbetriebliche Integrationsstrategie verfolgt.

2.1.3.1 Potentialbewertung aus anwendungsorientierter Sicht

Welche der genannten Effekte und Potentiale letztendlich für das einzelne Unternehmen relevant sind, läßt sich aufgrund der hohen Individualität der Rahmenbedingungen nicht bestimmen. Eine anwendungsorientierte Potentialbewertung des strategisch innovativen bzw. operativ substituierenden EDI-Einsatzes erlaubt jedoch die Abschätzung der Realisierbarkeit in Abhängigkeit der erforderlichen inner- und zwischenbetrieblichen Voraussetzungen. In Tabelle 2/3 wird die Bedeutung verschiedener EDI-Strategien anhand verschiedener Aspekte gegenüber gestellt.

Tab. 2/3:   Bedeutung verschiedener EDI-Strategien

EDI-Strategie	Effekte	zeitl. Dimension	org. Auswirkung	wirtschaftl. Bedeutung
wettbewerbs-verbessernd strategisch	• funktionales Outsourcing • neue Logistikkonzepte • Partneranbindung • neue Kooperationsformen	langfristiger Wettbewerbs-faktor	inner- und zwischen-betrieblich hoch	gering mit starkem Wachstum
operativ	• Elektronifizierung manueller Tätigkeiten • zeitliche Beschleuni-gung • Datenqualität	kurzfristig	gering	hoch mit starkem Wachstum
wettbewerbs-erhaltend	• k.o.-Kriterium von Geschäftspartnern • Reaktion auf einen sich abzeichnenden Trend	kurzfristig	gering	hoch mit sinkender Bedeutung

Der **strategische Einsatz** verspricht langfristig durch die innovative EDI-Nutzung den höchsten quantitativen und qualitativen Nutzen. In den Bereichen Technik, Personal und Organisation sind hierbei inner- und zwischenbetrieblich tiefgreifende Anpassungen vorzunehmen [OPPE92, 57-62]. Aufbauend auf den operativen Effekten (Kosten, Zeit und Qualität) bedarf die EDI-Technologie einer aktiven, anwendungsorientierten Gestaltung und Einbindung in den Wertschöpfungsprozeß. Die enge Kooperation mit dem Partner erfordert einen hohen technischen, organisatorischen und meist zeitaufwendigen Implementierungs- bzw. Koordinationsaufwand. Der Verlust an Autonomie bei gleichzeitig steigender Abhängigkeit aufgrund von Wechselkosten, d. h. Kosten eines Partnerwechsels, ist die Folge. Als problematisch erweist sich vielfach die psychologische „Überzeugungsarbeit" bei den Mitarbeitern im Unternehmen und den Kooperationspartnern, um traditionelle Strukturen und Abläufe aufzubrechen.

Der rein **operative Einsatz** erlaubt demgegenüber die kurzfristige Realisierung eines quantifizierbaren Nutzens ohne Änderung traditioneller Strukturen und Abläufe. Aus der Elektrifizierung manueller Tätigkeiten (Kosteneffekte), dem beschleunigten Informationstransfer (Zeiteffekte) und der Vermeidung von Fehlern (Qualitätseffekte) ergibt sich eine Produktivitätssteigerung ohne Änderungsbedarf in der Organisation. Durch den rein operativen Einsatz reduziert sich der Implementierungs- wie auch der erforderliche Zeitaufwand.

Fehlende Akzeptanz bei den Partnern und die Risiken, die sich aus dem innovativen EDI-Einsatz (z. B. keine Erfahrungswerte) ergeben, sind der Grund für die freiwillige Beschränkung vieler EDI-Anwender auf den rein operativen Einsatz.

2.1.3.2 Einsatzbereiche

Viele der betrieblichen Außenbeziehungen lassen sich durch EDI unterstützen [SCHU92b, 38-47]. Generell besteht keine Einschränkung auf bestimmte Wirtschaftszweige, Länder bzw. Regionen oder Unternehmensgrößen. Dies darf jedoch nicht darüber hinwegtäuschen, daß es noch lange Funktionen und Situationen geben wird, in denen Organisationen gezwungen sind, auf eine elektronische Unterstützung zu verzichten. Beispielhaft sei an dieser Stelle auf rechtliche Erfordernisse (z. B. Schriftform) oder spontane, situative Entscheidungen in Ausnahmesituationen hingewiesen. In Tabelle 2/4 erfolgt eine Klassifikation betrieblicher Außenbeziehungen hinsichtlich ihrer EDI-Fähigkeit.

Strukturierbarkeit als Voraussetzung

Nicht jede potentiell durch I&K-Technologien unterstützbare Außenbeziehung ist ihrerseits EDI-fähig. Die Ursachen finden sich primär in der für EDI zwingend erforderlichen Standardisier- bzw. Formalisierbarkeit der Vorgänge und der auszutauschenden Informationen (vgl. Abschnitt 4.1). Eine gute EDI-Eignung ist bei Geschäftsbeziehungen mit hohem Routinecharakter gegeben. Sie sind gekennzeichnet durch klar strukturierte, repetitive Transaktionen gleichen Inhalts (z. B. Nachbevorratung von Standardgütern), bei denen Leistungsstörungen (z. B. Lieferunfähigkeit) nicht zu erwarten sind. Diese lassen sich elektronisch vergleichsweise einfach abbilden. Als ungeeignet erweisen sich hingegen sporadisch auftretende Transaktionen mit hohem Individualcharakter. Diese sind nur schwer strukturierbar und bedürfen individueller Verhandlungen (z. B. Produktbeschreibung, Preise, Lieferbedingungen).

Zwischenbetriebliches Beziehungsgeflecht

Jedes Unternehmen ist Bestandteil eines mehr oder minder komplexen Beziehungsgeflechtes sowohl auf horizontaler als auch auf vertikaler Ebene (vgl. Abbildung 2/1). Je nach betrieblicher Funktion erfolgt der Informationsaustausch zu verschiedenen Funktionsbereichen anderer Unternehmen, Dienstleister und Behörden. Innerhalb des Unternehmens ergibt sich ebenfalls eine Vielzahl von Kommunikations- und Interaktionsbeziehungen, die in ihrer I&K-technologischen Problemstellung mit Außenbeziehungen vergleichbar sind.

Tab. 2/4:   Klassifikation betrieblicher Außenbeziehungen nach ihrer EDI-Fähigkeit

Klasse	Typisierung betrieblicher Außenbeziehungen	Beispiele
I&K-fähige Außenbeziehungen EDI-fähig	• Routinetransaktionen • formalisierbare Abläufe • standardisierte Informationen • formalisierbare Informationsdarstellungen • Unterstützung durch betriebliche Anwendungssysteme	• Anfragen und Bestellungen von Standardgütern beim Lieferanten • Auftragsbestätigungen, -änderungen • Lieferscheindaten • Zahlungsverkehr mit Banken • Speditionsdaten
nicht EDI-fähig	• situativer, spontaner Entscheidungsbedarf in Ausnahmesituationen • variierende Vorgangsbearbeitungen • differierende Informationen • keine Unterstützung durch betriebliche Anwendungssysteme	• Ferndiagnose, -wartung • Auskunftssysteme • Simultaneous Engineering • CSCW • unstrukturierter Informationsaustausch (E-Mail)
nicht I&K-fähige Außenbeziehungen	• unzureichende rechtliche Grundlage • nicht durch Informationsverarbeitung unterstützt • unzureichende Akzeptanz bei den beteiligten Parteien • unzureichende Infrastruktur	• Vertragsaushandlung/-abschluß • physikalischer Materialfluß • Rechtsgeschäfte, die gesetzlich bedingt der Papierform und der eigenhändigen Unterschrift bedürfen • Beziehungen zu Partnern ohne Informationsverarbeitung

Die informationellen Beziehungen eines Unternehmens lassen sich einteilen in

• intrabetriebliche Beziehungen (organisatorisch selbständige, räumlich getrennte Unternehmensbereiche),

• zwischenbetriebliche Beziehungen (z. B. Kunden, Lieferanten),

• Beziehungen zu öffentlichen Institutionen (z. B. Behörden, Zoll) und

• Beziehungen zu Dienstleistern (z. B. Transportunternehmen, Banken, Steuerberater).

Welche der aufgezeigten EDI-Beziehungen letztendlich für ein Unternehmen von Bedeutung sind, hängt von der individuellen Ausgangssituation ab. In Tabelle 2/5 werden verschiedene Determinanten klassifiziert und aufgezeigt.

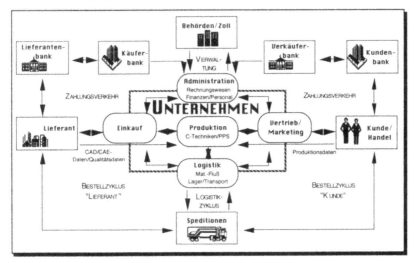

Abb. 2/1:   Betriebliche Außenbeziehungen [SCHE96a, 46]

In der Literatur finden sich in zunehmendem Maß Praxisberichte und Implementations-
konzepte, die sich mit der EDI-Analyse und -Implementierung auseinandersetzen. Kennzeichnend für Praxisberichte [KERN94, 26-28; HOFM94, 29-31; GEOR95, 123-241] ist
ihr hoher Bezug zu individuellen Problemstellungen und -lösungen, die eine Verallgemeinerung nicht erlauben. Umfassende Implementationsansätze [GEOR93, 140-293] erweisen
sich demgegenüber als sehr aufwendig und aufgrund ihrer meist theoretischen Herleitung
kaum durchführbar.

Tab. 2/5:   Determinanten des unternehmensindividuellen Beziehungsgeflechtes [RÖCK91, 240]

Klassen	Determinanten
allgemeine Rahmen-bedingungen	- Branche und Konzentrationsgrad in der Branche
	- regionale Gliederung des Marktes
	- wirtschaftliche Macht der Geschäftspartner
I&K-Technologie	- technische Infrastruktur im Unternehmen (DV-Durchdringungsgrad)
	- Nutzung von Standards im Unternehmen
	- Integrationsstand der Anwendung
Organisation	- Art und Umfang der zwischenbetrieblichen Austauschbeziehung (Interaktionsbeziehung)
	- Struktur der Aufbau- und Ablauforganisation
	- Umfang der angestrebten Prozeßverknüpfung

2.1.4   Hemmschwellen

Als treibende Kraft für den Einsatz von EDI-Technologien erweisen sich große Unternehmen mit hohem Transaktionsvolumen. Sie realisieren beachtliche Rationalisierungspotentiale und drängen ihre Partner zum EDI-Einsatz. KMUs sind vergleichsweise zurückhaltend und werden häufig aufgrund der wirtschaftlichen Machtverhältnisse in Elektronische Hierarchien eingebunden. Im Gegensatz zu den transaktionsstarken Betrieben, die einen hohen EDI-Integrationsgrad im Unternehmen anstreben, bevorzugen KMUs einfache, kostengünstige Lösungen ohne Beeinflussung der bestehenden Strukturen und Abläufe.

Das weltweit zu verzeichnende Akzeptanzproblem gegenüber der ZBI steht im krassen Gegensatz zu den propagierten wirtschaftlichen Potentialen. Es ist zu klären, welche Ursachen für diese Situation verantwortlich sind und welche Maßnahmen zu einer Verbesserung führen können. Nach der anwendungsorientierten Betrachtung strategischer und operativer Potentiale werden in Tabelle 2/6 Vor- und Nachteile des EDI-Einsatzes aufgezeigt [SCAL93, 87].

Tab. 2/6:   Vor- und Nachteile des EDI-Einsatzes

EDI-Vorteile	EDI-Nachteile
Reduktion des Papierflusses zwischen Organisationen	Unzureichendes Grundverständnis sowie fehlendes EDI-Know-how
Steigerung der Produktivität	Einsatzkomplexität
Steigerung der Datenqualität und -quantität	Mangelhaftes Instrumentarium zur Wirtschaftlichkeitsbetrachtung
Schnellere Informationsverfügbarkeit	Tiefgreifende Eingriffe in die betriebliche Organisation (Struktur, Prozesse, Kontrolle)
Reduktion von Personalkosten	Intransparenz des EDI-Marktangebotes
Intensivierung der Partnerbeziehungen	Instabile Standards
Erzielung strategischer Vorteile durch die Nutzung neuer Technologien	Hohe Einstiegskosten
Reduktion von Medienbrüchen und manueller Wiedererfassung	Fehlende rechtliche Basis, sowohl national als auch international
Standardisierung von Programmen und Prozessen	vergleichsweise geringe Verbreitung
Verbessertes Materialmanagement	Problematik der informationstechnologischen Integration in betriebliche Strukturen

Die genannten Vorteile sind durch ihre Plausibilität und durch eine gewisse Allgemeingültigkeit charakterisiert, die man häufig auch bei anderen Investitionen im Bereich der Informationsverarbeitung (z. B. Büroautomation) findet. Sie ergeben sich nicht zwingend aus dem I&K-Technologieeinsatz, sondern leiten sich aus einem veränderten Leistungs-prozeß und schnelleren Abläufen ab.

Als problematisch werden die Komplexität der EDI-Technologie und die Auswirkungen auf die traditionellen Abläufe und Geschäftsbeziehungen betrachtet. Die Skepsis gegen-über einer stärkeren I&K-technologischen Integration ist auf ein bestehendes Know-how-Defizit, einer zunehmenden DV-Abhängigkeit sowie den komplexen und aufwendigen Integrationslösungen zurückzuführen. Hinzu kommt die Intransparenz des EDI-Marktes, der durch eine Vielzahl an Produkten, Funktionen und einer ständig steigenden Anzahl von Anbietern und Beratern gekennzeichnet ist. Negativ auf die EDI-Akzeptanz wirkt sich ferner der begriffliche „Wirrwarr" aus, welcher aus der mißverständlichen und falschen Nutzung der Fachterminologie sowie der Kreation immer neuer Schlagworte resultiert.

Weitere hemmende Aspekte sind

- neue Technologien und Standards, die in die bestehende Infrastruktur zu inte-grieren sind,

- die punktuelle Diskussion von Detailaspekten ohne Berücksichtigung der Praxisrelevanz und der Gesamtproblematik sowie

- fehlende Standardprodukte bzw. „Lösungsmuster", die einen Hinweis auf die erforderlichen EDI-Funktionen und die inner- bzw. zwischenbetriebliche Orga-nisation der Leistungsprozesse geben könnten.

Die vorwiegend technische und abstrakt strategische Diskussion der EDI-Thematik läßt die EDI-Technologie als Instrument der Zusammenarbeit komplex und risikoreich erscheinen. Der Forderung nach mehr Transparenz und problemorientierten Integrationslösungen be-gegnen EDI-Anbieter mit der Erweiterung des EDI-Funktionsangebotes, ohne jedoch die Mehrdimensionalität der Aufgabenstellung einer unternehmensübergreifenden Prozeßko-ordination zu berücksichtigen. Obwohl die Zielsetzung der ZBI geklärt und die erforderli-che I&K-Technologie weitgehend vorhanden ist, bestehen Probleme bei der konkreten Umsetzung.

2.2 Problematik der Wirtschaftlichkeitsbetrachtung

Da der elektronische Datenaustausch nicht a priori wirtschaftlich oder unwirtschaftlich ist, muß im Vorfeld einer Investitionsentscheidung eine Analyse, d. h. das Erfassen und Be-werten aller relevanten Faktoren, stehen. Sind einzelne Faktoren, wie qualitative Effekte, nicht exakt abschätzbar, erfolgt eine Entscheidung unter Unsicherheit.

Als Wirtschaftlichkeit bezeichnet man das Verhältnis zwischen dem erzielten oder erziel-baren Nutzen (Leistung) und dem dafür erforderlichen Mitteleinsatz (Kosten). Die Gegenüberstellung erfordert eine vollständige Berücksichtigung aller Faktoren (z. B. strategische Aspekte, Risiken). Sowohl das Leistungsergebnis als auch der Mitteleinsatz sind hierbei in Geldeinheiten zu bewerten [PICO92a, 39; SCHU92a, 161].

Die Entscheidungsfindung bei Investitionen in neue Informations- und Kommunikationstechnologien erweist sich in der Praxis als überaus komplexe Problematik. Zu nennen sind primär Probleme der Wirtschaftlichkeitsanalyse [REIC87, 6-11], wie

• die Definition geeigneter Maßgrößen,

• die Verbund- und Innovationsproblematik,

• Probleme bei der Erfassung qualitativer, strategischer bzw. nicht monetärer Größen im Leistungsbereich und

• Zurechnungsprobleme.

Nutzeffekte und die daraus ableitbaren Wettbewerbsvorteile des EDI-Einsatzes lassen sich nur schwer erfassen und den technisch-organisatorischen Kosten der EDI-Implementierung und des Betriebs gegenüberstellen. Als Bestandteile der allgemeinen DV-Infrastruktur, die sich querschnittartig durch alle Unternehmensbereiche ziehen, ergeben sich Zuordnungsprobleme [SCHU92b, 53; REIC87, 7].

2.2.1   Problemstellung

Schwierigkeiten resultieren bereits aus der vielfach unzulässigen Einengung bzw. Verallgemeinerung des Wirtschaftlichkeitsbegriffes. Wesentliche Fehler lassen sich auf die isolierte Betrachtung einzelner Prozeß- oder Unternehmensteilbereiche zurückführen. Der integrative Charakter von ZBI erfordert jedoch die Berücksichtigung der mittelbaren und unmittelbaren Auswirkungen auf das Gesamtsystem, da Ursache und Wirkung räumlich sowie zeitlich auseinanderfallen können. Hinzu kommen falsche oder nur ungenau definierte (strategische) Zielvorstellungen der betroffenen Unternehmen [HORV88, 2-3].

Neben diesen rein unternehmensindividuellen Überlegungen sind ebenso die unternehmensübergreifenden Verbundaspekte zu berücksichtigen. Hierunter sind Auswirkungen auf die Wertschöpfungskette in ihrer Gesamtheit zu verstehen. Zu nennen sind unter anderem Kooperationen auf horizontaler Ebene (z. B. Beschaffungs-, Speditions- und Vertriebsverbund) zur Steigerung der Wettbewerbsfähigkeit gegenüber wirtschaftlich mächtigen Konkurrenten.

Tabelle 2/7 zeigt kritischer Faktoren und Grenzen der Wirtschaftlichkeitsbeurteilung auf (vgl. auch [SCHU92b, 160-162; NIEM88, 17-19; PICO84, 96-103]).

Tab. 2/7:   Problemkatalog zur Beurteilung von EDI-Investitionen

Problem	Bedeutung
• Meß- und Bewertungsprobleme, die sich durch die bedingte Erfaßbarkeit der Kosten und qualitativen Leistungsgrößen, wie Schnelligkeit oder Genauigkeit, ergeben	****
• Anpassung der betrieblichen Anwendungssysteme	****
• Mittel- und langfristige Einsatzbreite der EDI-Technologie	****
• Heterogenität der Partneranbindungen	****
• Fehlendes bzw. unausgereiftes Instrumentarium zur Analyse, Konzeption und Erfolgskontrolle	****
• Verknüpfung inner- und zwischenbetrieblicher Informationsflüsse und Prozeßketten	****
• Intransparenter Produkt- und Dienstleistungsmarkt	****
• Zwischenbetrieblicher Abstimmungsaufwand	***
• Schätzprobleme bei in der Zukunft liegenden Kosten und Erträgen	***
• Geringe Investitionssicherheit aufgrund sehr kurzer Innovationszyklen	***
• Adaptionsnotwendigkeit der zwischenbetrieblichen Leistungsbeziehung	**
• Technische Weiterentwicklung des EDI-Instumentariums	**
• Hohes Fehlerrisiko bei der Aufwandsschätzung für erforderliche Schulungen und den Aufbau von EDI-Know-how	**
• Instabile Normen und Standards	**
• Problem der Zurechenbarkeit von Kosten- und Nutzeneffekten bei stark integrierten Systemen, insbesondere wenn Organisationsanpassungen das Ergebnis verfälschen	*
• Beitrag zur strategischen Zielerreichung nur in Teilbereichen belegbar, da sich die Ursache-/Wirkungsbeziehung häufig nur schwer ableiten läßt	*

Legende: **** = sehr hoch; *** = hoch; ** = mittel; * = gering

Die Liste ist beliebig erweiter- und detaillierbar. Trotz der Vielzahl unterschiedlicher Aspekte technischer, organisatorischer, personeller, betrieblicher und volkswirtschaftlicher Art lassen sich drei Problemklassen entsprechend

- der Unvollkommenheit der Information,
- der unternehmensübergreifenden Dimension und
- dem innovativen Potential

bilden (vgl. Abbildung 2/2).

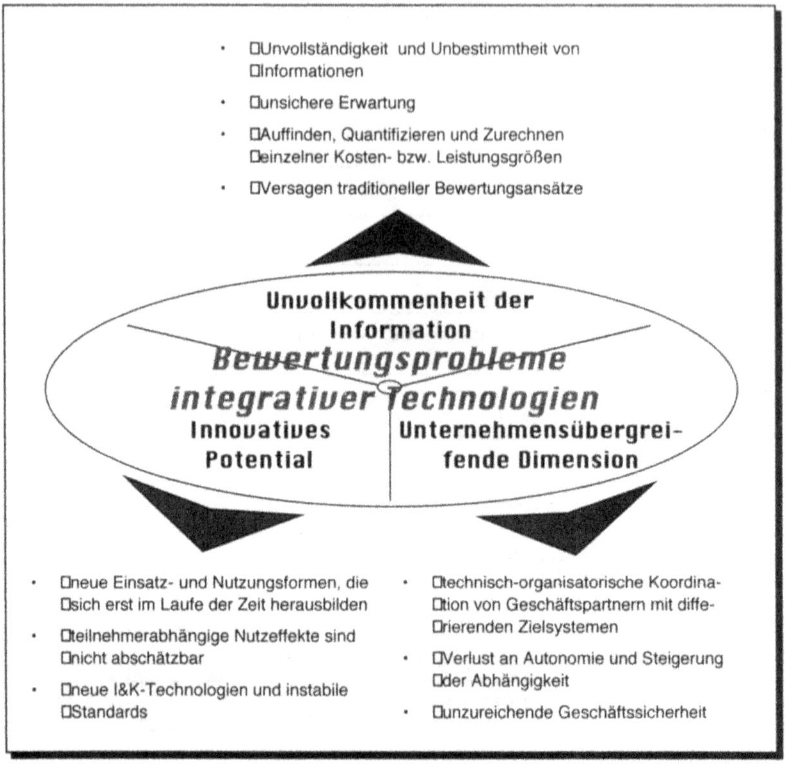

- ☐Unvollständigkeit und Unbestimmtheit von ☐Informationen
- ☐unsichere Erwartung
- ☐Auffinden, Quantifizieren und Zurechnen ☐einzelner Kosten- bzw. Leistungsgrößen
- ☐Versagen traditioneller Bewertungsansätze

Unvollkommenheit der Information

Bewertungsprobleme integrativer Technologien

Innovatives Potential | **Unternehmensübergreifende Dimension**

- ☐neue Einsatz- und Nutzungsformen, die ☐sich erst im Laufe der Zeit herausbilden
- ☐teilnehmerabhängige Nutzeffekte sind ☐nicht abschätzbar
- ☐neue I&K-Technologien und instabile ☐Standards

- ☐technisch-organisatorische Koordina-☐tion von Geschäftspartnern mit diffe-☐rierenden Zielsystemen
- ☐Verlust an Autonomie und Steigerung ☐der Abhängigkeit
- ☐unzureichende Geschäftssicherheit

Abb. 2/2:   Problemkreis der Bewertung integrativer Technologien

Die **Unvollkommenheit der Information** [HORV88, 4] ist gekennzeichnet durch:

- Unvollständigkeit, d. h. das Fehlen wichtiger Teilinformationen,
- Unbestimmtheit, d. h. die Informationen sind nicht exakt, und
- unsichere Erwartung, da die Wahrscheinlichkeit für die Richtigkeit der Annahmen nicht bekannt ist.

Erschwerend kommt hinzu, daß für das Auffinden von Maßgrößen, deren Quantifizierung und für die Zurechenbarkeit der einzelnen Kosten- und Leistungsgrößen noch kein methodisches Instrumentarium verfügbar ist [DEUT94a, 10].

Bei der **unternehmensübergreifenden Dimension** steht die Abhängigkeit zwischen EDI-Partnern im Mittelpunkt der Betrachtung. Beispielsweise steigt mit der Anzahl der kommunizierenden Partner und mit steigendem Austauschvolumen der EDI-Nutzen [SCAL93, 89]. Wirtschaftliche Abhängigkeitsverhältnisse (Elektronische Hierarchien) sind ein wesentlicher Parameter bei der technisch-organisatorischen Gestaltung der ZBI. Für wirtschaftlich mächtige Unternehmen steigt die Möglichkeit zur Ausweitung EDI-gestützter Geschäftsbeziehungen, was sich positiv auf die Nutzenerwartung auswirkt.

Beispiele wie Karstadt AG [EIER95, 11-12] zeigen jedoch, daß selbst bei einer starken Position gegenüber Lieferanten und einer langjährigen, aktiven EDI-Strategie die Anzahl angebundener Partner deutlich hinter den Erwartungen zurückbleiben kann. Der Einfluß auf vorgelagerte Wertschöpfungsstufen (z. B. Zulieferanten) kehrt sich bei nachgelagerten Wertschöpfungsstufen um.

Gewichtiger Wettbewerbsfaktor aber auch fundamentales Bewertungsproblem einer jeden neuen Technologie sind **innovative Potentiale**. Sie erschließen sich aus den neuartigen Einsatzmöglichkeiten. Aufgrund der dynamischen Entwicklung lassen sich weder die sich erst im Laufe der Zeit entwickelnden Nutzungsformen, noch deren teilnehmerabhängige Nutzeffekte exakt abschätzen.

2.2.2   Ebenen der Wirtschaftlichkeitsbetrachtung

Die im vorangegangenen Kapitel dargestellte Problematik bei der Wirtschaftlichkeitsbetrachtung von Integrationsvorhaben im EDI-Umfeld zeigt deutlich das Dilemma bei der Bewertung neuer integrativer Technologien. Neben Zielen wie Kosteneinsparungen und der Automation inner- und zwischenbetrieblicher Abläufe gewinnen strategische Motive der Lagerhaltungs- und Fertigungstiefenoptimierung sowie des „Business Reengineering" an Bedeutung [PICO94, 33]. Eine Vielzahl verschiedenster Faktoren sind in ihrem übergreifenden Beziehungsgeflecht zu definieren und unter Berücksichtigung des unternehmensspezifischen Zielsystems zu analysieren. In Ermangelung einer anerkannten Methodenbasis werden immer wieder neue projektspezifische Ansätze entwickelt, ohne bestehende Erfahrungen zu berücksichtigen.

Für eine Wirtschaftlichkeitsanalyse besteht die Notwendigkeit, alle gegenwärtigen und zukünftigen, quantitativen und qualitativen sowie direkten und indirekten Kosten- und Leistungsgrößen zu systematisieren. Je nach Motivation, Branche, Stellung am Markt oder Innovationsfreudigkeit differieren die relevanten Kosten- und Leistungsklassen erheblich. In Tabelle 2/8 werden zur Veranschaulichung verschiedene Systematisierungsschemata zur Wirtschaftlichkeitsbetrachtung aufgezeigt.

Ohne an dieser Stelle eine eingehende Untersuchung einzelner Ansätze vorzunehmen, bleibt festzuhalten, daß sie nur sehr allgemeine Vorgehensschemata beschreiben.

Tab. 2/8:   Systematisierungsschemata der Wirtschaftlichkeitsbetrachtung in der Literatur

Schema				
[OPPE92, 58-61]	Organisation	Technik	Personal	
[PICO94, 33-34]	Technik	Arbeitsplatz/ Prozesse	Unternehmen	
[SCHU92a, 165]	Arbeitsplatz-ebene	Gruppen-/ Abteilungsebene	Unternehmens-ebene	zwischenbe-triebliche Ebene
[RÖCK91, 289-290]	EDI-Kosten: Planungs-phasen	EDI-Kosten: Realisie-rungsphasen	EDI-Kosten: Betriebs-phasen	EDI-Nutzen: externes Umfeld	EDI-Nutzen: internes Umfeld
[PICO84, 107]	technikbezogen	subsystem-bezogen	gesamtorga-nisational	gesellschaftlich
[SCHU92b, 166]	Kosten- u. Leistungs-größen	direkte u. indirekte Wirkungen	einmalige u. laufende Einflüsse	kurz- u. langfristige Resultate	quantitative u. qualitative Ergebnisse
[PFEI92a, 90-108]	direct effects	indirect effects and opportunities	element of a JIT strategy	
[DEUT94a, 10-11]	feste, einmalige Kosten	laufende, fixe Kosten	laufende, datenab-hängige Kosten	

2.2.3   Verfahrensansätze

NIEMEIER bezeichnet Entscheidungen mit strategischer Orientierung (z. B. ZBI) als Managemententscheidungen, die, obwohl sie sich häufig nicht „rechnen" lassen, nicht an einer starren quantitativen Beurteilung scheitern dürfen [NIEM88, 17]. Derartige Aussagen lassen sich als Zeichen der Hilflosigkeit bei der Beurteilung innovativer Technologien werten. Es erstaunt, daß diese Form der Argumentation in der Wirtschaft eine nicht unerhebliche Bedeutung besitzt. So belegt eine in der Automobilbranche durchgeführte Untersuchung, daß Wirtschaftlichkeitsanalysen nur eine untergeordnete Bedeutung bei der Entscheidungsfindung darstellen [PICO93b, 185].

Ist eine monetäre Erfassung der relevanten Kosten- und Leistungsgrößen bei EDI-Investitionen nicht möglich, so müssen sowohl objektive als auch subjektive Indikatoren ersatzweise Hilfestellung leisten. Andernfalls werden wirtschaftlich relevante Tatbestände aufgrund ihrer Nichtquantifizierbarkeit systematisch vernachlässigt [REIC87, 8-9]. Aufgrund der Unvollkommenheit der Informationsbasis, insbesondere der unsicheren Erwartung, ist neben den Kosten- und Leistungsgrößen auch das Sicherheits- bzw. das Risikoschmälerungsprinzip [HORV88, 4] zu berücksichtigen.

Für ein alle Faktoren beinhaltendes Bewertungsverfahren sind verschiedene Methoden zur Erfassung sowohl quantitativer als auch qualitativer Effekte zu kombinieren und entspre-

chend ihrer Eintrittswahrscheinlichkeit zu gewichten. In Abbildung 2/3 wird ein Prozeßmodell für die Wirtschaftlichkeitsanalyse aufgezeigt.

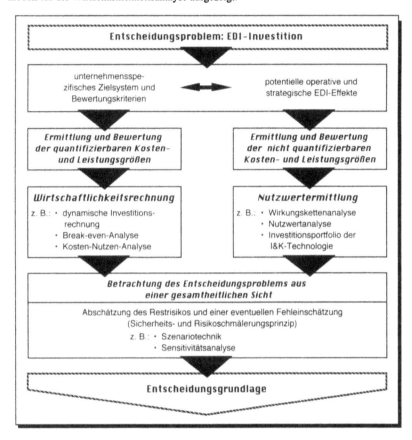

Abb. 2/3:   Prozeßmodell der Wirtschaftlichkeitsanalyse von EDI-Investitionen (in Anlehnung an
             [REIC87, 10])

Neben den quantifizierbaren Nutzeffekten gehen alle zurechenbaren Kosten in die Investi-
tionsrechnung ein. Alle nichtquantifizierbaren Kosten- und Leistungsgrößen werden als
gewichtete Argumentenbilanz der quantitativen Auswertung beigefügt und als Grundlage
für die Entscheidungsfindung herangezogen.

Kennzeichen dieses „Kombinationsverfahrens" ist die Bewertung von Einzelaspekten bzw.
-technologien mit hierzu geeigneten Verfahren. Die jeweiligen Ergebnisse erfahren eine
unternehmensspezifische Gewichtung. Aufgrund der unvollkommenen Informationsbasis
ist eine nochmalige Relativierung der Ergebnisse entsprechend des Sicherheits- und Risi-
koschmälerungsprinzips erforderlich. Dies kann auf Basis von Sensitivitätsanalysen erfol-

gen, mit deren Hilfe sich die wesentlichen Einflußgrößen auf das Gesamtergebnis heraus-
filtern lassen.

Das Problem der unsicheren Erwartung wird mittels der Szenariotechnik berücksichtigt. In
Simulationsrechnungen lassen sich die Berechnungen sowohl für optimistische als auch für
pessimistische und für die erwarteten Annahmen durchführen.

SCHUMANN [SCHU92b, 154-158] zeigt hierzu eine Reihe verschiedener Verfahren auf:

- Verfahren zur Bewertung von Einzeltechnologien auf Basis quantifizierbarer
  Größen:
    - Kosten-Nutzen-Analyse,
    - Vergleich von Kostenbudgets,
    - Gegenüberstellung von Kostensätzen,
    - dynamische Investitionsrechenverfahren,
    - Nutzwertanalysen zum Vergleich alternativer Lösungen

- Verfahren zur Bewertung von integrierten Technologien auf Basis nicht eindeutig quantifizierbarer Größen:
    - Ebenenansatz,
    - prozeßorientiertes Vorgehen,
    - Analyse von Nutzeffektketten,
    - Analyse finanzieller Konsequenzen und
    - Aufstellen von Argumentationsbilanzen.

Die problemspezifische Auswahl und Kombination von Verfahren sowie die Durchführung
der Wirtschaftlichkeitsabschätzung gestalten sich aufgrund fehlender Erfahrungen als sehr
aufwendig und erfolgen zufällig. Einfache Abschätzungen und Empfehlungen von
„Experten" herrschen selbst bei umfangreichen Investitionen noch vor. Analog erfolgt eine
Erfolgskontrolle, die die erwarteten Effekte den real erzielten Ergebnissen gegenüberstellt,
nicht oder nur in begrenztem Umfang.

3 Zwischenbetriebliches Geschäftspro- zeßmanagement

Geschäftsprozesse – als spezielle Form der Ablauforganisation – konkretisieren die Unternehmensstrategie und verknüpfen diese mit I&K-Technologien [ÖSTE95, 20]. Die verrichtungsorientierte Aufbauorganisation sowie die inner- und zwischenbetriebliche Arbeitsteilung führen zu einer Splittung des logischen Ablaufs des Wertschöpfungsprozesses. Die Folgen sind Zeit- sowie Qualitätseinbußen aufgrund von Übergabe- und Wartezeiten. Hinzu kommen die redundante Ausführung von Prüf- und Verwaltungsfunktionen sowie Mehrfacherfassungen. Zusätzlich ergibt sich ein überhöhter Bedarf an Kommunikation und Koordination [SCHE90a, 64-71].

Innovative Geschäftsstrategien und Managementansätze stellen zwei in der Vergangenheit nur wenig berücksichtigte Aspekte in den Betrachtungsmittelpunkt:

1. die Geschäftsprozeßdynamik im Sinne einer aktiven Vorgangsbetrachtung und -steuerung sowie

2. die Potentiale effizient gestalteter, zwischenbetrieblicher Leistungsbeziehungen.

Integrative Technologien, wie CSCW oder EDI, dienen der Minimierung bestehender Schnittstellenprobleme sowie der Integration einzelner Funktionen in ihrer logischen Abfolge zur Gesamtheit.

Zu klären ist, welche Bedeutung einem aktiven Geschäftsprozeßmanagement sowie dessen Ausweitung auf vor- und nachgelagerte Wertschöpfungsstufen zukommt, welche I&K-technologischen Möglichkeiten zur Unterstützung bestehen und welche Bedeutung sie in der Praxis besitzen.

Abschnitt 3.1 setzt sich mit der aktiven inner- und zwischenbetrieblichen Prozeßsteuerung auseinander. Hierzu erfolgt eine Analyse der einzelnen Marktkommunikationsphasen sowie deren I&K-technologische Unterstützbarkeit durch eine unternehmensübergreifende Informationslogistik und durch Workflow-Systeme.

Der Zusammenhang zwischen innovativen, prozeßorientierten Managementansätzen und I&K-Technologien ist Gegenstand von **Abschnitt 3.2**. Hierzu werden verschiedene Managementansätze hinsichtlich ihrer informationellen und unternehmensübergreifenden Voraussetzungen wie auch Zielsetzungen analysiert und systematisiert.

3.1   Geschäftsprozeßmanagement als unternehmens-übergreifende Aufgabenstellung

Geschäftsprozesse und Workflows sind eine Abfolge von Aufgaben und Funktionen innerhalb eines arbeitsteiligen Prozesses, die sich über mehrere organisatorische Einheiten verteilen und auf ein klar definiertes Ergebnis abzielen [ÖSTE95, 19; HEIL94, 9]. I&K-Technologien unterstützen im Rahmen des Geschäftsprozeß- bzw. Workflow-Managements die Ausführung verteilter Aufgaben [SCHE94, 10]. Der Faktor Information sowie die umfassende Steuerung und Koordination von Informationsströmen nimmt bei der Organisation von wirtschaftlichen Prozessen sowohl in als auch zwischen Unternehmen eine zentrale Position ein. Dies zeigt sich im Begriff der „Informationslogistik", d. h. der Loslösung des Informationsflusses als eigenständigem Betrachtungsbereich neben der Materiallogistik [KRCM92, 72; SZYP93, 187-188].

Zwischenbetrieblich wurde der aktiven Geschäftsprozeßunterstützung trotz des Einsatzes von EDI- oder Online-Systemen bislang kaum Bedeutung beigemessen. Im Vordergrund stand immer die Vermeidung von Medienbrüchen (Datenintegration) sowie der schnelle Informationstransfer. Demgegenüber erfolgt seit Anfang der 90er Jahre durch fernöstliche und amerikanische Managementphilosophien [WOMA92; HAMM94; DAVI93] eine intensive Betrachtung von innerbetrieblichen Prozessen.

3.1.1   Phasen der Marktkommunikation

In einem arbeitsteilig organisierten Wirtschaftssystem werden Güter bzw. Leistungen zwischen Wirtschaftssubjekten ausgetauscht, um den Wertschöpfungsprozeß effektiver zu gestalten. Zweck dieser Markttransaktionen kann entweder der Konsum oder die Weiterverarbeitung sein.

Bei Betrachtung der für den Abschluß und die Durchführung einer Markttransaktion erforderlichen Tätigkeiten zeigt sich die große Bedeutung der Interaktion zwischen den Marktteilnehmern. Zentrales Wesensmerkmal dieser ablauforientierten Betrachtungsweise des Marktes ist das Informationshandling der Teilnehmer [SCHM92a, 6-8], d. h.

- das Finden von Marktpartnern,
- das Informieren über Angebot und Nachfrage,
- das Vergleichen bzw. Konkretisieren einer Leistungsbeziehung und
- der eigentliche Austauschprozeß im Sinne der Abwicklung von Markttransaktionen.

Die Interaktion der Marktteilnehmer zerfällt in eine Reihe von Einzelaktionen, denen Kommunikationsprozesse zugrunde liegen. Je nach Marktform, Typ des Gutes, beteiligten Partnern sowie bereits bestehenden Kooperationsbeziehungen differieren sowohl die Prozesse als auch der Informations- und Koordinationsbedarf. Bei klaren Marktstrukturen (z. B. Wertpapierhandel) oder etablierten Austauschbeziehungen kann sich beispielsweise die Marktphase der Informationsbeschaffung (vgl. Abbildung 2/4) auf ein Minimum beschränken.

In der nachfolgenden Analyse erfolgt in einem ersten Schritt die Strukturierung der zwischenbetrieblichen Marktphasen in Transaktions- [SCHM93, 467-468] und Kommunikationsphasen [ZBOR92, 72]. Die einzelnen Phasen werden durch ihre Funktion innerhalb einer Markttransaktion sowie durch den Informationsbedarf der Teilnehmer charakterisiert. Anschließend werden die einzelnen Phasen hinsichtlich ihrer I&K-technologischen Unterstützbarkeit und dem daraus resultierenden Zusatznutzen für ein Unternehmen untersucht.

Zur Abschätzung der I&K-technologischen Nutzenpotentiale werden folgende Kriterien definiert:

• Häufigkeit sich wiederholender Kommunikationsprozesse,

• Zeit-Faktor, d. h. der strategische Vorteil, der sich durch eine unmittelbare Informationsverfügbarkeit für das Unternehmen ergibt und

• elektronische Auswertbarkeit der Informationen.

Anhand des phasenspezifischen I&K-technologischen Nutzungspotentials lassen sich die Marktphasen identifizieren, bei denen sich die Potentiale der I&K-Technologie am effektivsten realisieren lassen (vgl. Abbildung 2/4).

Alle Kommunikationsphasen mit Ausnahme der Transaktionsabwicklung werden vergleichsweise selten durchlaufen und zeichnen sich durch die geringe Formalisierbarkeit der Abläufe, des Informationsbedarfs sowie des Entscheidungsfindungsprozesses aus. Die Strukturierbarkeit von Daten, Prozessen und Entscheidungsregeln ist jedoch eine wesentliche Voraussetzung für eine aktive I&K-technologische Unterstützung.

Auf Basis von I&K-Technologien haben sich dennoch in der Praxis zahlreiche Systeme entwickelt, deren propagiertes Ziel es ist, die Marktteilnehmer zu unterstützen. Beispielhaft zu nennen sind (vgl. hierzu ausführlich [ALTR95; HOHA91]):

• Online Datenbanken zur Beschaffung von Marktinformationen,

• Elektronische Märkte, wie
  - Wertpapierbörsen (z. B. DTB, SOFFEX) oder
  - Laderaum- und Frachtbörsen zur Unterstützung der Distributionslogistik (z. B. TRANSPOTEL, INTAKT, TELEROUTE) und

• computergestützte Reservierungssysteme im Tourismusbereich (z. B. Apollo, SABRE, Amadeus).

Kommunikationsphasen	Marktinformations-beschaffung	Marktpartner-suche	Partnerinforma-tionsbeschaffung	Vertrags-aushandlung	Transaktions-abwicklung
Transaktionsphasen	Informationsphase			Vereinbarungsphase	Abwicklungsphase
Funktionen	Bereitstellung von Informationen über das Marktgeschehen zur Erstellung von Angeboten bzw. Anfragen	Zusammenführung von Marktteilnehmern aufgrund komplementärer Angebote und Anfragen	Bereitstellung detaillierter Informationen über spezifische Marktpartner	Unterstützung bei der Aushandlung eines Abschlusses	Koordination der Abwicklung einer Markttransaktion unter Einbezug weiterer Marktdienstleister
Informations-bedarf	Informationen über: • Markt • Produkte • Marktteilnehmer • Branche • gesamtwirtschaftliche Rahmenbedingungen	Detailinformationen über: • potentielle Handelspartner • spezifische Produkte	Detailinformationen über: • Gesamtunternehmen • Bonität • Referenzen • Kooperationspartner • strategische Ausrichtung	Detailinformationen über: • Abschlußkonditionen • rechtliche Vertragsgestaltung • Gestaltung des Austauschprozesses	Informationen über: • Bedarf • Distributionslogistik • Versicherungen • Zahlungsverkehr • Leistungsstörungen
Häufigkeit	kontinuierlich	selten	selten	selten	oft
Zeit-Faktor	hoch	gering/mittel	gering/mittel	gering	sehr hoch
Strukturier-barkeit	gering	gering/mittel	gering	gering	mittel/hoch
I&K-Nutzen-potential	mittel	gering/mittel	gering	gering	hoch

Abb. 2/4:   I&K-technologische Nutzenpotentiale in den Kommunikationsphasen einer Markttransaktion (in Anlehnung an [ZBOR92, 72])

Die genannten Systeme sind ausnahmslos proprietäre Individuallösungen, die sich auf wenige Funktionen einzelner Marktphasen beschränken und sich an einzelnen Branchen oder Interessengruppen orientieren. Alle Aktionen, wie Initiieren, Steuern, Auswerten und Entscheiden, gehen ausschließlich vom Menschen aus. Eine Integration mit betrieblichen Anwendungssystemen sowie ein hoher Automationsgrad werden nicht angestrebt.

Völlig anders ist die Situation in der letzten Marktphase, der Transaktionsabwicklung. Aufgrund der vorangegangenen Partnerauswahl und der Verhandlungen sind sowohl die Geschäftspartner als auch Art und Umfang des Leistungsaustausches definiert. Die Geschäftsabwicklung unterliegt einem klaren, strukturierbaren Interaktionsschema, welches teilweise auch von den betriebswirtschaftlichen Anwendungssystemen unterstützt wird. Art und Umfang der auszutauschenden Informationen werden durch die klassischen Geschäftsdokumente weitgehend definiert. Als besonders geeignet erweisen sich Austauschbeziehungen auf Basis von Rahmenverträgen mit hohem Transaktionsvolumen und einem exakt definierbaren Leistungsspektrum bzw. Interaktionsschema.

Die hohe Strukturierbarkeit von Daten und Abläufen sowie die logistischen Erfordernisse einer zeitnahen Informationsbereitstellung und Koordination stellen eine gute Voraussetzung für EDI-Technologien dar.

3.1.2 Informationslogistik und Workflow-Management

Ziel der Informationslogistik ist die Steuerung, Koordination und Nutzung von Informationsströmen zur Koordination wirtschaftlicher Prozesse [SZYP93, 187; ELGA94, 72]. Analog zur Materiallogistik umfaßt die Informationslogistik [AUGU90a, 23]

- die Bereitstellung der richtigen Information, d. h. vom Empfänger interpretierbar und benötigt,

- zum richten Zeitpunkt, d. h. abgestimmt auf die Erreichung eines gesetzten Zieles,

- in der richtigen Menge, d. h. nicht mehr Daten als erforderlich,

- am richtigen Ort, d. h. beim Empfänger verfügbar, und

- in der erforderlichen Qualität, d. h. hinsichtlich Validität, Strukturierung und Detaillierungsgrad ausreichend sowie verarbeitbar.

Eine wesentlich stärkere operative Ausrichtung besitzt das Workflow-Management, d. h. die I&K-unterstützte, integrierte Vorgangsbearbeitung im Unternehmen. Die wesentlichen Zielsetzungen sind die Durchgängigkeit bei der Bearbeitung von Aufgaben, d. h. die Prozeßorientierung unter Vermeidung von Medienbrüchen sowie die aktive Steuerung und Koordination von Arbeitsabläufen [ELGA94, 68-69].

Nach AUGUSTIN [AUGU90b, 32] besteht die Logistikkette zu mehr als 50% aus Infor-
mationsprozessen. Erhebliche Potentiale eröffnen sich bei Beseitigung bestehender Medienbrüche, Doppelarbeiten, Wartezeiten und mangelnder Verfügbarkeit erforderlicher
Informationen sowie des zunehmenden Verteilungsgrades von Einzelprozessen. Tabelle
3/1 zeigt wesentliche Charakteristika inner- und zwischenbetrieblicher Informationsflüsse
im Überblick auf.

Die innerbetriebliche Problemstellung ist hierbei strikt von der zwischenbetrieblichen zu
trennen. Innerhalb eines Unternehmens ist die I&K-technologische Durchdringung hoch
und dient der Steuerung und der Koordination des Erstellungsprozesses. Schnittstellenprobleme ergeben sich vorwiegend beim Einsatz heterogener Anwendungssysteme. Inte-
grations- und Organisationsprobleme werden zentral koordiniert und homogenisiert.

Zwischenbetrieblich liegt im Regelfall ein verzweigtes Beziehungsgeflecht vor. Die
Heterogenität zwischen den Partnern im Bereich Organisation, DV-Infrastruktur und
Kooperationsintensität ist wesentlich stärker ausgeprägt als zwischen einzelnen Unternehmensbereichen. Die Koordination zwischenbetrieblicher Informationsflüsse erfolgt bilateral, wodurch sich die I&K-technologische Integration von Informationsflüssen sehr aufwendig gestaltet.

Tab. 3/1:   Charakteristika inner- und zwischenbetrieblicher Informationsflüsse

Charakte-ristika Informationsflüsse	Organisation	Funktion	I&K-technologische Durchdringung
innerbetrieblich	zentral koordiniert und homogenisiert	Steuerung und Koordination des Erstellungsprozesses	hoch
zwischen-betrieblich	dezentral und völlig inhomogen	Steuerung und Koordination des Austauschprozesses	niedrig

3.1.2.1 Integration von Informationsflüssen

Vor der ablauforganisatorischen Verknüpfung von Geschäftsprozessen ist zu klären, welche Ansätze zur Informationsflußsteuerung bestehen und wie diese zu integrieren sind.

HEILMANN [HEIL94, 9] definiert Workflows, Geschäftsprozesse oder Vorgänge als abgrenzbare, in der Regel arbeitsteilige Prozesse, die zur Erstellung und Verwertung betrieblicher Leistungen führen. Auf operativer Ebene werden definierte betriebliche Prozesse mit
Hilfe rechnergestützter Werkzeuge zur Vorgangssteuerung abgebildet und im Prozeß der
Vorgangsbearbeitung, der Bereitstellung von Vorgangsinformationen bzw. der Vorgangsverwaltung unterstützt [ERDL92, 26-27]. Ziel ist die Integration von Arbeitsabläufen zu
Vorgangsketten, wobei die organisatorischen Aufgaben durch I&K-Technologien unter-

stützt werden. Der Schwerpunkt liegt hierbei auf den stark strukturierbaren Routinepro-
zessen.

Ziel der Integration ist es,

- Verarbeitungsprozesse sowie Anwendungssysteme informatorisch weitgehend
  automatisiert zu verbinden und
- Daten einmalig zu erfassen und medienbruchlos für alle folgenden Verarbeitungsprozesse bereitzustellen.

Die Geschäftsprozeßintegration erweitert diese Aufgabenstellung um die Abstimmung und
Beschleunigung der einzelnen Verarbeitungsaufgaben.

Innerbetriebliche Integration von Informationsflüssen

Zur Unterstützung innerbetrieblicher sowie organisationsweiter Informationsflüsse kann
auf folgende I&K-Ansätze zurückgegriffen werden:

- anwendungsinterne Vorgangssteuerung (integraler Bestandteil eines Anwendungssystems),
- Workflow Computing (eigenständige Workflow-Systeme) und
- Workgroup Computing (eigenständige Workgroup-Systeme bzw. Sammlung
  verschiedener Tools, wie E-Mail oder elektronischer Organizer).

Die Verarbeitungslogik eines Anwendungssystems legt Art und sequentielle Abfolge der
einzelnen Verarbeitungsschritte fest. Mittels der **anwendungsinternen Vorgangssteuerung** wird die Abfolge der einzelnen Arbeitsschritte koordiniert und die erforderlichen
Informationen, soweit im Anwendungssystem vorhanden, werden zur Verfügung gestellt.
Strukturierungsgrad und Wiederholfrequenz der Abläufe sind hoch und orientieren sich
vollständig an der Verarbeitungslogik des Anwendungssystems. Die Vorgangssteuerung
umfaßt ausschließlich anwendungsinterne Aufgaben und Funktionen.

Kerngedanke des **Workflow Computing** [ELGA94, 68-70; SINZ94, 220] ist es, ein Team
von Mitarbeitern bei der arbeitsteiligen und teilautomatisierten Durchführung von Aufgaben zu unterstützen. Anhand definierter Ablaufschemata werden die zur Vorgangsbearbeitung erforderlichen Daten aktiv von Arbeitsplatz zu Arbeitsplatz medienbruchlos
weitergeleitet. Im Gegensatz zu anwendungsinternen Vorgangssteuerungssystemen sind
Workflow-Systeme eigenständige Anwendungen, deren Aufgabe in der anwendungsübergreifenden Informationsflußsteuerung – vorwiegend im Office-Bereich – besteht.

Workgroup Computing [HASE94, 27; MERT95, 111] dient der Unterstützung von
Arbeitsgruppen bei der Lösung meist unstrukturierter und sporadisch auftretender Aufgabenstellungen. Ziel ist es, die Kommunikation, Koordination und Interaktion der Beteiligten zu fördern. Da keinerlei vordefinierte Regeln zur Problemlösung existieren, sind
Workgroup-Systeme sehr flexibel gestaltet und unterstützen die Gruppe bei der Selbst-

organisation. Im Gegensatz zu Vorgangssteuerungssystemen oder Workflow Computing erfolgt keine aktive Steuerung und Verfolgung des Arbeitsfortschrittes.

In Tabelle 3/2 erfolgt eine Gegenüberstellung der anwendungsinternen Vorgangssteuerung, des Workflow sowie des Workgroup Computing.

Tab. 3/2: Gegenüberstellung der anwendungsinternen Vorgangssteuerung, des Workflow sowie des Workgroup Computing (vgl. auch [HASE94, 27])

Ansätze zur Informationsflußsteuerung / Kriterien	Vorgangssteuerung	Workflow Computing	Workgroup Computing
Aufgabenstrukturierung	hoch	hoch	gering
Wiederholfrequenz	hoch	hoch	gering
Aktive Steuerung und Verfolgung des Arbeitsfortschrittes	ja	ja	nein
Automationsgrad	teilautomatisiert	teilautomatisiert	keiner
Bedeutung organisatorischer Regeln	hoch	hoch	niedrig
Organisatorischer Bezug	anwendungsinterne Prozesse	organisationsweite Prozesse	Gruppe
Koordinationsmodell	Aufteilung und Lösung von Teilproblemen	Aufteilung und Lösung von Teilproblemen	Lösung eines gemeinsamen Problems
Zeitliche Bearbeitung	linear	linear	parallel
Primäres Ziel	Effizienz	Effizienz	Flexibilität

Workgroup Computing ist aufgrund seiner Ausrichtung für die Unterstützung von Geschäftsprozessen ungeeignet. Die anwendungsinterne Vorgangssteuerung sowie die Workflow-Systeme zielen demgegenüber direkt auf die Unterstützung von Geschäftsprozessen im Sinne eines Workflow-Managements ab.

Zu beachten ist, daß Workflow-Systeme keinen Einfluß auf die Vorgangsbearbeitung innerhalb eines Anwendungssystems nehmen, jedoch teilweise auf dessen Daten zugreifen. Sie kommen vorwiegend bei Büroprozessen zum Einsatz, wo Abläufe unter Einsatz verschiedener Office-Anwendungen wie Textverarbeitung, Tabellenkalkulation oder Kundendatenbanken gekennzeichnet sind und Arbeitsergebnisse zwischen den bearbeitenden Stellen koordiniert ausgetauscht werden (z. B. elektronische Arbeitsmappen). Systeme, die über das Verteilen und Weiterleiten von Informationen anhand fixierter Belegflußschemata hinausgehen, enthalten „intelligente", auf Regeln und Variablen basierende Ablaufmechanismen. In Abhängigkeit von Ereignissen und Zuständen an den einzelnen Arbeitsstationen erlauben sie eine flexible Ablaufsteuerung [STEI94, 94-96].

Dennoch bleibt ein erheblicher Teil der Potentiale von Workflow-Managementsystemen ungenutzt. Probleme ergeben sich bei der Modellierung komplexer Abläufe, d. h. der formalen Prozeßbeschreibung und der flexiblen Integration verschiedener (Office-) Anwendungen.

Irreführend in der Literatur ist die fehlende Differenzierung zwischen anwendungsinternen Vorgangssteuerungssystemen und eigenständigen Workflow-Produkten [ÖSTE95, 100-101; STEI94, 94-95]. Unterstützt wird diese begriffliche Unklarheit durch Anbieter von betriebswirtschaftlichen Anwendungssystemen, wie SAP oder ORACLE, die ihre anwendungsinternen Vorgangssteuerungssysteme bei der Vermarktung in „Workflow-Systeme" (z. B. „Business Workflow" in R/3) umbenennen.

Zwischenbetriebliche Integration von Informationsflüssen

Die Informationslogistik setzt sich sowohl mit inner- als auch mit zwischenbetrieblichen Informationsströmen auseinander. Zur besseren Differenzierung zwischen inner- und zwischenbetrieblicher Problemstellung soll nachfolgend der Begriff „Informationslogistik" zur Umschreibung von informationstechnologischen Strategien und von Hilfsmitteln zur zwischenbetrieblichen Prozeßunterstützung herangezogen werden. Demgegenüber setzt sich das Workflow-Management mit den innerbetrieblichen Abläufen auseinander (vgl. Abbildung 3/1).

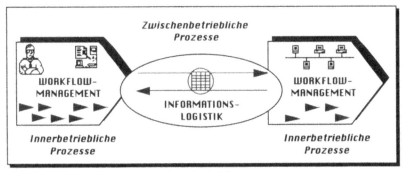

Abb. 3/1:   Workflow-Management und Informationslogistik

SZYPERSKI [SZYP93, 188] unterteilt die Funktionen der Informationslogistik in

- die Steuerung von Informationsströmen,
- die Koordination von Geschäftsprozessen und Kooperationen sowie
- die Strategien zur Nutzung der Informationslogistik und ihrer Dienstleistungen.

Mehrwertdienstanbieter nehmen bei der zwischenbetrieblichen Integration von Informationsflüssen eine in Teilbereichen mit Workflow-Systemen vergleichbare Rolle wahr. Auf Basis öffentlicher oder privater Netzwerkstrukturen offerieren sie meist international verfügbare Informationsdienstleistungen mit einem gleichbleibenden Leistungsprofil („Informationsdrehscheibe"). Das Spektrum reicht hierbei von transferorientierten Diensten, wie Netzwerkmanagement, Bandwidth-on-Demand oder Gateway-Funktionen, bis hin zu problemorientierten Diensten, wie Verarbeitungsfunktionen oder Formatkonvertierung. Hinzu kommen zentrale Verarbeitungsdienste, wie Elektronische Märkte oder konzernweite Informationssysteme.

Aufgabe von Mehrwertdiensten (MWD) ist neben der Bereitstellung einer steuernden und kontrollierenden Kommunikationsinfrastruktur auch das Clearing, d. h. die Verknüpfung inkompatibler TK-Dienste, -Protokolle und Datenstrukturen. Weiterhin erlauben sie die zeitliche Entkopplung von Sender und Empfänger durch Zwischenspeicherung (Store-and-Forward).

Diesen informationslogistischen Vorteilen stehen ein intransparentes Marktangebot, die geringe Problem- bzw. Geschäftsprozeßorientierung der anwendungsnahen Dienste sowie die Kosten bei Clearing- und Verarbeitungsdienstleistungen gegenüber.

3.1.2.2 Problempotential der Informationsflußsteuerung

Die Relevanz der Informationslogistik und des Workflow-Managements wird deutlich, wenn man berücksichtigt, daß 90% der Durchlaufzeit einer Vorgangsbearbeitung auf die Transport- und Liegezeiten der auf Papier vorliegenden Informationen zurückzuführen sind [DAME94, 48]. Durch die Elektrifizierung von Transportvorgängen sowie die Automation monotoner Routinearbeiten werden diese zwar beschleunigt, jedoch bestehende Strukturen nachhaltig konserviert. Zentrales Problem der Informationsflußsteuerung ist die formale Abbildung, Steuerung und Kontrolle der meist gewachsenen Informationsflüsse. Hinzu kommt, daß organisatorisch zusammengehörige, aufeinander aufbauende Vorgänge sich nicht immer im gleichen Umfang informationstechnologisch unterstützen lassen.

Tabelle 3/3 zeigt, daß durch eine Berücksichtigung der I&K-Technologie bei der Gestaltung von Geschäftsabläufen und Organisationsstrukturen (Business Reengineering) sich nicht nur die Komplexität der Informationsflußsteuerung reduzieren läßt, sondern auch größere Nutzeffekte erreichbar sind.

Zur Zeit stehen den Unternehmen elektronische Hilfsmittel in Form integrierter Standardanwendungssysteme, angepaßter Organisationsstrukturen sowie teilautomatisierter Abläufe zur Verfügung, die jedoch weitgehend an der Unternehmensgrenze versagen. Externe Informationen sind erst mit der Erfassung, d. h. strukturiert, geprüft und ergänzt in den betrieblichen Anwendungssystemen elektronisch nutzbar. Zunehmend werden für betriebliche Standardanwendungssysteme EDI-Schnittstellen zur Datenintegration angeboten und die Funktion der Vorgangssteuerung erweitert. Wie ein unternehmensübergreifender Geschäftsprozeß hierbei zu unterstützen ist, bleibt jedoch offen.

Tab. 3/3:   Produktivitätssteigerungen durch den Workflow-Einsatz und Prozeß-Redesign [SCHÖ94, 23]

Produktivitätskriterien ⟋ Aufwandsreduktion	Reduktion mit Workflow	Reduktion mit Workflow und Prozeß-Redesign
Durchlaufzeiten	bis zu 20%	bis zu 90%
Bearbeitungszeiten	bis zu 25%	bis zu 60%
Personalkapazitäten	bis zu 10%	bis zu 40%
Suchzeiten	bis zu 50%	bis zu 90%
Kundenrückfragen	bis zu 20%	bis zu 75%

Trotz umfangreicher Anstrengungen ist es den Unternehmen bislang nicht gelungen, die unbestrittenen Potentiale, die sich durch Informationslogistik bzw. Workflow-Management eröffnen, in eine nachhaltige Nettowertschöpfung umzusetzen.

3.1.3   Prozeßintegration

Prozeßintegration geht weit über die technisch orientierte Informationsflußbetrachtung hinaus. In Anlehnung an MERTENS [MERT93, 3] werden unter Prozeßintegration alle Maßnahmen verstanden, die der Koordination einzelner Prozesse, d. h. der organisationseinheiten- und funktionsübergreifenden Unterstützung von Geschäftsprozessen, dienen.

„Ein Prozeß wird hierbei als eine Folge von Aktivitäten verstanden, die in einem inneren logischen Zusammenhang zueinander stehen und inhaltlich abgeschlossen sind, so daß sie von vor-, neben- und nachgelagerten Vorgängen isoliert betrachtet werden können" [KRCM94, 68]. Die I&K-Technologie besitzt den Stellenwert eines Organisationsmittels, welches über den Datentransfer bzw. die Informationsflußsteuerung hinausgeht und aktiv die Geschäftsprozeßgestaltung beeinflußt. Anzustreben ist darüber hinaus die Steigerung des Automationsgrades an den stark dialogorientierten Schnittstellen zwischen den Anwendungssystemen.

3.1.3.1   Ausgangssituation

Schätzungen besagen, daß ca. 95% der im Unternehmen erforderlichen Informationen nicht elektronisch verfügbar sind [ANAL91, 5; LOGA91, 193], d. h. sie werden als Papierdokument verwaltet und bei Bedarf manuell in Anwendungssystemen erfaßt. Auch wenn diese Aussage sehr hoch erscheint, verdeutlicht sie dennoch die zentrale Problematik nicht integrierter Prozeßketten. Ursachen sind die nur in Teilbereichen strukturierbaren Informationen (z. B. Korrespondenz, Grafiken), eine unzureichende DV-Infrastruktur der Unternehmen und ein sich erst in der Entwicklung befindliches informationstechnologisches Instrumentarium. Folge sind informationstechnologisch nicht durchgängig integrierte Prozeßketten, die zu Medienbrüchen führen.

Innerbetrieblich wird die Prozeßintegration durch Vorgangssteuerungs- und Workflow-Systeme bereits auf operativer Ebene unterstützt, was für die zwischenbetriebliche Problemstellung noch nicht gilt. In Abbildung 3/2 werden Integrationsformen der zwischenbetrieblichen Prozeßintegration dargestellt.

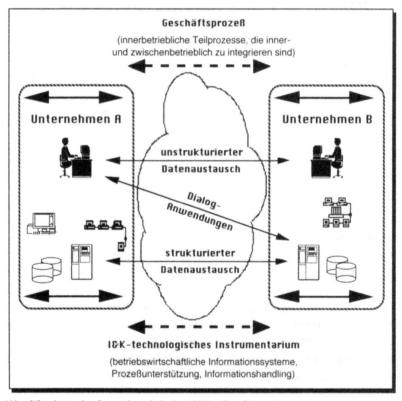

Abb.   3/2   Integrationsformen der zwischenbetrieblichen Prozeßintegration

Am weitreichendsten ist der konzeptionelle EDI-Lösungsansatz, da er die interventionslose Datenintegration zwischen unterschiedlichen Anwendungssystemen anstrebt. Der Informationsaustausch ist jedoch auf strukturierte Daten beschränkt und enthält bislang keine aktive Prozeßunterstützung. Beinhaltet die Geschäftsprozeßabwicklung den Austausch unstrukturierter Daten sind die Kommunikationspartner Menschen, die Daten interpre-

tieren und für eine gegebenenfalls erforderliche elektronische Weiterverarbeitung vorberei-
ten. Die I&K-technologische Unterstützung beschränkt sich hierbei auf den Datentransfer
(z. B. E-Mail). Das Problem der Datenintegration und des Anstoßes von Geschäftsprozessen kann ferner mit Dialoganwendungen umgangen werden. Hierzu erlaubt der
Empfänger seinem Partner den Remote-Zugang zu seinem Anwendungssystem. Dies entspricht jedoch weder einer Daten- noch einer Prozeßintegration.

Faktisch nicht unterstützt wird die Prozeßintegration bei Standardanwendungssystemen.
Die anwendungsinterne Vorgangssteuerung determiniert und steuert den Prozeßablauf. Als
integrierte Anwendungen können sie Administrations-, Dispositions-, Informations- und
Kontroll- sowie Planungssysteme beinhalten [SCHE94, 4; MERT93, 10-13], wodurch an-
wendungsintern weder Medien- noch Prozeßbrüche auftreten. Die Effektivität der funktionsübergreifenden Prozeßabwicklung und die Möglichkeiten der Prozeßgestaltung differieren stark bei den einzelnen Produkten.

Die Integrationsproblematik konzentriert sich somit auf die Schnittstelle zwischen den
kommunizierenden Anwendungssystemen innerhalb einer Wertschöpfungskette.

3.1.3.2 Problemstellung

Generell liegt sowohl inner- als auch zwischenbetrieblich die gleiche Problemstellung vor.
Die für die Leistungserstellung bzw. den Leistungsaustausch erforderlichen Funktionen
und Abläufe werden von verschiedenen Anwendungssystemen wahrgenommen. Jedes
Anwendungssystem besitzt seine eigene, mehr oder minder stark ausgeprägte, systemim-
manente Vorgangsorganisation.

In großen Unternehmen ist der Einsatz mehrerer heterogener Anwendungssysteme keine
Seltenheit. Bei Bedarf werden entsprechend den speziellen Anforderungen Integrationsfunktionen, die eine „medienbruchlose", batch-orientierte Übernahme von Daten erlauben,
mit hohem Aufwand nachentwickelt. Von einer Prozeßintegration kann auch hier noch
nicht gesprochen werden.

Zwischenbetrieblich besteht das zusätzliche Problem multilateraler Beziehungen, die eine
individuelle Schnittstellenrealisierung für eine Vielzahl von Geschäftspartnern sowie bei
Wechsel des Partner zu aufwendig werden lassen. Anders als bei der unternehmensinternen Integration kann zwischenbetrieblich nicht zwingend von korrekten Daten sowie
einem ablauforganisatorisch angepaßten Verhalten des Partners ausgegangen werden. Dem
Problem der Datenintegration, d. h. der Verfügbarkeit von strukturierten und damit maschinell weiterverarbeitbaren Daten, wird mit EDI oder proprietären hierarchischen
Lösungen (z. B. Online-Bestellsystemen) begegnet.

Für die Validierung der Daten sowie die Steuerung und Überwachung der zwischenbetrieblichen Geschäftsprozesse bestehen bislang keine Lösungen. Unspezifische Kontroll-
und Korrekturfunktionen des Bearbeiters sowie wenig strukturierte, häufig situative Ent-

scheidungsprozesse kennzeichnen die EDI-Eingangsverarbeitung. Hinzu kommen dialogorientierte Arbeitsschritte bei der Erfassung externer Daten, wie Ergänzungen, Anpassungen oder das „Mitzeichnen" durch mehrere Personen. Die Fähigkeit, Anpassungen,
Prüfungen und Entscheidungen situativ unter Einbeziehung verschiedenster Rahmenbedingungen vorzunehmen, stellt mit Sicherheit die wichtigste, bislang noch ungelöste
Voraussetzung für die Prozeßintegration dar. Erschwerend wirkt sich hierbei die Tatsache
aus, daß personengebundene Erfahrungen, die meist weder strukturiert noch dokumentiert
sind, eine wesentliche Rolle spielen.

Eine Prozeßintegration zwischen Unternehmen erfordert zudem die Überwachbarkeit sowie eine geschäftsprozeßorientierte Steuerung der Transaktionen über Anwendungs- bzw.
Unternehmensgrenzen hinweg. Die Notwendigkeit ergibt sich insbesondere bei zeitkritischen Geschäftsprozessen. Zur Wahrung der Geschäftssicherheit muß ferner im Anwendungssystem der bestehende Verarbeitungsstatus, die Verarbeitungshistorie (Audit Trail)
sowie bei Leistungsstörungen die Identifikation der Fehlerursache sichergestellt sein. In
Tabelle 3/4 werden verschiedene Problemstellungen sowie Lösungsansätze der zwischenbetrieblichen Integration aufgezeigt.

Tab. 3/4:   Problemstellung der zwischenbetrieblichen Prozeßintegration

Problem	Lösungsansätze
Datentransfer	• TK-Dienste und -Protokolle • MWD
differierende Prozeßorganisation kommunizie-render Anwendungssysteme	keine
differierende Datenmodelle bzw. -darstellung kommunizierender Anwendungssysteme	• standardisierte Datenaustauschformate • EDI-Systeme
Validierung externer Daten	keine
Anpassungen und Ergänzungen	• beschränkt durch EDI-Systeme möglich
situative Entscheidungen	keine
durchgängige Steuerung zwischenbetrieblicher Geschäftstransaktionen	keine
durchgängige Kontrolle zwischenbetrieblicher Geschäftstransaktionen	keine

Kennzeichnend für bestehende Ansätze der (innerbetrieblichen) Prozeßintegration ist der
steuernde Charakter sowie die Abarbeitung einer a priori festgelegten Abfolge elementarer
Arbeitsschritte, die in Abhängigkeit definierter Steuerungsgrößen aufeinander abzustimmen sind. Rückkopplungsmechanismen für unvorhergesehene Ereignisse, wie Störungen
von außen oder Bearbeitungsfehler, fehlen. Grund sind die unzureichenden Möglichkeiten,
komplexe, wenig strukturierte und selten auftretende Situationen elektronisch abzubilden
[KIRN94, 19].

Ausgehend von der bestehenden Situation in den Unternehmen und dem zur Verfügung stehenden I&K-technologischen Instrumentarium am Markt (z. B. Standardanwendungs-, Workflow- und EDI-Systeme) lassen sich noch weitere Restriktionen [STEI94, 81-82] für die Integration von Prozessen identifizieren:

- Beschränkung auf strukturierte Daten,
- mangelnde organisatorische Flexibilität,
- interne Ausrichtung,
- proprietäre Systeme und
- gewachsene DV-Strukturen.

Mit der Zunahme von Leistungsfähigkeit und dem steigenden Integrationsgrad der Systeme eröffnen sich weitere Probleme: die internen Abhängigkeiten lassen sich kaum mehr überblicken und der Aufwand zur Beherrschung der Systeme (z. B. Prozeßdesign, Integration, Adaption) steigt.

3.2 Innovative Managementansätze als Folge neuer Informations- und Kommunikationstechnologien

Neue Managementansätze aus den USA und Japan besitzen für viele Unternehmen eine Katalysatorwirkung beim Überdenken bestehender Strukturen und bei der Durchführung anstehender Restrukturierungen.

Die bestehende Offenheit der Wirtschaft für neuartige Managementansätze leitet sich aus den wirtschaftlichen Zwängen des Marktes ab. Aufstrebende Schwellenländer und High-Tech-Konkurrenz aus Fernost und Nordamerika sowie weitgehend ausgeschöpfte Automationspotentiale in der Fertigung führen zu einem Umdenken. Egal ob Lean Management, Business Reengineering oder Virtuelle Unternehmung, alle Ansätze postulieren, daß ein permanentes Nachbessern gewachsener Unternehmensstrukturen nicht genügt. Neben der Forderung, die Humanressourcen besser zu nutzen (z. B. Eigenverantwortlichkeit, Kreativität, Teamarbeit), nimmt die Prozeßorientierung einen hohen Stellenwert ein.

Ausnahmslos wird in diesem Zusammenhang auf die Bedeutung der I&K-Technologien verwiesen, ohne dies jedoch genauer zu erläutern. Nachfolgend ist zu klären, welcher Zusammenhang zwischen diesen Managementansätzen und dem Einsatz integrativer Technologien wie EDI besteht.

3.2.1 Managementansätze

Lean Management, Business Reengineering, Fraktale Fabrik und Virtuelles Unternehmen sind bekannte Beispiele für Ansätze, die eine Änderung der klassischen Strukturen propagieren. Ihnen allen gemeinsam ist die Abkehr von der tayloristischen, starr funktionalen und nur auf das einzelne Unternehmen beschränkten Sichtweise, hin zu einer die vor- und nachgelagerten Wertschöpfungsstufen umfassenden Prozeßbetrachtung.

3.2.1.1 Lean Management

Mit Lean Production wird der Versuch unternommen, die Vorzüge aus der Werkstattferti-gung mit denen der Massenproduktion zu kombinieren, indem die hohen Kosten der ersten und die Starrheit der letzteren vermieden werden. Mit einem Bündel von verschiedenen Maßnahmen und Strategien wird die Perfektion und die Vermeidung jeglicher Verschwen-dung (lean) unter besonderer Berücksichtigung des Produktionsfaktors Mensch angestrebt [WOMA92, 19-20].

Ausgangspunkt war die viel beachtete Studie des Massachusetts Institute of Technology (MIT) Ende der 80er Jahre, die den Begriff „Lean Production" prägte. Das unter dem Ori-ginaltitel „The Machine that Changed the World" [WOMA90] 1990 in den USA erschie-nene Buch entwickelte sich zu einem Bestseller und wurde kurz darauf in verschiedene Sprachen übersetzt. Es ist zu vermuten, daß sich hier aufgrund des Erfolges auch der Ursprung für eine Vielzahl weiterer Ansätze findet.

Grundlage bildete eine Untersuchung, die 90 Automontagewerke in 15 Ländern umfaßte [WOMA92, 11]. Als Pionier von Lean Production, der schlanken Produktion, gilt der Automobilhersteller Toyota in Japan mit seinem Mitte der 60er Jahre entstandenen „Toyota Production System". Durch ständiges Verbessern („KAIZEN") und durch die Vermeidung von Verschwendung („MUDA") wurde eine hohe Flexibilität und Qualität in der Produktion bei bemerkenswerter Produktivität und geringen Kosten erreicht [BULL94, 15-16].

Den Optimierungskriterien, wie Qualität, Geschwindigkeit, Produktivität, Bestandssen-kung und Flexibilität, liegen Paradigmen, wie

• Beschränkung auf das Kerngeschäft,

• Prozeß- und Aktivitätenorientierung,

• Menschen als entscheidender Produktionsfaktor,

• Integration vor- und nachgelagerter Wertschöpfungsstufen sowie

• permanente Qualitätsverbesserung (KAIZEN),

zugrunde [PFEI92b, 46-51]. Im Laufe der Zeit wurde der Lean Production-Ansatz auch auf andere Bereiche und Branchen erweitert, wodurch das globale Lean Management entstand.

Noch immer bleibt häufig unberücksichtigt, daß für die Realisierung der Ziele des Lean Management, wie geringe Bestände oder die Konzentration auf das Kerngeschäft, organi-satorische sowie technologische Voraussetzungen zu schaffen sind. JIT-Kooperationen zwischen Unternehmen, flache Hierarchien oder Teamwork bedingen neue Organisationsformen sowie Informationsarchitekturen, die dem völlig geänderten Interaktionsverhalten der Beteiligten sowie den Informationsbedürfnissen gerecht werden.

REISS [REIS92, 38-41] umschreibt dies mit dem „Japanischen Eisberg", der sich im sichtbaren Bereich mit den Lean Management-Potentialen und im nicht sichtbaren Bereich mit den Voraussetzungen, dem „Heavy Management", auseinandersetzt. Eine Zusammenstellung verschiedener Potentiale und Voraussetzungen von Lean Management zeigt Tabelle 3/5 auf.

Tab. 3/5:   Potentiale und Voraussetzungen von Lean Management [REIS92, 39]

Potentiale	Voraussetzungen
• Niedrige Kosten	• Team Work
• weniger Bestände	• Abnehmerintegration
• minimale Leerkapazitäten	• proaktives Management
• kleine Werke	• permanentes Lernen
• weniger Fehler	• permanente Verbesserung (KAIZEN)
• kurze Durchlaufzeiten	• Prozeßintegration und -parallelisierung
• Pull-Prozeßsteuerung	• Netzwerke
• schnittstellenarme Organisation	• Projektmanagement
• geringe Fertigungstiefe	• Datenintegration
• Konzentration auf das Kerngeschäft	• Total Quality Management (TQM)
• mehrstufiges Multiple Sourcing	• humanisiertes Management
• kleine Serien	• Zulieferintegration
• Modell- bzw. Variantenvielfalt	

Als außerordentlich schwierig erweist sich die konkrete Umsetzung in Unternehmen anderer Kulturkreise, wie USA oder Europa. Die Ursachen sind in der unterschiedlichen Philosophie und Kultur Japans und insbesondere in den fehlenden Umsetzungstrategien der Paradigmen zu suchen. Die Auswahl und Kombination geeigneter Strategien, wie JIT, TQM, Outsourcing oder Dezentralisierung, bleibt der Kreativität des einzelnen Unternehmens überlassen.

3.2.1.2   Business Reengineering

Kennzeichnend für diesen Ansatz ist die Orientierung an den ausschließlich wertschöpfenden Kernprozessen. Gefordert wird zu diesem Zweck ein tiefgreifender struktureller Wandel, der auf die Neugestaltung der bestehenden Unternehmens- und Organisationsstrukturen abzielt [HAMM94, 47-48]. Grundlage dieses Ansatzes bildet ein Buch, das 1993 unter dem Titel „Reengineering the Cooperation" in den USA erschienen ist und weltweit zu einem Bestseller wurde [HAMM93].

Beim Business Reengineering steht der bereichs- und unternehmensübergreifende Prozeßgedanke im Vordergrund, weshalb häufig auch von Business Process Reengineering gesprochen [SWAT92, 169; TENG94, 95] wird. Reengineering-Projekte können in folgende drei Phasen unterteilt werden:

- Prozeßerkennung,
- Redesign und
- Implementierung.

Charakteristisch für die betrachteten Geschäftsprozesse ist, daß:

- externe Partner (z. B. Kunden, Lieferanten) beteiligt sind,
- ein für den Partner meßbarer Wert erzeugen wird und
- sie als individuelle Regelkreise gestaltet sind [BULL94, 18].

Im Zentrum der ersten Phase steht das Erkennen der wesentlichen wertschöpfenden kundenorientierten Prozesse. Hinzu kommt das Identifizieren der zugrundeliegenden Regeln. In den seltensten Fällen sind die Prozeßzusammenhänge mit ihren gewachsenen und teilweise informellen Strukturen dem Unternehmen im Detail bekannt.

In der Redesign-Phase ist mit alten, niemals hinterfragten Regeln und Strukturen zu brechen und Gestaltungsfreiräume sind bewußt offen zu halten sowie Visionen zu entwickeln. Eine Verbesserung durch die Automatisierung bestehender Abläufe ist unzureichend. Der kreative Einsatz innovativer und integrativer I&K-Technologien ist hierbei eine zentrale Forderung des Business Reengineering [HAMM94, 112-133].

In der Phase der Umsetzung werden keine genauen Vorgehensweisen oder Instrumente definiert. Innovationsbereitschaft und offene Unternehmensstrukturen, die den Mitarbeiter als aktives und gestaltendes Element mit einbeziehen, werden als Voraussetzungen genannt.

ÖSTERLE [ÖSTE95, 24] holt etwas weiter aus und formuliert einen Drei-Ebenen-Ansatz, der „top down" bei der Geschäftsstrategie beginnt und über den Prozeß zum Informationssystem verläuft. Im Gegensatz zu HAMMER, der nur auf die große Bedeutung der I&K-Technologie hinweist, räumt ÖSTERLE der I&K-Technologie eine eigenständige Ebene in seinem Modell ein und geht von einer aktiven Umgestaltung aus. Methoden und Werkzeuge finden sich in der betrieblichen Praxis nur in der Phase der Prozeßgestaltung, d. h. der Modellierung von Geschäftsprozessen [REIC95, 13].

Aufgrund der mittlerweile verfügbaren Erfahrungen stößt der Ansatz einer einmaligen radikalen und umfassenden Umgestaltung zunehmend auf Skepsis. Folge ist eine Umorientierung hin zu einer Strategie der kontinuierlichen Verbesserung.

3.2.1.3   Fraktale Fabrik

Beim Ansatz der Fraktalen Fabrik wird kein Versuch unternommen, die Organisation in ihrer Gesamtheit zu beherrschen, sondern sie wird in Fraktale (Organisationseinheiten) unterteilt. Fraktale können im Rahmen ihrer Selbstorganisation Mittel und Methoden für die Lösung ihrer Aufgaben (z. B. Stückzahl, Qualität, Mitarbeiterpotential) selbst bestimmen. Die Stärken einzelner, abgegrenzter komplexer Organisationseinheiten sollen mit den zu lösenden Aufgaben in Einklang gebracht werden, wobei sich die Macht und Verantwortung weitgehend auf die operative Ebene, d. h. vor Ort, verlagert.

In einer Zusammenstellung aktueller Managementansätze beschreibt das Konzept der Fraktalen Fabrik die Abkehr von zentralen Unternehmensstrukturen.

Fraktale, d. h. selbständig agierende Unternehmenseinheiten, stellen das zentrale Gestaltungselement im Unternehmen dar. Ihre Ziele und Leistungen sind eindeutig beschreibbar [WARN93, 152-153]. Zentrale Charakteristika der Fraktale innerhalb einer Organisation sind „Selbstorganisation", „Selbstähnlichkeit", „Selbstoptimierung" sowie Zielorientierung und Dynamik [SCHO94, 42]. Ziel ist es, lange Entscheidungswege und inflexible Strukturen durch eine organisationale Restrukturierung zu vermeiden.

Die Selbstähnlichkeit der Fraktale bezieht sich vor allem auf die Formulierung und Verfolgung von Zielen. Jedes Fraktal kann seinerseits in Fraktale unterteilt werden. Ziele werden jeweils mit dem Zielsystem des übergeordneten Fraktals abgestimmt. Trotz ihrer Individualität ähneln sie sich in der Leistungserstellung, da unabhängig von der Anzahl der Fraktale, die eine Aufgabe bearbeiten, das Ergebnis kompatibel sein muß.

Aus der kontinuierlichen Anpassung auf Umgebungseinflüsse leitet sich die Dynamik ab. Im Gegensatz zu traditionellen Organisationsstrukturen können Fraktale aufgrund ihrer geringeren Komplexität und operativen Nähe wesentlich flexibler und zielgerichteter Anpassungen im Sinne eines fortwährenden Entwicklungsprozesses vornehmen.

Die Fraktale Fabrik ist ein Gedankenkonstrukt, welches Anstöße, jedoch keine konkreten Hinweise für die effektivere und effizientere Gestaltung von Organisationen gibt. Bezugnehmend auf verschiedene andere Managementansätze stehen sich selbst organisierende und selbst optimierende Organisationseinheiten (Regelkreise) im Mittelpunkt. Ob mit Organisation ein Unternehmen, eine Abteilung oder ein Unternehmensverbund zu verstehen ist, wird in der Literatur nicht konkretisiert.

Der Einsatz der I&K-Technologie wird vorausgesetzt und mit dem zwingend erforderlichen, schnellen und effektiven Informationsaustausch zwischen den Organisationseinheiten begründet. Auf Art und Umfang des Informationsaustausches sowie das hierzu erforderliche I&K-technologische Instrumentarium wird in der Literatur nicht eingegangen.

3.2.1.4   Virtuelles Unternehmen

Zentraler Gedanke beim Konzept des Virtuellen Unternehmens ist die Vision, das Produkt unmittelbar und kundenspezifisch in mehreren realen Unternehmen entsprechend der Kundenanforderung zu produzieren [DAVI93, 12-13]. Charakteristisch sind geschäftsorientierte Partnerschaften auf Zeit, bei welchen Lieferanten, Produzenten und Kunden synergetisch Bedarfe definieren und abdecken [MERT94a, 169].

Der Begriff „virtuell" wird hierbei mit „anpassungsfähig" und „interaktiv" gleichgesetzt. Lean Production dient als Basis und wird um eine schnell reagierende Fertigung erweitert [DAVI93, 132]. Das Fehlerrisiko einer stochastischen Bedarfsermittlung sowie die Entscheidungsunsicherheit langer Prognosezeiträume sinken durch die bedarfsorientierte Produktion, die der Produktspezifikation unmittelbar vorausgeht.

Ermöglicht wird dies durch „Missionen", die zeitlich begrenzt sind, aber sehr enge Wertschöpfungskooperationen darstellen. Auf die zeitraubende Einrichtung abgesicherter Vertragsverhältnisse, wie Joint Ventures oder Konsortien, wird verzichtet [MERT94a, 169]. Das Virtuelle Unternehmen besitzt somit aufgrund sich ständig verändernder funktionaler Beziehungen zu den Kunden (Produktdefinition) und Lieferanten (spontane Kooperation) keine klaren Konturen.

Begriff und Wesen des Virtuellen Unternehmens sind noch recht vage, auch wenn auf andere Ansätze (z. B. Lean Production) Bezug genommen wird. Hinweise auf die Umsetzung erschöpfen sich in allgemeinen Aussagen wie der Notwendigkeit von flexiblen Fertigungssystemen, I&K-Technologie, TQM oder einer stärkeren Prozeßorientierung.

Voraussetzung sind neben flexiblen Fertigungstechnologien und leistungsfähigen Logistikkonzepten eine hohe, alle Teilnehmer umfassende Informationsverfügbarkeit. Grundlage bilden zwischenbetrieblich integrierte Informationssysteme, mit deren Hilfe Raum- und Zeitdistanzen aufgehoben werden, und es allen Beteiligten ermöglicht wird, flexibel den Kundenbedarf, Lieferantenressourcen und Fertigungsverfahren zu verknüpfen.

3.2.2   Systematisierung

Die genannten Managementansätze erheben keinen Anspruch auf Vollständigkeit, besitzen jedoch eine in der bestehenden Diskussion herausragende Bedeutung und bilden den Ursprung verschiedener weiterer Ansätze.

Die Systematisierung wird erschwert durch:

- die sehr allgemeine Beschreibung der Managementansätze,
- die geringe Verfügbarkeit von Methoden und Werkzeugen,

- die „Atomisierung" der Ansätze in Teilaspekte (z. B. JIT, TQM, KAIZEN, Prozeßorientierung), die teilweise ihrerseits als eigenständige Strategie propagiert werden, und durch

- die Zugrundelegung von Managementansätzen als Voraussetzung für die Realisierung weiterer Ansätze.

In einzelnen Fällen wird explizit auf die Verwandtschaft zu bzw. die Abhängigkeit von anderen Ansätzen hingewiesen.

Die Grundideen der besprochenen Ansätze, wie Vermeidung von Verschwendung oder die stärkere Ausrichtung am Kunden, stellen an sich keine Innovation dar. Vielfach sind sie schon seit langem bekannt, wenn auch unter anderem Namen. Neu ist die ganzheitliche Sichtweise, die Nutzung ganzer Maßnahmenbündel sowie die Betonung der Prozeß-dynamik. Unterschiede zwischen den Managementansätzen zeigen sich in der Betrachtung einzelner Zusammenhänge. So wird beispielsweise der Prozeßorientierung beim Business Reengineering oder den unternehmensübergreifenden Wertschöpfungsketten im Konzept des Virtuellen Unternehmens eine herausragende Bedeutung beigemessen. Trotz der Vielzahl an Beispielen lassen alle Ansätze konkrete Vorgehensweisen der Umsetzung vermissen. In der Literatur findet sich eine Vielzahl von Interpretationen und Realisierungs-strategien, die diesen Mangel auszugleichen suchen [BULL94; JAKU94; MERT94a; PFEI92b, GRIE93]. In Tabelle 3/6 werden die verschiedenen Managementansätze mit ihren Zielsetzungen sowie Ansatzpunkten nochmals zusammengefaßt.

Trotz der Unterschiede in der Zielformulierung ergeben sich viele Parallelen bei den propagierten Ansatzpunkten. Zu nennen sind insbesondere die Forderungen nach

- Reduzierung der tayloristischen Arbeitsteilung,

- Dezentralisierung,

- Prozeßorientierung,

- übergreifende Nutzung der I&K-Technologie und

- einer teamorientierten, engen Zusammenarbeit sowohl inner- als auch zwischenbetrieblich.

Bei der Formulierung der zentralen Problemstellung (z. B. Inflexibilität, Verwaltungsoverhead) und des generellen Zielsystems (z. B. Kooperation, Integration) sind ebenfalls deutliche Überschneidungen zu erkennen.

Ein konkretes Instrumentarium oder ein Leitfaden für die praktische Umsetzung wird in keinem der Ansätze aufgezeigt, wodurch der Erfolg der Managementansätze im Einzelfall von den durchführenden Organen und Personen bestimmt wird. Alle Ansätze weisen hier erhebliche Defizite auf und versuchen diesen Mangel durch nicht verallgemeinerbare Erfolgsberichte einzelner Unternehmen zu beheben, was in keiner Weise gelingt.

Tab. 3/6:   Charakterisierung von Managementansätzen

Managementansatz	Ziel	Ansatzpunkte
Lean Management	Vermeidung von Verschwendung und Ausrichtung am Wertschöpfungsbeitrag und Kundennutzen	• KAIZEN • TQM • Produktionsfaktor Mensch • Konzentration auf das Kerngeschäft • inner- und zwischenbetriebliche Integration
Business Reengineering	Orientierung an den ausschließlich wertschöpfenden Prozessen und deren radikales Redesign.	• kundenorientierte, wertschöpfende Prozesse • fundamentales Überdenken bestehender Strukturen • radikales Prozeß-Redesign • gesamte Wertschöpfungskette
Fraktale Fabrik	Dezentralisierung von Organisationen in sich selbst organisierende Fraktale.	• Dezentralisierung • Selbstorganisation • Dynamik • Lean Management
Virtuelles Unternehmen	Flexible, spontane Kooperationen mit Kunden und Lieferanten in einem Wertschöpfungsverbund	• Kundenorientierung • Konzentration auf das Kerngeschäft • zeitlich begrenzte Kooperationen (Missionen) • Flexibilität und Dezentralisierung

Voraussetzung und in einigen Fällen Auslöser des sich vollziehenden Strukturwandels ist die informationstechnologische Weiterentwicklung, die neuartige Organisations- und Kooperationsformen erst ermöglicht. Insbesondere die integrierte Informationsverarbeitung hat in der Wirtschaft etablierte Mechanismen nachhaltig verändert [OTTE94, 66], wobei die evolutionäre Entwicklung zunehmend einer revolutionären weicht.

3.2.3   Bedeutung der Informations- und Kommunikationstechnologie

In allen genannten Ansätzen wird die Bedeutung der I&K-Technologie explizit als tragender Faktor hervorgehoben [HAMM94, 112-133; WARN93, 116-133 und 172-179; DAVI93, 65-89 und 201-223] oder läßt sich aus Forderungen nach enger Lieferantenanbindung mittels EDI oder JIT [WOMA92, 145-177; DAVI93, 158-179] ableiten. Die Steuerung, Regelung und Automation von Informationsströmen und Verarbeitungsprozessen verlagert sich hierbei immer stärker auf Informationssysteme (z. B. integrierte Anwendungs-, Workflow-, EDI-Systeme).

Als kreativer jedoch auch kostenintensiver Produktionsfaktor soll der Mensch von Routinetätigkeiten, wie dem Sammeln, Erfassen und Verteilen von Informationen, entbunden und bei anspruchsvollen Aufgaben unterstützt werden. Die hochaktuelle Verfügbarkeit und flexible Auswertbarkeit sowohl interner als auch externer Daten und die effektivere Abwicklung von Arbeitsprozessen stehen im Zentrum der Anstrengungen.

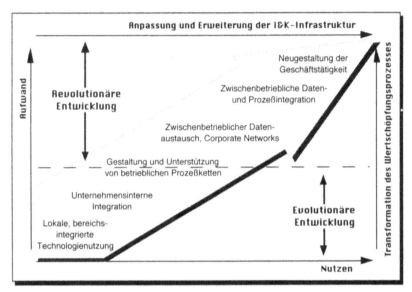

Abb. 3/3:   Entwicklung der Unternehmensstrategien unter Einsatz von I&K-Technologien (siehe auch [BULL94, 16])

Als problematisch erweisen sich die gewachsenen technischen und organisatorischen Strukturen, deren Aufbrechen von den Managementansätzen gefordert wird. Da die klassischen Organisationsformen als Vorlage für die betriebswirtschaftlichen Informationssysteme dienten (z. B. Auftragseingang), ergeben sich zum Teil erhebliche Anpassungserfordernisse (z. B. Integration externer Daten, bereichsübergreifende Prozeßunterstützung). Neuartige Produktions- und Logistikkonzepte führen zu einer Neugestaltung innerbetrieblicher Abläufe und zwischenbetrieblicher Leistungsbeziehungen.

Tabelle 3/3 zeigt die Entwicklung der Unternehmensstrategien unter Einsatz von I&K-Technologien auf und differenziert hierbei zwischen der evolutionären und revolutionären Entwicklung. Als revolutionär wird hierbei insbesondere die Umgestaltung traditioneller Geschäftsabläufe verstanden, um die Potentiale der I&K-Technologie besser nutzen zu können.

Das am Markt verfügbare I&K-technologische Instrumentarium wird in weiten Bereichen den Integrationsanforderungen (z. B. EDI-Fähigkeit, Prozeßunterstützung) nicht gerecht. Ursache ist die Dynamik, mit der sich die Anforderungen in den letzten Jahren sukzessive herausgebildet haben. Hinzu kommt, daß die I&K-Anbieter diese Forderungen erst bei einer entsprechend hohen Kundennachfrage in ihren Produkten realisieren.

3.2.4 Strategische Bewertung der zwischenbetrieblichen Geschäftsprozeßintegration

Für Unternehmen stellt sich die Frage, wie sich derartige Investitionen ökonomisch und strategisch begründen lassen und welche organisatorischen Konsequenzen mit der zwischenbetrieblichen Integration verbunden sind. In Ermangelung nutzbarer Erfahrungswerte und allgemein anerkannter Methoden erfolgt die Entscheidungsfindung in weiten Bereichen subjektiv oder als Reaktion auf Anforderungen wichtiger Geschäftspartner.

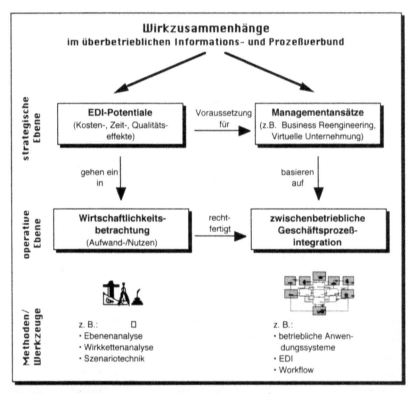

Abb. 3/4:   Strategische und operative Wirkzusammenhänge der zwischenbetrieblichen Integration

Insbesondere für KMUs ist es schwierig, die Vorteilhaftigkeit integrativer Technologien unter Einbeziehung sowohl interner als auch externer Rahmenbedingungen objektiv zu begründen. Sie sind gezwungen, Investitionsentscheidungen zu treffen, die mit tiefgreifenden Veränderungen der Planung und Steuerung komplexer logistischer Prozesse in Beschaffung, Produktion und Vertrieb verbunden sind. Wesentliche Ursache für diese unbefriedigende Situation ist das unzureichende Verständnis um die Zusammenhänge auf strategischer und operativer Ebene sowie für die Realisierung erforderlichen Methoden und Werkzeuge. Hinzu kommt mangelnde Erfahrungswerte aus der Praxis.

Abbildung 3/4 zeigt die strategischen und operativen Wirkzusammenhänge der zwischenbetrieblichen Integration im Überblick auf. Ausgangspunkt auf der strategischen Ebene sind neue Potentiale, die sich durch die moderne I&K-Technologie eröffnen. Diese Möglichkeiten werden von modernen Managementansätzen aufgenommen und als Basis für neue Formen der Leistungserstellung und Zusammenarbeit herangezogen.

Auf operativer Ebene müssen Wirtschaftlichkeitsbetrachtungen den Einsatz integrativer und prozeßunterstützender Technologien und Organisationsformen rechtfertigen. Die Beschleunigung und effektivere Gestaltung des Wertschöpfungsprozesses bedingt ein aktives Geschäftsprozeßmanagement zur zeitnahen und integrierten Steuerung aller Informationsflüsse.

Die operative Durchführung erfolgt auf Basis verschiedener Methoden und Werkzeuge, die in Abhängigkeit ihrer Eignung ihrerseits wieder Einfluß auf die Realisierung bestehender Potentiale und damit auf den Erfolg der jeweiligen Managementansätze haben.

Die Analyse der Abhängigkeiten belegt die Relevanz der in diesem Kapitel diskutierten Bereiche. In Tabelle 3/7 werden nochmals die wichtigsten Fragestellungen in einer Entscheidungssituation zusammengefaßt und in ihrer zur Zeit bestehenden Bedeutung als Entscheidungskriterium gewürdigt.

Zusammenfassend läßt sich festhalten, daß innovative Managementansätze durch die Intensivierung der bereichs- und unternehmensübergreifenden Zusammenarbeit sowie durch die Integration von Daten und Prozessen gekennzeichnet sind. Der Mensch als kreative und kostenintensive Ressource wird aufgewertet und von Routinetätigkeiten, wie Erfassen, Sammeln und Verteilen von Daten, entbunden. Betriebe schließen sich nach Bedarf dynamisch in Virtuellen Unternehmen auf Zeit zusammen bzw. intensivieren die Anbindung von vor- und nachgelagerten Wertschöpfungsstufen. Die I&K-Technologie erhält den Stellenwert eines Organisationsmittels, welches Organisationsstrukturen abbildet und aktiv Schnittstellen zwischen Bereichen und Unternehmen unterstützt. Mit zunehmender Popularität derartiger Managementansätze steigt der Bedarf und der Zwang zur Umsetzung in der Praxis.

Der Zusammenhang zwischen Geschäftsprozeßmanagement und integrativen Technologien ist offensichtlich, wurde jedoch bislang nicht näher diskutiert. Strategien, wie JIT, Lean Supply oder die Einbeziehung von Logistikdienstleistern, basieren auf der Koordination komplexer logistischer Ketten über verschiedene Organisationseinheiten hinweg. Eine zentrale Rolle nimmt hierbei der Faktor Information ein. Als Schnittstelle verbindet er die unterschiedlichen Organisationseinheiten. Die Begrenzung des Geschäftsprozeßmanagements auf unternehmensinterne Aufgabenstellungen, wie es zur Zeit durch die

3 Zwischenbetriebliches Geschäftsprozeßmanagement

Diskussion um Workflow- und Workgroup Computing geschieht, erweist sich als kurz-
sichtig.

Tab. 3/7:   Strategische Aspekte des EDI-Einsatzes

Aspekte	Fragestellung	Relevanz
Ziele und Potentiale	Welche strategischen und operativen Potentiale sind im Individualfall relevant? Welche Ziele sind zu definieren?	**hoch** Zur Zeit dominieren bei KMUs wettbewerbserhaltende Strategien und bei transaktionsstarken Unternehmen die Ausrichtung an operativen Effekten.
Wirtschaft- lichkeitsbe- trachtung	Mit welchen qualitativen und quantitativen Effekten der EDI-Nutzung ist zu rechnen? Welche Kosten stehen diesen gegenüber? Welche Meßgrößen sind geeignet und wie sind diese zu bewerten? Welche Risikoabschätzung muß aufgrund der Unvollkommenheit der Information vorgenommen werden?	**gering** Umfassende Analysen scheitern am Aufwand und der hohen Unsicherheit. Teilanalysen beschränken sich auf Anschaffungs- und Betriebskosten des EDI-Systems und die operativen Nutzeffekte.
Geschäfts- prozeß- management	Wie läßt sich das Wertschöpfungsnetz mit den Partnern charakterisieren? Welchen I&K-technologischen und organisatorischen Anforderungen ist inner- und zwischenbetrieblich zu genügen?	**hoch** Insbesondere transaktionsstarke Unternehmen erweitern ihre Prozeßorganisation auf Lieferanten (Elektronische Hierarchien).
Innovative Management- ansätze	Welche Strategie wird im Unternehmen bzw. im Wertschöpfungsnetz verfolgt? Welche operativen Maßnahmen leiten sich daraus für die inner- bzw. zwischenbetriebliche Integration ab?	**gering** Integrative Technologien wie EDI oder ein übergreifendes Workflow-Management werden bei der operativen Umsetzung vorausgesetzt. Organisationsstrategien sowie das I&K-technologische Instrumentarium sind noch in der Entwicklung oder haben sich noch nicht durchgesetzt.

4 Interorganisationale Gestaltung integrierter Wertschöpfungsketten

Der elektronische Austausch von Geschäftsdaten bedingt eine besondere organisatorische Gestaltung der Kommunikationsbeziehung unter Berücksichtigung

- des zeitlichen Geschäftsprozeßablaufs,
- der Validität und Weiterverarbeitbarkeit der Informationen sowie
- der Geschäftssicherheit.

Dies erfordert eine neue, anwendungsorientierte Sichtweise der Wide Area Network (WAN)-Technologien, d. h. den Einsatz geeigneter Kommunikationsnetze und -protokolle sowie einer Kommunikationssteuerung, die den Geschäftsprozeßerfordernissen angemessen ist.

Neben der zwischenbetrieblichen Informationsflußsteuerung müssen Mechanismen gefunden werden, mit deren Hilfe, trotz inkompatibler Datenmodelle der kommunizierenden Anwendungssysteme, die Semantik der Geschäftsdaten gewahrt wird.

Abschnitt 4.1 setzt sich daher mit der I&K-technologischen Gestaltung des elektronischen Geschäftsdatenaustausches, einem strukturierten Ebenenmodell sowie verschiedenen EDI-Austauschszenarien auseinander.

Eine problemorientierte Bewertung der verfügbaren TK-Netze und -Dienste sowie der besonderen Bedeutung von Mehrwertdiensten (MWD) als informationslogistisches Instrument (Clearing, „Informationsdrehscheibe") wird in **Abschnitt 4.2** vorgenommen.

Gegenstand des **Abschnittes 4.3** sind standardisierte Datenaustauschformate. Anhand der EDIFACT-Norm werden syntaktische Konzepte, semantische Mängel und weiterführende Ansätze (Open- bzw. Interactive-EDI) analysiert und diskutiert.

4.1 Organisation des zwischenbetrieblichen Geschäftsdatenaustausches

Trotz der Vielzahl verfügbarer technischer Standards kommt der interorganisationalen Abstimmung zwischen den beteiligten Kommunikationspartnern eine zentrale Bedeutung zu (vgl. Abbildung 4/1).

Der Koordinationsbedarf läßt sich unterteilen in

- Kommunikationskanal (technisch-organisatorische Abstimmung des Kommunikationsverfahrens und des Austauschprozesses),

- EDI-Instrumentarium und Datenaustauschformate (I&K-technologische und semantische Kompatibilität) sowie

- betriebliche Anwendungssysteme (Abstimmung der auszutauschenden Daten sowie des Aktions-/Reaktionsverhaltens).

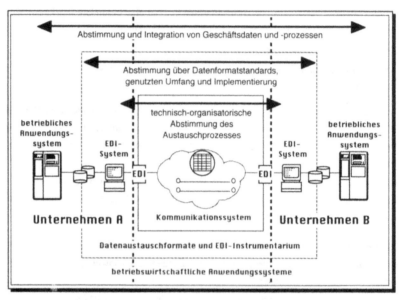

Abb. 4/1:   Abstimmungsstufen der zwischenbetrieblichen Integration

4.1.1   Integration im Spannungsfeld zwischen Technologie und Organisation

Primäre, operative Zielsetzung in der bestehenden Praxis der ZBI ist die Datenintegration, d. h. der schnelle Datentransfer sowie die Kompatibilität der Daten. Datenintegration beschreibt hierbei die strukturelle und semantische Anpassung der auszutauschenden Daten zum Zweck der gemeinsamen Nutzung [SCHU90, 311]. Wie in Abbildung 4/2 dargestellt, repräsentiert die Datenintegration jedoch nur einen Teilaspekt der integrierten Informationsverarbeitung.

Weitgehend unberücksichtigt bleibt der organisatorische Aspekt der dynamischen Verknüpfung betrieblicher Verarbeitungsabfolgen (Prozeßintegration), deren Automationsgrad sowie die funktionale Koordination der beteiligten Anwendungssysteme (Funktionsintegration).

Schwerpunkt bildet der Austausch von betriebswirtschaftlichen Daten (Geschäftsdaten), da sie die Grundlage der zwischenbetrieblichen Austauschprozesse darstellen. Aufgrund von Kosten-, Zeit- und Qualitätsvorteilen lassen sie die höchsten Nutzenpotentiale erwarten.

Demgegenüber nehmen Office-Daten aufgrund ihrer geringen inhaltlichen Strukturierbarkeit und technische Daten wegen der fehlenden Verarbeitbarkeit in betriebswirtschaftlichen Anwendungssystemen nur eine vergleichsweise untergeordnete Rolle ein.

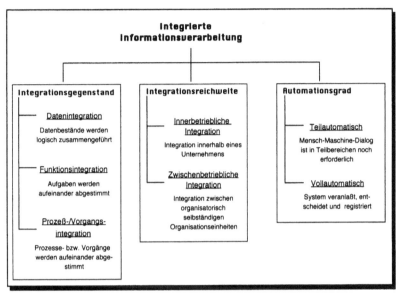

Abb. 4/2:   Ausprägungen der integrierten Informationsverarbeitung (in Anlehnung an [MERT93, 2])

Begriffe wie „Zwischenbetriebliche Integration" (ZBI), „Electronic Commerce" (EC), „EDI", „Externe Integration" (EI) oder „Inter Organizational Systems" (IOS) umschreiben vielfältige Formen der organisationsübergreifenden Informationsverarbeitung. Teilweise synonym gebraucht, bieten diese unscharf abgegrenzten Begriffe breiten Raum für Mißverständnisse. In der Literatur finden sich für die genannten Begriffe verschiedene Abgrenzungen, die nachfolgend kurz dargestellt werden.

Für MERTENS [MERT85, 81] stellt „ZBI" eine logische Weiterführung der integrierten Datenverarbeitung im Unternehmen (CIM) auf den zwischenbetrieblichen Bereich dar. Korrespondierende Anwendungssysteme der Kommunikationspartner sind hierbei derart zu modifizieren, daß die „DV-Anlagen" miteinander weitgehend automatisiert arbeiten, d. h. ohne menschliche Intervention und medienbruchfrei. Demgegenüber ist für FISCHER [FISC93, 245] die ZBI eine Strategie, deren Ziel die einheitliche Strukturierung elektronisch ausgetauschter Geschäftsdaten sowie unternehmensinterner Datenbestände ist.

„EC" [HÜBN93, 20; SCHE96a, 5-7] ist umfassender und subsumiert alle Formen der elektronisch gestützten Datenübertragung zwischen Unternehmen mit dem Ziel, die Zusammenarbeit zu unterstützen. In der einfachsten Form ist dies die elektronische Übertragung von unstrukturierten Daten mittels Telefax oder E-Mail, aber auch der Austausch strukturierter Daten mittels EDIFACT bis hin zum direkten Zugriff externer Partner auf das eigene Informationssystem (z. B. Abverkaufszahlen, Lagerbestände oder Produktionspläne). Im Vordergrund steht hierbei nicht die I&K-Technologie, sondern die Lösung für den Anwender, die sich gegebenenfalls aus mehreren verschiedenen Einzeltechnologien und -ansätzen zusammensetzen kann.

PETRI [PETR90, 12] liefert mit „EI" eine anwendungsorientierte - leider nur auf Handelsunternehmen beschränkte - Betrachtungsweise unternehmensübergreifender Integrationskonzepte. Nicht die Technologie steht hierbei im Vordergrund, sondern Einsatzmöglichkeiten und organisatorische Konsequenzen informatorisch integrierter Handelsunternehmen. Als technologische Basis werden EDI-Technologien und Warenwirtschaftssysteme benannt, jedoch nicht näher diskutiert.

„IOS" [ÖSTE95, 34-35; FISC93, 245] ist definiert durch die Teilnahme mehrerer Organisationen, die sich neben Informationen auch weitere Ressourcen auf Basis des strukturierten Nachrichtenaustausches teilen. Im Zentrum der Betrachtung stehen auch hier die zugrundeliegenden Informationssysteme, deren Daten und Funktionen auch Dritten zur Verfügung gestellt werden.

Der aus dem amerikanischen kommende Begriff „EDI" umschreibt Techniken, die dem direkten und interventionslosen Austausch strukturierter Daten zwischen den Anwendungen der beteiligten Kommunikationspartner dienen. Zum Einsatz kommen hierbei Datenformatstandards und TK-Dienste (stellvertretend für viele [SCHE91, 32; HANS92, 844; PICO93a, 20]). Diese Definition umfaßt neben den technischen Komponenten der Datenfernübertragung (DFÜ) auch die Integration von Anwendungssystemen sowie die Automation von Abläufen. Demgegenüber umfaßt EDI für FISCHER [FISC93, 245] überwiegend die Technik des elektronischen Datenaustausches.

Der Versuch einer Abgrenzung erweist sich als außerordentlich schwierig, da sich alle Begriffe mit der Integrationsproblematik auseinandersetzen, jedoch unterschiedliche Sichtweisen und Teilaspekte in den Vordergrund stellen (vgl. Abbildung 4/3). Wesentliche Unterschiede zwischen den Ansätzen ergeben sich bei den zugrundegelegten Methoden und Instrumenten.

Zielsetzung ist immer die effizientere Überbrückung informationsbezogener Schnittstellen zwischen räumlich entfernten Aufgabenträgern [DOCH92, 3-6]. Allen Ansätzen gemein ist, daß die zu integrierenden Institutionen organisatorisch selbständige Unternehmen, aber ebenso Organisationseinheiten eines Unternehmens sein können. Die hierzu genutzten Technologien reichen vom Austausch unstrukturierter Daten per E-Mail (Mensch-Mensch-Kommunikation) über den strukturierten Datenaustausch mittels EDI (Maschine-Maschine-Kommunikation) bis zur gemeinsamen Nutzung von Datenbeständen und Anwendungssystemen.

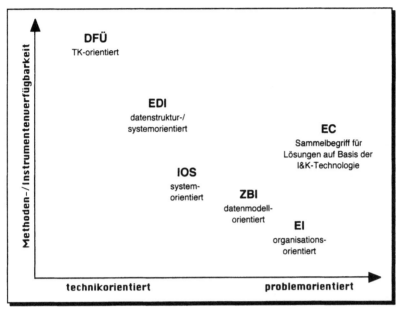

Abb. 4/3:   Einordnung von DFÜ, EC, EDI, EI, IOS und ZBI in das Integrationsumfeld

Im weiteren Verlauf der Arbeit sollen unter ZBI alle wirtschaftlichen, organisatorischen und I&K-technologischen Aspekte elektronisch integrierter Wertschöpfungsketten verstanden werden. Demgegenüber stellt EDI ein I&K-technologisch orientiertes Konzept zur Integration von betriebswirtschaftlichen Anwendungssystemen organisatorisch selbständiger Organisationen dar. Unter DFÜ wird ausschließlich die Technik des elektronischen Datentransfers verstanden. Auf die Nutzung der Begriffe IOS und EI wird nachfolgend verzichtet.

4.1.2   4-Ebenenmodell der zwischenbetrieblichen Integration

Das „4-Ebenenmodell der zwischenbetrieblichen Integration" dient der gesamtheitlichen Betrachtung und Strukturierung der ZBI-Problematik. Unterschieden wird zwischen einer das einzelne Unternehmen betreffenden innerbetrieblichen Aufgabenstellung und einer alle Beteiligten betreffenden zwischenbetrieblichen Aufgabenstellung. Im Unterschied zum kommunikationsorientierten OSI-7-Schichtenmodell der ISO (International Standards Organisation) [JONA92, 181-190; PLAT93, 13-58; BÄRW96, 4/7.3 1-36] liegt der Schwerpunkt des 4-Ebenenmodells auf der informationstechnologischen Verknüpfung von unternehmensübergreifenden Geschäftsprozessen (vgl. Abbildung 4/4). Es stellt somit eine logische Erweiterung des ISO-OSI-Modells um konkrete Anwendungsaspekte der Zusammenarbeit in der Wirtschaft dar.

Ziel ist eine umfassende Problemdarstellung, die alle I&K-technologischen, organisatorischen und betriebswirtschaftlichen Aspekte der ZBI in einem Ebenenmodell in Beziehung zueinander setzt und Abhängigkeiten aufzeigt.

Folgende hierarchisch strukturierte Ebenen sind zu unterscheiden:

- die Ebene der Wirtschaftsordnung,
- die Ebene der Prozeßintegration,
- die Ebene der Datenintegration sowie
- die Kommunikationsebene.

Im Ebenenmodell erfolgt eine Differenzierung zwischen der innerbetrieblichen und der zwischenbetrieblichen Aufgabenstellungen, wobei innerbetrieblich nochmals in einen technischen und einen organisatorischen Aspekt zu unterscheiden ist.

Auf der **ersten Ebene**, (Kommunikation) werden die TK-Dienste (z. B. ISDN, X.25) und Übertragungsprotokolle (z. B. OFTP, FTAM) festgelegt. Hinzu kommt die Festlegung einer Kommunikationsstrategie, d. h. die Koordination des Datentransfers (z. B. Zeitfenster). Jeder Kommunikationspartner muß hierzu die technischen Voraussetzungen einer WAN-Kommunikation schaffen.

Auf der **zweiten Ebene** (Datenintegration) sind Art und Umfang der auszutauschenden Daten (z. B. Nachrichtentypen, Datenelemente) sowie deren formale Syntax (z. B. EDI-FACT) festzulegen. Die korrekte syntaktische Aufbereitung der Daten gewährleistet noch keine vollständige semantische Interpretationsfähigkeit der betriebswirtschaftlichen Dateninhalte. Sie ist jedoch zwingende Voraussetzung für eine automatisierte Weiterverarbeitung. Hierzu ist zu klären, in welcher Form die betriebswirtschaftlichen Sachverhalte in den einzelnen Datenfeldern dargestellt werden (z. B. codierte Werte). Auswahl und Betrieb der EDI-Systeme (Konvertierung) sowie die Schnittstellen zu den betrieblichen Anwendungssystemen obliegen dem einzelnen Kommunikationsteilnehmer.

Die **dritte Ebene** der Prozeßintegration bildet das zwischenbetriebliche Aktions-/Reaktionsmuster der Beteiligten ab, d. h. Form und Zeitrahmen der Geschäftsinteraktion (Aktion, Reaktion). Diese sind mit den innerbetrieblichen Vorgangsketten zu verknüpfen. Um einen hohen Grad der Interventionslosigkeit zu erreichen, sind innerbetrieblich EDI-fähige Anwendungssysteme mit „intelligenten Anwendungsschnittstellen" bereitzustellen. Neben einer automatischen Übernahme der Daten und dem Anstoß weiterer Verarbeitungsschritte müssen Fehler erkannt und gegebenenfalls Korrekturmaßnahmen eingeleitet werden. Das Fehlermanagement umfaßt auch auftretende Störungen im EDI- und Kommunikationssystem. Anpassungen der Organisationsstruktur ergeben sich zwingend aus den schnelleren Reaktionszeiten und der Eliminierung von Prozeßschritten.

Die **vierte Ebene** der Wirtschaftsordnung als höchste Schicht beinhaltet die Schaffung von Geschäftssicherheit bei elektronisch gestützten Geschäftstransaktionen. Zu nennen sind insbesondere die Anerkennung elektronischer Dokumente sowie die Angleichung traditioneller Handelsgebräuche. Auf Unternehmensseite ergeben sich Anpassungen der Leistungserstellung und des Leistungsangebotes (z. B. Elektronische Märkte, virtuelle Produkte). Anbieter von betriebswirtschaftlicher Standardanwendungs- sowie Integrationssoftware passen die Architektur ihrer Systeme den neuen Interaktionsformen (Daten-, Prozeß-, Funktionsintegration) an.

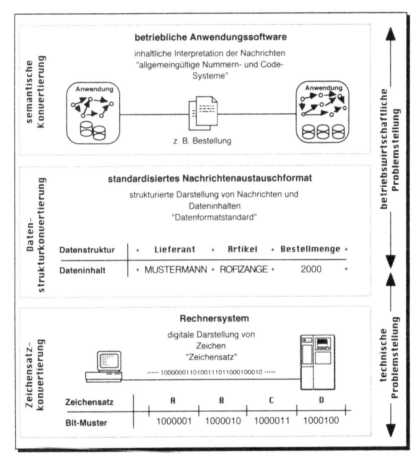

Abb. 4/4:   4-Ebenenmodell der zwischenbetrieblichen Integration

4.1.3   Daten und Information

Bei der ZBI wird durch den elektronischen Austausch von EDI-Nachrichten eine direkte Informationsbeziehung zwischen den Anwendungssystemen aufgebaut. Grundlage bildet der technische Datenaustausch, d. h. der elektronische Transfer von Zeichen zwischen zwei Rechnersystemen.

Für die Interpretation der Daten als Geschäftsdaten im Sinne von EDI sind zusätzliche Vereinbarungen zwischen den Kommunikationspartnern erforderlich. EDI-Nachrichten bestehen aus einer nach formalen Regeln strukturierten Folge von Datensätzen und -feldern (Syntax, Semantik). Diese Regeln (vgl. Abschnitt 4.3) sind sowohl dem Sender als auch dem Empfänger bekannt und erlauben, aus der Zeichenfolge automatisch in Anwendungssystemen weiterverarbeitbare Informationen abzuleiten [FERS94, 89-90].

Unter **Datenaustausch** wird nachfolgend der elektronische Austausch von Zeichen verstanden, die den kommunizierenden Rechnersystemen bekannt sind. Eine inhaltliche Interpretation der Daten erfolgt nicht.

Hierbei sind exakte Vereinbarungen über die Form der digitalen Darstellung (Zeichensatz) erforderlich [HANS92, 14]. Die digitale Codierung eines Zeichens und von Zeichenketten (z. B. Buchstaben, Zahlen) muß vom Empfängerrechner wieder als identische Kette von Zeichen decodiert werden. Das Problem des Datenaustausches bzw. der Datendarstellung in DV-Systemen ist grundsätzlicher Art und im Bereich der Nachrichtentechnik sowie der Informatik anzusiedeln. Eine weitere Vertiefung dieses Aspektes unterbleibt daher. Der korrekte Datenaustausch bildet die Basis für den im Rahmen der ZBI erfolgenden Informationsaustausch.

Als **Informationsaustausch** soll nachfolgend der Austausch strukturierter und semantisch durch eine Anwendung interpretierbarer Daten (externer Daten) verstanden werden.

Voraussetzung sind Interpretationsvorschriften, welche die unterschiedlichen Datenmodelle betrieblicher Anwendungssysteme korrekt aufeinander abbilden. Syntaktisch beinhaltet dies die Strukturierung von Datenfeldern sowie die Definition von Feldlängen, Datentypen und gegebenenfalls von zulässigen Wertebereichen. Standardisierte Nachrichtenaustauschformate, wie EDIFACT, VDA, ODETTE oder SEDAS, dienen als Metastruktur zwischen den Datenmodellen der kommunizierenden Anwendungssysteme. Die unterschiedlichen EDI-Nachrichtentypen bilden analog zu den klassischen Geschäftsdokumenten ein in sich geschlossenes, individuell handhabbares betriebswirtschaftliches Informationsobjekt.

Jedes standardisierte Nachrichtenaustauschformat stellt eine Ansammlung von Nachrichtentypen, d. h. unternehmensübergreifenden Teildatenmodellen dar. Unternehmens- und Anwendungsdatenmodelle werden hierbei nicht in ihrer Gesamtheit abgebildet, sondern beschränken sich auf die für zwischenbetriebliche Geschäftstransaktionen erforderlichen Teilbereiche.

4.1.3.1 Inkompatibilität der Datenmodelle einzelner Anwendungssysteme

Die Nutzung eines gemeinsamen Zeichensatzes beim Datenaustausch sowie der Einsatz von Datenformatstandards löst nicht das semantische Problem der Interpretation einzelner Nachrichtenelemente (vgl. Abbildung 4/5).

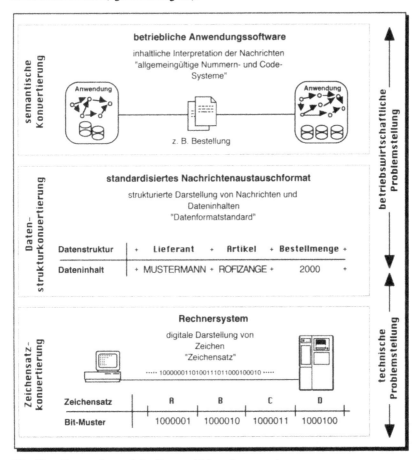

Abb. 4/5: Zusammenhang zwischen Daten- und Informationsaustausch

So kann beispielsweise innerhalb einer Logistikkette zwischen Hersteller, Handel und Verbraucher jeder der Teilnehmer Artikel oder Produkteinheiten anders definieren und spezifizieren. Ebenso differieren möglicherweise Umfang und Art der erforderlichen bzw. verfügbaren Daten innerhalb der Anwendungsdatenmodelle (Inkompatibilität).

Standardisierte Nachrichtenaustauschformate versagen bei der Darstellung einzelner Informationsinhalte aufgrund fehlender formaler Sprachen zur Beschreibung von Handelsobjekten und Abwicklungsregularien (vgl. Abschnitt 4.3.3). Lösungsansätze bieten standardisierte Identifikations- bzw. Nummernsysteme, wie der EAN-Code (European Article Numbering) für die Artikelidentifikation oder der ILN-Code (International Location Numbering) für die Unternehmensidentifikation.

4.1.3.2 Eignung einzelner Datentypen für den elektronischen Informationsaustausch

Von grundlegender Bedeutung ist die Fragestellung, welche Daten im Unternehmen von der ZBI betroffen sind oder sich hierzu eignen. Ausgehend von traditionellen Geschäftsbeziehungen sind primär jene Daten relevant, die bereits auch mittels Brief, Fax oder Telefon zwischen den Unternehmen ausgetauscht wurden.

In Tabelle 4/1 werden Daten hinsichtlich ihrer elektronischen „Austauschfähigkeit" im Sinne von EDI untersucht. Als Kriterien sind aus informationstechnologischer Sicht die Strukturierbarkeit der Dateninhalte und des Bearbeitungsprozesses sowie aus ökonomischer Sicht das Transaktionsvolumen und die Austauschhäufigkeit zu nennen.

Tab. 4/1:   Bewertung der Datenarten nach der Austauschfähigkeit im Sinne von EDI

Austausch- fähigkeit Art der Daten	Struktu- rierbarkeit der Daten	Struktu- rierbarkeit der Abläufe	Austausch- volumen/ Aktualität	automati- sche Weiterver- arbeitung	verfügbare Standards
Ge- schäfts- daten	hoch traditionell bereits über Formulare strukturiert	hoch Routineab- wicklung mit bekannten Partnern	hoch insbesondere bei größeren Unternehmen und enger Ko- operation	hoch interventions- lose Übergabe an betr. Ver- arbeitungspro- zesse	Datenformat z. B. EDIFACT, ODETTE, ANSI X12, VDA, TRADACOM
Konstruk- tionsdaten	hoch technische bzw. Geometriedaten	gering gemeinschaft- liche Entwick- lung, kaum strukturierbar	gering wenige, eng kooperierende Partner	gering Weiterverar- beitung erfolgt durch den Menschen	Datenformat z. B. IGES, SET, VDA-FS, STEP
Office Daten	gering Korrespondenz	mittel oftmals situativ	hoch hoher Stellen- wert des Lay- outs	gering Verwaltung in Dokumenten- management- systemen	Layout SGLM, ODA/ODIF

Geschäftsdokumente des alltäglichen Wirtschaftslebens (Routinetransaktionen) besitzen bereits heute einen hohen Strukturierungsgrad und bestehen aus typischen „Informationselementen". Transaktionshäufigkeit, hohe Austauschvolumina und Vorteile einer schnelleren Geschäftsabwicklung rechtfertigen den technischen Aufwand, der beim elektronischen Datenaustausch entsteht.

Technische Daten und Office-Daten genügen diesen Anforderungen nicht oder nur in einem weitaus geringerem Ausmaß. Konstruktionsdaten weisen einen hohen Strukturierungsgrad auf, werden jedoch nur mit vergleichsweise wenigen Partnern ausgetauscht. Anders stellt sich dies bei Office-Daten dar. Sie sind gekennzeichnet von einer hohen Austauschintensität, lassen sich jedoch faktisch nicht strukturieren. Ferner besitzen sie neben einer informativen auch eine repräsentative Funktion, wodurch das Layout einen hohen Stellenwert erhält. Eine semantische Weiterverarbeitung erfolgt zur Zeit aufgrund des hohen Aufwandes (z. B. OCR-Erfassung) und des Fehlerrisikos nur sehr eingeschränkt.

4.1.4   Prozesse als zwischenbetrieblicher Integrationsgegenstand

Traditionell nehmen Belege bei der Arbeit mit Informationen sowohl im als auch zwischen Unternehmen eine zentrale Bedeutung ein [MERT94b, 446; SCHI94, 60]. Ihre Erzeugung, Veränderung und Elimination ist wesentlicher Bestandteil der Vorgangsbearbeitung. Sie geben ferner Aufschluß über den Status einer Prozeßkette und beinhalten die Ergebnisse vorgelagerter Arbeitsschritte. Als Papierdokument oder in elektronischer Form bilden sie die Grundlage aller betriebswirtschaftlichen Abläufe.

Im Zentrum des Prozeßgedankens steht der „Arbeitsfluß" als Reaktion auf die hohen Reibungsverluste der tayloristischen Arbeitsteilung, die durch eine Vielzahl an Schnittstellen und eine aufwendige Dokumentenverwaltung gekennzeichnet ist.

4.1.4.1   Zwischenbetriebliche Prozess-Schnittstelle „EDI"

Zielsetzung der ZBI ist zu jedem Zeitpunkt die bestmögliche Nutzung der Ressourcen „Personal" und „I&K-Technologie" sowie die Beschleunigung des Bearbeitungsprozesses [OTTE94, 62-63].

Zwischenbetrieblich beinhaltet die Prozeßintegration den technischen Transferprozeß der Daten (Informationslogistik) sowie deren Integration im Anwendungssystem des Partners. Erstere erfolgt mittels EDI-Systemen, die den Zugang zu TK-Diensten sowie deren Steuerung wahrnehmen. Letztere ist Aufgabe des betrieblichen Anwendungssystems. Unterstützende Funktionen können integraler Bestandteil betriebswirtschaftlicher Informationssysteme sein (Vorgangssteuerung) oder aber ein eigenständiges SW-Produkt (Workflow-System) darstellen. Die anwendungsinterne Vorgangssteuerung zielt auf eine Verbesserung der Arbeitsabläufe innerhalb des Informationssystems ab, wohingegen Workflow-Systeme der innerbetrieblichen Verknüpfung verschiedener am Prozeß beteiligter SW-Produkte (z. B. Office-Tools) und Bearbeiter dienen. Die Forderung nach Interventionslosigkeit bedingt neben dem technischen Datenexport und -import auch die Sicherstellung der bislang manuell durch den Menschen geleisteten Filter- und Initiatorfunktionen.

Zu nennen sind:

- Datenaktualität (zeitgerechte Bereitstellung/Übernahme),
- Datenqualität (Korrektheit, Plausibilität, Authentizität) und
- Anstoß des innerbetrieblichen Workflows (korrekte Weiterverarbeitung).

Als kritischer Faktor der ZBI bei der Prozeßverknüpfung erweist sich hierbei das betriebliche Anwendungssystem. Traditionell monolithisch strukturiert sind die Organisationsstrukturen und die komplette Verarbeitung externer Ereignisse (z. B. Bestelleingang). d. h. die Daten sind völlig auf die menschliche Schnittstelle ausgelegt [FRIT94, 282]. Selbst innerhalb integrierter, d. h. verschiedene betriebswirtschaftliche Funktionsbereiche umfassender Anwendungssysteme ist nicht immer eine automatisierte und medienbruchfreie Ergebnisübernahme und Datenbereitstellung gewährleistet.

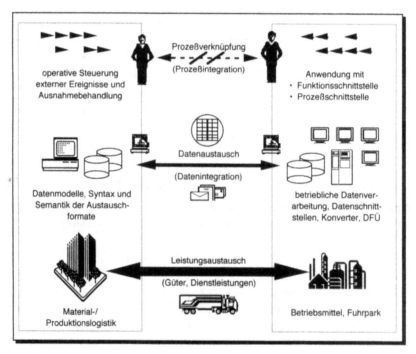

Abb. 4/6:   IST-Situation der Integrationsproblematik

Abbildung 4/6 stellt die IST-Situation von Wertschöpfungsgemeinschaften dar, die durch den klassischen Leistungsaustausch (z. B. Güter, Dienstleistungen) gekennzeichnet ist. Zunehmend wird dieser durch den Austausch von administrativen Daten unterstützt. Bislang ungelöst ist das Problem, die administrativen Prozesse der kommunizierenden Geschäftspartner ablauforganisatorisch zu verknüpfen.

Obwohl das erforderliche I&K-technologische Instrumentarium in weiten Bereichen verfügbar ist, erfolgt bislang kein umfassender Einsatz in der Wirtschaft. Ursache hierfür ist die aufwendige Integration externer Daten und Prozesse in die betrieblichen Anwendungssysteme (Daten-, Prozeßintegration).

Bislang unerwähnt blieben funktionale Schnittstellen. Sie treten bei unabgestimmten Arbeitsinhalten zwischen aufeinanderfolgenden Verarbeitungsschritten auf. Traditionell durch den Menschen wahrgenommen, sind sie verantwortlich für die logische Konsistenz eines Verarbeitungsprozesses und das Verhalten dem Partner gegenüber (Aktions-/Reaktionsmuster). Übermittelt der Lieferant beispielsweise Lieferdaten, die Angaben zur Spedition sowie der Transportmittelverwaltung beinhalten, und die Anwendung des Empfängers unterstützt weder eine Speditions- noch Transportmittelverwaltung, so besteht eine funktionale Inkompatibilität.

Die Prozeßsteuerung steht in direktem Zusammenhang mit der Funktionsschnittstelle. Nur bei aufeinander abgestimmten betriebswirtschaftlichen Funktionen der kommunizierenden Unternehmen ist eine unmittelbare Weiterbearbeitung externer Daten möglich.

4.1.4.2   EDI-Austauschszenarien

Die ZBI basiert auf der Interaktion der beteiligten Organisationen. Grundlage dieser Interaktion ist der Austausch von Informationen, die initiierend, steuernd oder lediglich informierend auf den Leistungsaustausch einwirken.

Nachfolgend werden ausgewählte EDI-Beziehungsszenarien eines Unternehmens zu Kunden, Lieferanten, Banken und Speditionen aufgezeigt. Die Austauschszenarien lehnen sich an die Arbeitsergebnisse des Normungsausschusses Bürowesen 3.11 an [DIN95a]. Aufgezeigt werden neben den beteiligten Kommunikationspartnern die relevanten EDI-Nachrichtentypen. Jedes Geschäftsdokument entspricht einer Informationstransaktion, die beim Empfänger eine Aktion auslöst.

Die den Geschäftsdokumententypen nachgestellten Klammerausdrücke sind die offiziellen Bezeichnungen der entsprechenden EDIFACT-Nachrichtentypen.

Nachrichtenfluß „Lieferant - Unternehmen - Kunde"

Zentrale Bedeutung hat der Nachrichtenfluß entlang der Wertschöpfungskette mit vor- und nachgelagerten Wertschöpfungsstufen. Tabelle 4/2 zeigt auf Basis von EDIFACT-Nachrichtentypen mögliche Austauschszenarien auf.

Tab. 4/2:   Nachrichtenfluß Lieferant, Unternehmen und Kunde

Lie-ferant	Nachrichtentypen nach Senderichtung	Unter-nehmen	Nachrichtentypen nach Senderichtung	Kunde
	➡		⬅	
	• Angebot (QUOTES) • Preisliste/Katalog (PRICAT) • Produktstammdaten (PRODAT) • Bestellantwort (ORDRSP) • Liefermeldung (DESADV) • Rechnung (INVOIC) • Qualitätsdaten (QUALTY)		• Anfrage (REQOTE) • Bestellung (ORDERS) • Lieferabruf (DELFOR) • Feinabruf (DELJIT) • Bestelländerung (ORDCHG) • Verkaufsdatennachricht (SLSRPT) • Zahlungsavis (REMADV)	
	⬅➡		⬅➡	
	• Partnerstammdaten (PARTIN)		• Partnerstammdaten (PARTIN)	
	⬅		➡	
	• Anfrage (REQOTE) • Bestellung (ORDERS) • Lieferabruf (DELFOR) • Feinabruf (DELJIT) • Bestelländerung (ORDCHG) • Verkaufsdatennachricht (SLSRPT) • Zahlungsavis (REMADV)		• Angebot (QUOTES) • Preisliste/Katalog (PRICAT) • Produktstammdaten (PRODAT) • Bestellantwort (ORDRSP) • Liefermeldung (DESADV) • Rechnung (INVOIC) • Qualitätsdaten (QUALTY)	

Nachrichtenfluß „Spedition - Unternehmen - Bank"

Eine den Leistungsaustausch direkt unterstützende Funktion nehmen Dienstleister wahr.
So kommt Speditionen im Rahmen des „Logistikzyklus" eine zentrale Aufgabe beim physikalischen Warentransport sowie der Transportlogistik zu. Eine ähnliche Bedeutung
besitzen Kreditinstitute im Zahlungsverkehr zwischen Geschäftspartnern. In Tabelle 4/3
wird der zwischenbetriebliche Nachrichtenfluß auf Basis von EDIFACT-Nachrichtentypen
dargestellt.

Tab. 4/3:   Nachrichtenfluß Spedition, Unternehmen und Bank

Spe-dition	Nachrichtentypen nach Senderichtung	Unter-nehmen	Nachrichtentypen nach Senderichtung	Bank
	➡		⬅	
	• Internationale Speditions- und Sammelladungsnachricht (IFCSUM) • Auftragsbestätigung/ Statusmeldung (IFTMCS) • Buchungs-/Reservierungs- bestätigung (IFTMBC) • Ankunftsmeldung (IFTMAN) • Rechnung (INVOIC)		• Gutschriftenanzeige (CREADV) • Belastungsanzeige (DEBADV) • Zahlungsavis (REMADV) • Erweiterte Gutschriften- anzeige (CREEXT) • Multiple Gutschriftenanzeige (CREMUL)	
	⬅➡		⬅➡	
	• Internationaler multimodaler Statusbericht (IFTSTA) • Partnerstammdaten (PARTIN)		• Partnerstammdaten (PARTIN) • Banking Status Message (BANSTA)	
	⬅		➡	
	• Buchung/Reservierung (IFTMBF) • Buchungs-/Reservierungs- anfrage (IFTMBP) • Transport-/Speditions- auftrag (IFTMIN)		• Zahlungsauftrag (PAYORD) • Erweiterter Zahlungsauftrag (PAYEXT) • Multipler Zahlungsauftrag (PAYMUL) • Lastschrift (DIRDEB) • Antrag zur Eröffnung eines Dokumentenakkreditivs (DOCAPP)	

4.1.4.3   Bedeutung einzelner Nachrichtentypen

Nicht jedem Nachrichtentyp kommt innerhalb einer Geschäftsabwicklung die gleiche betriebswirtschaftliche Bedeutung zu. So führt beispielsweise der Nachrichtentyp Auftrag (ORDERS) zu einer verbindlichen Geschäftsbeziehung mit Rechten und Pflichten für die Beteiligten oder ein Feinabruf (DELJIT) zu einer unmittelbaren Reaktion beim Empfänger in Form einer Leistungserbringung, d. h. der Lieferung. Demgegenüber hat der Austausch von Partnerstammdaten (PARTIN) oder Preislisten/Katalogen (PRICAT) keine direkte Auswirkung auf die Geschäftstransaktion. Alle Nachrichtentypen lassen sich somit entsprechend ihrer betriebswirtschaftlichen Bedeutung klassifizieren.

Weitere für die elektronische Prozeßintegration bedeutsame Klassifizierungskriterien ergeben sich aus

- den zeitlichen Verarbeitungsanforderungen,
- dem ausgetauschten Nachrichtenumfang und der Austauschhäufigkeit sowie

- dem Routinecharakter der Verarbeitung.

Die zeitlichen Verarbeitungsanforderungen ergeben sich aus dem Einfluß einer Nachricht auf den Abwicklungsprozeß. So ist beim Sender sicherzustellen, daß Feinabrufe unmittelbar an den Empfänger übermittelt werden und der Nachrichtenempfänger diese direkt einer Weiterbearbeitung zuführt. Ähnlich stellt sich die Situation im Zahlungsverkehr dar, wo sich durch eine exakte Terminierung der Zahlungen im Cash-Management enorme Einsparungspotentiale eröffnen.

Austauschvolumen und -häufigkeit einzelner Nachrichtentypen stellen wesentliche Parameter für den ökonomisch vertretbaren Integrationsaufwand (z. B. Schnittstellenerstellung) dar. So kann sich selbst eine sehr aufwendige Integrationslösung bei intensivem Informationsaustausch aufgrund der Rationalisierungspotentiale als zweckmäßig erweisen.

Der Routinecharakter der Verarbeitungsschritte, die beim Sender zur Erstellung einer ausgehenden bzw. beim Empfänger zur Übernahme einer eingehenden Nachricht notwendig sind, determiniert den Aufwand und Automationsgrad von Integrationslösungen.

In Abschnitt 6.2.2 wird eine Klassifikation von EDIFACT-Nachrichtentypen vorgenommen, die die Grundlage für die Gestaltung von EDI-Workflows zur zwischenbetrieblichen Integration von Geschäftsprozessen bildet.

4.2   Kommunikation

Der elektronische Datenaustausch zwischen den Organisationen in der Wirtschaft bedingt eine I&K-technologische Infrastruktur in Form von TK-Netzen, -Diensten und Datenaustauschformaten. Hinzu kommen logistische Mechanismen der Informationsflußsteuerung. Ihre Aufgabe ist es, den spezifischen Anforderungen der Kommunikationsinhalte (z. B. Volumen, Strukturierungsgrad) und des -verhaltens (z. B. Zeitrestriktionen, Mensch-Mensch-/Maschine-Maschine-Kommunikation) bei der geschäftlichen Interaktion gerecht zu werden. Auszugleichen sind ferner technische und organisatorische Inkompatibilitäten zwischen den Kommunikationspartnern.

Erster Schritt für die Auswahl und Gestaltung geeigneter Kommunikationskanäle ist somit eine Analyse der Kommunikationsinhalte sowie des -verhaltens im Rahmen zwischenbetrieblicher Beziehungen.

4.2.1   Integrationsformen des Electronic Commerce

Der Begriff „Electronic Commerce" (EC) beschreibt einen organisatorisch technischen Ansatz zur Integration verschiedenster elektronischer Kommunikationsmöglichkeiten mit dem Ziel, die Geschäftsabwicklung zu unterstützen [HÜBN93, 19; KARS96, 20]. E-Mail,

EDI, World Wide Web (WWW) oder Direct Data Link sind nur einige Beispiele für Technologien, die im Rahmen von EC zum Einsatz kommen können. Die Nutzung verschiedener Technologien sowie der unmittelbare Problemlösungscharakter sind zentrale Aspekte von EC-Anwendungen.

Intention, erreichbarer Integrationsgrad sowie der zu betreibende organisatorische und technische Aufwand differieren bei den verschiedenen EC-Lösungen erheblich. Generell können EC-Technologien auch innerbetrieblich im Sinne eines Intranet-basierten Workgroup- und Workflow-Computing zum Einsatz kommen. Ihnen allen ist gemein, daß bestimmte organisatorische und technische Voraussetzungen gegeben sein müssen oder gegebenenfalls zwischen den Beteiligten bilateral abzustimmen sind.

Eine anwendungsorientierte Analyse verschiedener Kommunikationsformen erfordert in einem ersten Schritt die Strukturierung der Rahmenbedingungen. Zu nennen sind insbesondere die Kommunikationsteilnehmer (Mensch, Maschine) und die zu übermittelnden Daten, die sich in „Coded Informations" (CI) und „Non Coded Informations" (NCI) einteilen lassen.

Generell ist zwischen folgenden Formen des elektronisch unterstützten Informationsaustausches zu differenzieren:

• Mensch-Mensch-Kommunikation,

• Mensch-Maschine-Kommunikation und

• Maschine-Maschine-Kommunikation.

Strukturierte Informationen (CI), wie EDI-Nachrichten, erlauben eine maschinelle Weiterverarbeitung, was bei unstrukturierten Informationen (NCI), wie Freitext, nicht ohne weiteres möglich ist. Unter Weiterverarbeitung ist dabei nicht zwingend eine betriebswirtschaftliche Weiterverarbeitung im Sinne von EDI zu verstehen. CI können beispielsweise auch strukturierte Text- (Formulare) oder CAD-Daten umfassen, deren Struktur nur bilateral zwischen den Kommunikationspartnern vereinbart und maschinell inhaltlich bearbeitbar ist. CI werden ebenfalls bei Online-Bestellsystemen ausgetauscht, wo der Kunde das elektronische Auftragsformular auf dem System des Partners „remote" ausfüllt.

Demgegenüber bedürfen NCI zwingend der Interpretation durch den Menschen und dienen deshalb ausschließlich der schnelleren Kommunikation zwischen Menschen (z. B. E-Mail, Video-Conferencing, Telefax).

Während also bei der elektronisch unterstützten Mensch-Mensch-Kommunikation sowohl CI als auch NCI ausgetauscht werden können, erfolgt bei der Mensch-Maschine- und der Maschine-Maschine-Kommunikation ausschließlich der Austausch von CI (vgl. Abbildung 4/7).

Anschließend erfolgt für ausgewählte EC-Technologien eine nähere Analyse anhand der Kriterien:

- Problemorientierung,

- Automations- und Prozeßunterstützung,

- Integrationsbeitrag und

- Einsatzbreite.

Die Problemorientierung beschreibt den unmittelbaren Problemlösungsgrad einer EC-Technologie für betriebswirtschaftliche Aufgabenstellungen. Mit dem Kriterium der Automations- und Prozeßunterstützung wird die Dynamik sowie die Prozeßunterstützung innerhalb von Arbeitsabläufen erfaßt. Unter Integrationsbeitrag ist die Bedeutung der EC-Technologie für die Geschäftsabwicklung zu verstehen. Die Nutzbarkeit für verschiedene Aufgabenstellungen wird mit der Einsatzbreite umschrieben und die ZBI-Bedeutung beinhaltet eine Abschätzung der zukünftigen Relevanz von EC-Technologien.

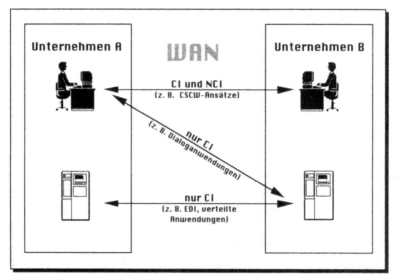

Abb. 4/7:   Alternativen zwischenbetrieblicher Kommunikation

4.2.1.1   E-Mail

E-Mail bildet die Funktionen der „Gelben Post" elektronisch nach [HANS92, 810]. Charakteristisch ist das Store-and-Forward-Prinzip, d. h. das Zwischenspeichern von Dokumenten und Daten in einem Mail-Server bis der Empfänger diese abholt. Eine zeitgleiche elektronische Präsenz ist nicht erforderlich, so daß die Daten problemlos über Zeitzonen hinweg oder bei Absenz des Adressaten versandt werden können. Neben diesen informationslogistischen Vorteilen ergeben sich Sicherheitsvorteile durch die zeitversetzte Kommunikation. Zwischen den Beteiligten wird keine direkte Verbindung für den Datenaustausch aufgebaut, d. h. weder Sender noch Empfänger müssen ihr Rechnersystem für einen Zugriff von außen öffnen. Der Sender schickt die Nachricht an einen Mail-Server und der Empfänger muß diese aktiv abrufen.

E-Mail ist universell für den Datentransport sowohl inner- als auch zwischenbetrieblich nutzbar, besitzt jedoch keine unmittelbare Problemorientierung. Dies gilt für den interpersonalen Austausch unstrukturierter Texte-Memos (Mensch-Mensch) ebenso wie für EDI-Nachrichten (Maschine-Maschine) oder beliebige binäre Dateien (z. B. Programme, Grafiken). E-Mail kommt sowohl unternehmensintern (zentrales Workflow-Element) als auch zwischenbetrieblich (EDI-Nachrichtenaustausch) eine hohe prozeßunterstützende Bedeutung zu. Während der direkte Integrationsbeitrag als gering einzustufen ist, zeichnet sich E-Mail durch seine hohe Einsatzbreite aus. E-Mail entwickelt sich zunehmend zu einer Basistechnologie der ZBI.

4.2.1.2   Direct Data Link

Das aus der Automobilbranche kommende Konzept umgeht das Problem bilateraler Schnittstellenvereinbarungen (z. B. Datenaustauschformate) durch den direkten Zugang des Partners zu dem unternehmensinternen Anwendungssystem [HÜBN93, 23]. Mittels einer Terminalanbindung oder einer speziellen Zugangs-SW wird es dem Partner oder räumlich entfernten Unternehmensbereich gestattet, im Rahmen einer Mensch-Maschine-Kommunikation lesend und/oder schreibend auf Teilbereiche des betriebswirtschaftlichen Anwendungssystems zuzugreifen und Funktionen zu nutzen. Zu nennen sind Funktionen wie Anfragen (Bestands-, Bedarfssituation des Herstellers, Lieferfähigkeit) oder Transaktionserfassung (z. B. Bestellungen).

Einsatzbereiche finden sich bei Händler-/Werkstattorganisationen (z. B. Angabe genauer Liefertermine beim Neuwagenkauf oder Ersatzteilbeschaffung) und bei Lieferanten, die monokundenorientiert sind. Derartige proprietäre Lösungen basieren auf Abhängigkeitsverhältnissen und sind aufgrund fehlender Standardisierung nicht auf breiter Ebene einsetzbar.

Sowohl die Problemorientierung von Direct Data Link als auch die Prozeßunterstützung und der Integrationsbeitrag sind aufgrund der direkten Interaktion des Partners mit dem internen Anwendungssystem sehr hoch. Als gering ist hingegen die Einsatzbreite der proprietären und speziell auf die definierten Aufgabenstellungen ausgelegten Lösungen einzustufen.

Aufgrund der zunehmenden Durchsetzung von Datenaustauschformat-, Schnittstellen- und Kommunikationsstandards ist in der Zukunft eine Abnahme der Bedeutung von proprietären Direct Data Link-Lösungen zu erwarten.

4.2.1.3 EDI

Bei EDI werden elektronische Geschäftsdokumente in Form von EDI-Nachrichten direkt zwischen den Anwendungssystemen (Maschine-Maschine) der beteiligten Unternehmen ausgetauscht. Die übermittelten Informationen sind entsprechend nationaler oder internationaler Datenaustauschformate strukturiert und entsprechen inhaltlich weitgehend den klassischen Papierdokumenten.

EDI ist für die standardisierte, informatorische Integration einer beliebigen Anzahl von Partnern und unterschiedlichster Geschäftsvorfälle ausgelegt. Für die Ausgestaltung von EDI-Lösungen bzw. Austauschszenarien bestehen große Freiheitsgrade in der Auswahl von Nachrichtentypen und deren Behandlung innerhalb der zwischenbetrieblichen Geschäftsabwicklung. Technologische Voraussetzungen sind neben EDI-Systemen geeignete EDI-Schnittstellen bei den Anwendungssystemen. EDI besitzt bereits heute aufgrund seiner hohen Problemorientierung eine vergleichsweise hohe Bedeutung in der Praxis.

Bei entsprechender informationslogistischer Gestaltung von Kommunikation und Integration läßt sich eine hohe Prozeßunterstützung erreichen. Sowohl der Integrationsbeitrag als auch die Einsatzbreite lassen sich trotz umfangreicher Standardisierungen individuell flexibel gestalten. Die Flexibilität, der Grad der Standardisierung und das zunehmende Angebot an „Schnittstellen" zwischen SAS und EDI-Systemen können als sichere Indizien für eine stark wachsende Bedeutung im Rahmen der ZBI gewertet werden.

4.2.1.4 World Wide Web

Das World Wide Web (WWW) ist ein Internet-Dienst zur grafischen bzw. multimedialen Präsentation von Daten (Mensch-Maschine) und stellt die zur Zeit komfortabelste Art der Ressourcenerschließung im Internet dar. Verschiedene WWW-Server lassen sich mittels „Hyperlinks" für den Anwender transparent verknüpfen und die Informationen mit Hilfe spezieller Front-Ends („Browser") ansprechend aufbereitet abrufen. [BLEU95, 21-22]. Das WWW ist ein dialogorientierter Internet-Dienst und eignet sich somit für die Realisierung von Transaktionssystemen.

Im Rahmen der bestehenden Internet-Euphorie wird das WWW als zukunftsweisende Methode zur Informationspräsentation (z. B. Online-Marketing) und als komfortable, kostengünstige sowie weltweit verfügbare Technologie zum Aufbau von Transaktionssystemen (z. B. Elektronische Märkte, Bestellsysteme) gefeiert. Beispielsweise hat der SAS-Anbieter SAP eine WWW-Schnittstelle für das R/3-System bis Ende 1996 angekündigt, welche den Zugriff über das Internet erlaubt [SAP96, 1-6].

Bislang stehen Sicherheitsrisiken, geringer Datendurchsatz und fehlende Entwicklungswerkzeuge bzw. Schnittstellen zu Datenbanken und Anwendungssystemen einer schnellen Nutzung im Sinne von EC entgegen.

Die Problemorientierung ist aufgrund der individuellen Lösungen hoch, wird jedoch durch die bestehenden technischen Restriktionen eingeschränkt. Sowohl die Prozeßunterstützung als auch der Integrationsbeitrag sind von der jeweiligen Realisierung des Lösungsansatzes abhängig, können jedoch zur Zeit aufgrund der geringen Anzahl an Lösungen, fehlender Schnittstellen und Entwicklungstools noch als gering angenommen werden. Die potentielle Einsatzbreite ist generell hoch einzuschätzen. In der Zukunft wird das WWW für die Mensch-Maschine-Kommunikation deutlich an Bedeutung gewinnen. Aufgrund des konzeptionellen Ansatzes ist das WWW nicht für die Maschine-Maschine-Kommunikation geeignet.

4.2.1.5 Klassifikation

Die Integrationsformen des EC basieren auf einer Kommunikationsinfrastruktur bestehend aus TK-Netzen und -Diensten. Während beim WWW das TCP/IP-Protokoll Voraussetzung ist, können beispielsweise bei Direct Data Link und EDI entsprechend den individuellen Anforderungen unterschiedliche TK-Netze und TK-Dienste alternativ zum Einsatz gebracht werden. Mit der zunehmenden Verbreitung von Standards für den Datentransfer (z. B. Euro-ISDN, X.400, OFTP) sowie für Schnittstellen (z. B. CAPI, SQL) und Austauschformate (z. B. EDIFACT, ANSI X12) sinkt der Realisierungsaufwand für EC. Tabelle 4/4 zeigt eine nutzungsorientierte Klassifikation verschiedener EC-Instrumente.

Tab. 4/4:   Nutzungsorientierte Klassifikation verschiedener Instrumente des Electronic Commerce

Kriterien EC-Ausprägung	Kommunikationsform	Problemorientierung	Prozeßunterstützung	Integrationsbeitrag	Einsatzbreite	Bedeutung
E-Mail	CI/NCI Mensch-Mensch Mensch-Maschine	gering	hoch	gering	hoch	steigend
Direct Data Link	CI Mensch-Maschine	sehr hoch	hoch	einseitig sehr hoch	gering	abnehmend
EDI	CI Maschine-Maschine	sehr hoch	hoch	sehr hoch	sehr hoch	steigend
WWW	CI/NCI Mensch-Maschine	mittel	gering	gering	hoch	steigend

4.2.2   Infrastruktur

Um zwischen den Kommunikationspartnern Daten elektronisch austauschen zu können, müssen beide einen Zugang zu einem TK-Netz, d. h. einem physikalischen Kommunikationsmedium besitzen und sich auf TK-Dienste (Protokolle) geeinigt haben, die den Austauschprozeß steuern und das zugrundeliegende Netz verwalten. Diese technisch und organisatorisch abgestimmten logischen Kommunikationskanäle bilden eine wesentliche Voraussetzung für den elektronischen Datenaustausch. Sowohl in der Literatur als auch in der Praxis erfolgt häufig keine oder nur eine diffuse Differenzierung zwischen Netzen und Diensten. Für das Verständnis und die Konzeption einer geeigneten TK-Infrastruktur für Problemstellungen der ZBI ist eine eindeutige Abgrenzung erforderlich. Die TK-Dienste werden vor diesem Hintergrund nochmals in Basis-Dienste und höhere, problemorientierte Dienste unterschieden.

Unter einem **Kommunikationskanal** sollen im folgendem alle Komponenten, Netze und Dienstleistungen verstanden werden, welche spezifische Funktionen und Leistungsmerkmale zur koordinierten Übermittlung von Daten zwischen den Kommunikationspartnern bereitstellen [SCHM92a, 100-101]. Hierbei ist es nicht zwingend erforderlich, daß die Partner die gleichen TK-Dienste und TK-Netze nutzen, sofern eine für den Anwender transparente Umsetzung auf dem TK-Netz durch den TK-Anbieter oder einen MWD-Anbieter erfolgt.

Diese Voraussetzungen (Netze, Dienste) gelten gleichermaßen bei der Kommunikation innerhalb eines LANs (Local Area Network) und zwischenbetrieblich in einem WAN (Wide Area Network). Insbesondere bei großen Unternehmen kommuniziert das DV-System, auf welchem sich die betriebswirtschaftliche Anwendung (Applikations-Server) befindet, über ein LAN mit einem Kommunikations-Server. Dieser tauscht über definierte Kommunikationskanäle die Daten mit dem Kommunikations-Server des Partners aus.

4.2.2.1   Netze

TK-Netze bestehen aus Übertragungsmedien (z. B. Kupferkabel) und den Vermittlungseinrichtungen des Betreibers (Provider). Mittels lokaler Übertragungseinrichtungen (z. B. ISDN-Karte, Modem) erhalten die Rechnersysteme der Kommunikationspartner den erforderlichen Netzzugang [SCHM94, 109-110]. TK-Netze können sowohl terrestrisch, wie bei Kupfer- oder Glasfaserkabel, sein als auch auf nicht terrestrische Medien, wie Satelliten- oder Funkverbindungen, basieren. Grundsätzlich können auf einem TK-Netz ein oder mehrere verschiedene Dienste (Protokolle) zum Einsatz gebracht werden.

Für den Anwender erweisen sich unterschiedliche TK-Netze als transparent, d. h. er bezieht bei einem TK-Anbieter eine Kommunikationsdienstleistung, die durch die Wahl definierter TK-Dienste (z. B. X.25 mit 64kBit/s) in ihrer Leistung eindeutig spezifiziert ist. Welche Netze letztendlich für die Erbringung dieser Dienstleistung genutzt werden und ob der TK-Anbieter diese wiederum von anderen Netzbetreibern bezogen hat, ist für den Anwender irrelevant.

4.2.2.2 Dienste

Zur Nutzung der Netze sind TK-Dienste in Form von TK-Protokollen mit exakt definierten Eigenschaften (z. B. Geschwindigkeit, analoge oder digitale Kommunikation, Fehlerkorrektur, Wegefindung, Mindestdienstgüte) erforderlich, die den Datentransport steuern.

Das bekannte ISO-OSI-Referenzmodell stellt ein abstraktes, theoretisches Modell dar, in welchem in sieben Schichten Funktionen, die für den Datenaustausch zwischen den Anwendungssystemen erforderlich sind, hierarchisch dargestellt werden. 1984 wurde ein erster Entwurf unter der CCITT-Norm X.200 und der ISO-Norm 7498 veröffentlicht. Proprietäre Lösungen wurden hierbei hinsichtlich immer erforderlicher, gemeinsamer Funktionen analysiert und durch eine schrittweise Analyse in logische Gruppen (7 Schichten) zusammengefaßt [PLAT93, 31-43; THOM90, C5.2 20-22].

Die Schichten 1 bis 3 sind transportorientiert und setzen sich mit dem Zugriff auf das Kommunikationsmedium, der Datenflußsteuerung und der Wegewahl im Netz auseinander. Schicht 4 nimmt die Qualitätssicherung der Übertragungsdienste (z. B. Sicherung der Datenübertragung und Optimierung der Netznutzung) wahr. Die Schichten 5 bis 7 sind datenorientiert, d. h. sie übernehmen die Kommunikationsprozeßsteuerung und stellen Dienste für die kommunizierende Anwendung bereit.

„Basis-Dienste", wie ISDN oder X.25, decken die transportorientierten Schichten 1 bis 3 des ISO-OSI-Modelles oder definierte Untermengen ab. Sie sind nicht mit den anwendungsorientierten **„höheren"** bzw. **„problemorientierten Diensten"**, wie Filetransfer, X.400 oder ODETTE-Filetransfer (OFTP), zu verwechseln, mit deren Hilfe die Kommunikationspartner den Austauschprozeß steuern. Entsprechend dem OSI-Modell sind höhere Dienste in den Schichten 4 bis 7 anzusiedeln und bauen auf den Basis-Diensten auf. Die Realisierung problemorientierter Dienste erfolgt in der Regel durch eine spezielle Kommunikations-SW (z. B. OFTP) auf den kommunizierenden Rechnersystemen sowie teilweise durch MWD (z. B. X.400). Zur Realisierung von Kommunikationskanälen sind immer beide Dienstekategorien erforderlich.

Folgende Aspekte sind für die Konzeption von problemspezifischen Kommunikationskanälen zu berücksichtigen.

- Kosten/Tarifstruktur [DEUT94b, 62-65; SCHU96],
- Erreichbarkeit/Verbreitung,
- Laufzeit der Daten,
- Sicherheit (z. B. Übertragungssicherheit, Schutz gegen unerlaubten Zugriff)
- bestehende DV-Infrastruktur,

- Standardisierung der Dienste und Schnittstellen (z. B. ITU- oder ISO-Norm, CAPI- oder APPLICOM-Schnittstelle),

- Kompatibilität zwischen Basis- und problemorientierten Diensten (z. B. OFTP nur für ISDN und X.25 verfügbar),

- Anforderungen des Partners (z. B. spezielle TK-Dienste) und

- Verbreitung innerhalb der Branche (z. B. OFTP in der Automobilbranche).

4.2.2.3 Internet und Information Highway

1993 wurde von der US-amerikanischen Regierung in einem Report mit dem Titel „The National Information Infrastructure (NII): Agenda for Action" die Vision einer nationalen TK-Infrastruktur festgeschrieben [KORT95, 26]. Unter den Schlagwörtern wie „Information Superhighway" oder „Datenautobahn" wird dieser Ansatz zunehmend auch außerhalb der USA diskutiert und kündigt den Übergang zu einer global vernetzten TK-Gesellschaft (Global Electronic Villages, Virtual Communities, Electronic Commerce) an. Als infrastrukturelle Grundlage einer „elektronischen Revolution" in allen Wirtschaftsbereichen [HERG96, C431.3] rückt das Internet in den Mittelpunkt des Interesses.

Internet

Der Vision einer weltweit verfügbaren und technologisch akzeptierten Netzinfrastruktur für den Datenaustausch kommt zur Zeit das Internet am nächsten. Grund hierfür ist dessen historische Entwicklung als nahezu weltweit verfügbares, nichtkommerzielles und dezentral organisiertes Forschungsnetz. Das Internet präsentiert sich heute als Verbindung von mehr als 40.000 Teilnetzen, die von verschiedenen Organisationen betrieben werden und in ihrer Leistungsfähigkeit stark differieren [FROH96, 7/9.3 7-8]. Mittels kommerzieller Internet-Provider erfolgt der Zugang (POP, Point of Presence) auf Basis des TCP/IP-Protokollstacks, einer Sammlung verschiedener Protokolle (z. B. TCP, UDP, IP, ICMP) [KARL93, 252].

Nachteilig ist, daß weder der Datendurchsatz bzw. die Übertragungsgeschwindigkeit noch die Verbindungsgüte für die Kommunikationspartner vorhersagbar sind. Die Ursache findet sich vorwiegend im Routing, d. h. der dynamischen Wegewahl über verschiedene Netze und Gateways mit unterschiedlichen Leistungsmerkmalen.

Die Ursprünge des Internet finden sich 1969, als das amerikanische Verteidigungsministerium ein dezentral organisiertes und damit ausfallsicheres Computernetz (ARPANET, Advanced Research Projects Agency-Net) konstruierte, welches vier zentrale Rechnersysteme des Landes miteinander verband. 1972 wurde es der Öffentlichkeit präsentiert und auch für andere Forschungsinstitutionen und Hochschulen geöffnet. Ende der 80er Jahre weitete sich die Nutzung zunehmend auf den privaten und kommerziellen Bereich aus

[KORT95, 35]. Da sich TCP/IP auch als verbreitetes Netzwerkprotokoll für LAN durchgesetzt hat, reduziert sich der Aufwand für eine Internet-Kommunikation erheblich.

Die Gründe für die Popularität des Internet finden sich vorwiegend in der Weiterentwicklung der ursprünglich sehr unkomfortablen, kommandozeilenorientierten Nutzung der angebotenen Netzdienste. Anfang der 90er Jahre wurden komfortable grafische Tools entwickelt, wodurch auch dem sporadischen Nutzer das Internet zugänglich wurde. Die klassischen Internet-Dienste, wie E-Mail oder FTP (File Transfer Protocol), wurden um neue Dienste erweitert, die das Navigieren sowie die gezielte Informationsbeschaffung extrem erleichterten. Neben den innovativen Kommunikations-, Such- und Indexmechanismen (z. B. ARCHIE, WAIS) ist der Internet-Dienst „World Wide Web" (WWW) wesentlich für den gegenwärtigen Internet-Boom verantwortlich. Das WWW ähnelt einem logischen Netzwerk, bestehend aus WWW-Servern, die über das Kommunikationsnetz „Internet" miteinander verbunden sind. Die WWW-Server lassen sich über Hyperlinks miteinander verbinden und erlauben es, räumlich verteilte Informationen dem Anwender transparent und multimedial zur Verfügung zu stellen. Der Anwender benötigt für den Informationsabruf neben einem Internet-Zugang einen WWW-Browser (z. B. Navigator von NETSCAPE), der lokal zu installieren ist und mit dem er beliebige WWW-Angebote abrufen kann. Zunehmend nutzen Unternehmen das WWW, um sich im Internet zu präsentieren, (Produkt-) Informationen anzubieten oder auch als neuen Vertriebskanal (z. B. Virtual Stores, Elektronische Märkte) [HANS96, 117-145].

Unterstützung erfährt die Internet-Euphorie durch Aussagen, daß der Umsatz im Internet bereits 1994 bei ca. 60 Mio. US-Dollar und 1995 bei ca. 200 Mio. US-Dollar lag. Für das Jahr 2000 wird ein weiterer Anstieg auf weltweit 70 bis 200 Mrd. US-Dollar erwartet [SAP96, 1]. Andere Prognosen für das Internet gehen für das Jahr 2000 von einem Umsatz an Waren und Dienstleistungen im Wert von mehr als 600 Mrd. US-Dollar aus, was ca 8% des erwarteten, globalen Service- und Güterumsatzes entspricht [KULZ95, 17]. Als problematisch erweisen sich bislang noch Fragen des Urheberschutzes, der Haftung, des Vertragsabschlusses und der Zahlungsabwicklung im Internet (vgl. ausführlich [HANC96, 59-276]).

Generell lassen sich folgende Bereiche der kommerziellen Nutzung des Internet unterscheiden:

- Internet als Informations- und Kommunikationsinfrastruktur (Telefonieren, Video Conferencing, EDI, Basis des Information Highways),

- Internet als weltweite Informationsquelle (z. B. Verlage, kommerzielle Datenbanken, Bibliotheken) und

- Internet als Instrument für Marketing und Vertrieb (Produkt- und Unternehmensinformationen, Electronic Shopping, Beratung, Support).

Das bestehende Internet-Angebot ist stark vom WWW-Dienst geprägt. „Freaks" nutzen den freizügigen Zugang, um kreativ die Möglichkeiten und Grenzen dieser neuen Technologie mit ihrem mehr oder minder ernsthaften Informationsangebot zu ergründen. Demgegenüber nutzen Unternehmen das WWW zur Selbstdarstellung und beginnen neue Marketing- und Vertriebsformen zu realisieren. Unterstützt wird dieser Trend durch Technologiekonzerne, wie SUN oder DEC, die mit Entwicklungstools und neuen Technologien (z. B. Java, Hyper-G, Alta Vista) im Internet einen noch unerschlossenen Markt mit enormen Wachstumschancen sehen.

Information Highway

Der Information Highway steht für die Vision, eine leistungsfähige, globale TK-Infrastruktur bereitzustellen, mit deren Hilfe sich jegliche Art der privaten und kommerziellen Kommunikation unterstützen läßt. Bislang bietet ausschließlich das Internet als Netzinfrastruktur die hierzu erforderliche, globale Abdeckung und Flexibilität der TK-Dienste (z. B. E-Mail, WWW, FTP). Eine allgemeine Beurteilung der Tragfähigkeit dieses Ansatzes ist nicht möglich und muß für jede spezifische Aufgabenstellung (z. B. EDI, Online-Marketing, Elektronische Märkte) individuell vorgenommen werden.

Gegen eine Nutzung des Internet-basierenden Information Highways für Aufgaben der Business-to-Business-Kommunikation im Rahmen der ZBI sowie für alle anderen Formen des Electronic Commerce sprechen bislang insbesondere die technischen Aspekte

• Übertragungsbandbreite und

• Sicherheit.

Die bestehenden **Übertragungsbandbreiten** im Internet sind historisch bedingt weder für die permanent steigende Anzahl an Nutzern noch für die multimediale „Datenflut" ausgelegt. Wartezeiten, Verbindungsabbrüche und teilweise katastrophale Datendurchsatzraten von unter 1 Kbit/s für den einzelnen Nutzer sind die Folge. Technologisch läßt sich dieses Problem durch die Fast Packet Switching-Technologie (z. B. ATM, Asynchronous Transfer Mode) lösen. Erforderlich wäre hierzu ein flächendeckendes Internet-Backbone basierend auf ATM (ISO-OSI Schichten 1 und 2) [SCHM92b, 43], welches die Grundlage für TCP/IP (ISO-OSI Schichten 3 bis 5) bilden könnte. Mit Übertragungsgeschwindigkeiten von 155 bzw. 622 Mbit/s [GEIH92, 72] zeichnet sich ATM als weltweiter Standard für Breitbandnetze (z. B. B-ISDN der Telekom) ab [STIE92, 111; FROH96, 7/9.3 5-6].

Bislang steht jedoch ATM weder in Deutschland noch in anderen Ländern flächendeckend zur Verfügung. Ebensowenig ist zu erwarten, daß alle Netzbetreiber umgehend auf diese neue und teure Technologie wechseln. So verfügt beispielsweise die Deutsche Telekom AG mit 122.000 km verlegter Glasfaserkabel über eine im internationalen Vergleich außergewöhnlich gute infrastrukturelle Basis [BERK96, 56]. Dennoch nahm sie erst Anfang 1996 den Testbetrieb mit 14 ATM-Knoten auf, die über 155 Mbit/s-Standleitungen ver-

bunden sind [GRUB95, 36]. Im betrieblichen Umfeld werden derartige Übertragungsbandbreiten für Multimedia-Anwendungen, wie Telearbeit, Telemedizin und Teleteaching
[HERB92, 65-66], sowie für ZBI-Lösungen (z. B. technischer Datenaustausch) innerhalb
geschlossener Benutzergruppen (z. B. Corporate Networks) diskutiert.

Um Geschäftstransaktionen (z. B. Bestellabwicklung, Zahlungsverkehr) elektronisch vornehmen zu können, muß sowohl eine korrekte und zeitgerechte Übertragung der Daten als
auch deren inhaltliche Sicherheit garantiert werden [SHIH96].

Ein großer Teil des Datenaustausches zwischen Kommunikationspartnern im Internet erfolgt auf Basis von E-Mail entsprechend dem Simple Mail Transfer Protocol (SMTP), wobei Dateien als Anhang („Attachments") versendet werden. SMTP (RFC 821) erlaubt nur
den Austausch von Textnachrichten im 7-Bit-ASCII-Code (RFC 822), d. h. Sonderzeichen
sowie jede Form von binären Dateien (z. B. Programme, Grafiken, Ton) werden „verstüm-
melt" [BARR96, 207-208]. Dieser Mangel wird durch den MIME-Standard (Multipurpose
Internet Mail Extention), einer Erweiterung des lokalen E-Mail-Clients, behoben. MIME
erlaubt mittels Codierung (z. B. BASE64, quoted-printable) und Typisierung der Inhalte (z.
B. EDI, Text, Grafik), die konsistente Übertragung von Informationen [BARR96, 215-
216]. Alternativ kommt bei größeren Datenmengen ein Point-to-Point Filetransfer (FTP)
direkt zwischen den Partnern zum Einsatz (vgl. Abschnitt 4.2.3.1).

Die **Sicherheit**, d. h. der Schutz vor Ausspähung oder Manipulation (vgl. Abschnitt 4.2.5)
ist eine der zentralen Forderung in der aktuellen Diskussion um den SMTP-basierenden
Geschäftsdatenaustausch im Internet. Zur Zeit erfolgt die Kommunikation oft im Klartext,
d. h. die Daten (z. B. Paßwörter, Kreditkartennummern) werden unverschlüsselt über eine
Vielzahl von Vermittlungsrechnern (Gateways) übermittelt. Zahlreiche Verfahren zur
Steigerung der Sicherheit im Internet befinden sich in der Entwicklung, ohne daß sich bislang ein Standard abzeichnet.

In EDI-Internet-Diskussionsforen, wie IETF-EDIINT und EDI-L, werden Möglichkeiten
und Gefahren des Geschäftsdatenaustausches über das Internet diskutiert. Zu nennen sind
insbesondere folgende Ansätze zur Verschlüsselung und Authentifizierung:

- Message Security Protocol (MSP),
- MIME Object Security Service (MOSS),
- PGP/MIME (Pretty Good Privacy/MIME Integration) und
- Secure MIME (S/MIME).

Sicherheitsprotokolle lassen sich generell unterscheiden in Protokolle, die auf der Netz-
werkebene, auf Ebene von Internet-Diensten oder bei Anwendungen ansetzen. Für erstge-
nannte sind SSL (Secure Socket Layer) und PCT (Private Communication Technology)
Beispiele für Sicherheitsprotokolle. Hierbei wird jegliche Form des Datenaustausches unabhängig des genutzten Internet-Dienstes durch Verschlüsselung gesichert. Auf Ebene von
Internet-Diensten sind für WWW-Anwendungen beispielsweise das S-HTTP (Secure

Hypertext Transport Protocol) oder für E-Mail PGP (Pretty Good Privacy) in der Diskussion ohne daß sich bislang ein Standard herausgebildet hätte [PEUS96, 97-99].

Durch die dezentrale Netzorganisation besteht keine Möglichkeit, die im Netz befindlichen Daten und Verbindungen angemessen zu überwachen. Der Vorteil der Netzoffenheit, d. h. jeder am Internet angeschlossene Rechner ist weltweit erreichbar, birgt Risiken des unerlaubten Zugriffs und des Computervirenbefalls. Am Internet angeschlossene Unternehmen versuchen sich durch sogenannte „Firewalls" gegen Gefahren von außen zu schützen. Diese dedizierten Rechnersysteme nehmen eine Brücken- bzw. Filterfunktion („Proxies") zwischen den unternehmensinternen Rechnersystemen und dem Internet wahr [BAUE94, 67]. Mittels Firewalls läßt sich der Datenaustausch auf Daten-, Netzadreß- und Internet-Dienstbasis kontrollieren. So lassen sich beispielsweise bestimmte Internet-Dienste wie SMTP (E-Mail) oder HTTP (WWW) sperren oder auf Rechnersysteme mit einer bestimmten IP-Adresse beschränken [HANS96, 152-156].

4.2.3   Basis- und problemorientierte TK-Dienste

Bei der informationslogistischen Grundgestaltung des zwischenbetrieblichen Datenaustausches kann zwischen folgenden Alternativen unterschieden werden:

- Point-to-Point-Verbindungen und
- Store-and-Forward-Verbindungen.

Für beide Gestaltungsformen existieren im Umfeld der ZBI sowohl basis- als auch problemorientierte Dienste, mit denen sich EDI-Lösungen realisieren lassen.

4.2.3.1   Point-to-Point-Verbindungen

Sender und Empfänger kommunizieren direkt miteinander, d. h. sowohl Sender- als auch Empfängersystem müssen zum selben Zeitpunkt übertragungsbereit sein und die gleichen TK-Dienste nutzen. Exakte Absprachen zwischen den Kommunikationspartnern sind eine zwingende Voraussetzung. Alternativ zur Vereinbarung exakter „Zeitfenster" für den Datenaustausch bietet sich noch die Möglichkeit einer dauerhaften Empfangsbereitschaft. Insbesondere KMUs scheuen diese Alternative aus Furcht vor einem unberechtigten und kriminellen Eindringen in die internen DV-Systeme (Hacker) sowie vor der dauerhaften Belastung von Rechnerressourcen (Kommunikationsrechner). In der Automobilindustrie wurden in der Vergangenheit aufgrund zeitlicher Anforderungen ausdrücklich Point-to-Point-Verbindungen gefordert [DEUT94b, 60] und durch die stark hierarchisierte Branchenstruktur auch durchgesetzt.

Folgende Basis-Dienste haben sich als transportorientierte TK-Infrastruktur für den zwischenbetrieblichen Datenaustausch etabliert:

- ISDN und Euro-ISDN,

- X.25 (Datex-P),

- analoges Fernsprechnetz (per Modem),

- Direktrufnetz (nur für Großunternehmen relevant) und

- Mobilkommunikation.

Es zeigt sich, daß ISDN aufgrund des günstigen Preis/Leistungs-Verhältnisses eine zentrale Bedeutung in der Zukunft einnehmen wird. Demgegenüber verlieren die klassischen Basis-Dienste, wie X.25 (teuer, hohe Grundgebühren) und das analoge Fernsprechnetz (langsam, Analogtechnik), an Bedeutung.

Mit einem starken Wachstum der Mobilkommunikation ist in den Nischenmärkten der Transportlogistik (z. B. Speditionen, Logistikdienstleister) sowie im Vertriebsaußendienst zu rechnen. Zu nennen sind der Basis-Dienst MODACOM (Mobile Data Communication), ein X.25-kompatibler Daten-Funkdienst, und die preislich sowie technisch immer attraktiver werdenden D- bzw. E-Netze. Eine Charakterisierung verschiedener Basis-Dienste wird in Tabelle 4/5 vorgenommen.

Tab. 4/5:   Charakterisierung verschiedener Basis-Dienste

Basis-Dienste / Charakteristika	anal. Fernsprechnetz	Euro-ISDN	X.25/ Datex-P	Direktrufnetz	Mobilfunk (Modacom)
Netzart	analog (leitungsvermittelnd)	digital (leitungsvermittelnd)	digital (paketvermittelnd)	digital (leitungsvermittelnd)	digital (paketvermittelnd)
maximale Übertragungsrate	28,8 Kbit/s (abh. von Leitungsgüte und Übertragungsprotokollen)	2*64Kbit/s (Basisanschluß) 1,92 Mbit/s (Primärmultiplexanschluß)	2 Mbit/s	2 Mbit/s	9,6 Kbit/s
Grundgebühr	fest	fest	geschwindigkeitsabhängig	geschwindigkeitsabhängig	fest
Verbindungsgebühren	Dauer, Entfernung, Tag/Uhrzeit	Dauer, Entfernung, Tag/Uhrzeit	Tag/Uhrzeit, Volumen, Geschwindigkeit	Dauer, Entfernung, Geschwindigkeit	Volumen
Verbreitung	weltweit (fehleranfällig)	europaweit	weltweit	weltweit (internationale Mietleitungen)	national
erwartete Relevanz	mittelfristig abnehmend	stark steigend	langfristig abnehmend	abnehmend	stark steigend

Bei den problemorientierten Diensten zur Steuerung von direkten Kommunikationsprozessen haben sich folgende Filetransfer-Protokolle für die ZBI herausgebildet:

- FTAM (File Transfer, Access and Management) und

- ODETTE-Filetransfer Protocol (OFTP).

Der Funktionsumfang des **FTAM-Protokolls** (ISO-Norm 8571) geht weit über den reinen
Filetransfer hinaus. FTAM erlaubt, Dateien auf einem entfernten DV-System zu lesen, zu
schreiben und zu verwalten [PLAT93, 39; HANS93, 233]. So können beispielsweise bei
Bedarf Verzeichnisse auf dem Empfängersystem angelegt oder gelöscht werden. Ein zentrales Leistungsmerkmal ist, daß sich die File-Systeme verschiedenster Betriebssysteme
homogen darstellen und verwalten lassen (Virtual File Store).

In den verfügbaren FTAM-Lösungen sind aufgrund des Funktionsumfangs nur Unter-
mengen der Norm implementiert, wodurch Inkompatibilitäten unvermeidlich sind. In der
Praxis besitzt FTAM, sieht man von Banken und Versicherungen ab, keine nennenswerte
Bedeutung. Die zukünftige Bedeutung von FTAM ist nur schwer abschätzbar, da verbrei-
tete Protokolle zunehmend mit Sicherheitsmechanismen ausgestattet werden. Vor- und
Nachteile des FTAM-Einsatzes werden in Tabelle 4/6 gegenübergestellt.

Tab. 4/6:   Vor- und Nachteile des FTAM-Einsatzes

Vorteile des FTAM-Einsatzes	Nachteile des FTAM-Einsatzes
• unbeschränkte Dateigröße • Client/Server-Konzept (Initiator, Responder) • Verwaltungsfunktionen beim Partnersystem • hohe Flexibilität (Dateien können sowohl ein-gestellt als auch abgeholt werden)	• keine Datentypisierung als EDI-, Grafik- oder Binärdaten • in den verfügbaren FTAM-Lösungen sind nur Untermengen der Norm implementiert (Gefahr von Inkompatibilitäten) • vergleichsweise geringe Verbreitung in der Praxis

OFTP (VDA-Empfehlung 4914/2) wurde speziell für die Anforderungen des EDI-Daten-
austausches in der europäischen Automobilindustrie entwickelt und 1986 veröffentlicht.
Unterstützt werden bislang die TK-Dienste X.25 (Datex-P) und ISDN. Berücksichtigung
finden auch die besonderen Sicherheitsanforderungen des elektronischen Geschäftsdatenaustausches, wie beispielsweise Partnerauthentifizierung oder Empfangsbestätigung
[HANS93, 232-233].

Zunehmend findet OFTP auch bei der Übertragung von technischen Daten (CAD) Anwendung. Das Protokoll besitzt eine starke Verbreitung in der europäischen Automobilindustrie, wird aber zunehmend auch in anderen Branchen empfohlen. 1994 wurde in
Deutschland von ca. 700 OFTP-Anwendern ausgegangen [DEUT94b, 66]. Tabelle 4/7
stellt Vor- und Nachteile des OFTP-Einsatzes gegenüber.

Tab. 4/7:   Vor- und Nachteile des OFTP-Einsatzes

Vorteile des OFTP-Einsatzes	Nachteile des OFTP-Einsatzes
• Entwicklung aus der Praxis	• bislang werden nur ISDN und X.25 unterstützt
• Identitäts- und Paßwortabfragen	• kein internationaler Standard
• End-to-End-Control (Empfangsbestätigung)	• bislang fast nur in der Automobilindustrie verbreitet
• Multisession-Fähigkeit (Übertragung mehrerer Dateien; Senderichtungsumkehr innerhalb einer Verbindung)	
• keine Dateigrößenlimitierung	
• Wiederaufsetzen der Übertragung bei Verbindungsabbruch	

4.2.3.2   Store-and-Forward-Systeme

Store-and-Forward-Systeme, vielfach auch als Mailbox-, Mitteilungs- oder Message Handling Systeme (MHS) bezeichnet, sind den höheren TK-Diensten zuzurechnen. Das Prinzip ähnelt stark dem des bewährten Briefdienstes [JONA92, 192]. Die zu übertragenden Daten werden von einem MWD-Anbieter zwischengespeichert (Mail-Center), bis der Empfänger sie abruft (zeitversetztes Senden und Empfangen). Da MWD-Anbieter in der Regel eine Vielzahl unterschiedlichster TK-Dienste unterstützen, sind diesbezügliche Absprachen zwischen den Kommunikationspartnern nicht erforderlich. Die übertragenen Daten können hierbei unstrukturierte E-Mails (z. B. Memos) für die Mensch-Mensch-Kommunikation sein, aber auch strukturierte Daten (z. B. EDI-Nachrichten). Store-and-Forward-Systeme arbeiten konzeptionell wie klassische Briefpostzentren. Die zu versendenden Daten („Body") werden von einem elektronischen Kuvert („Envelope") umgeben. Der Envelope enthält Steuerdaten wie Sender, Empfänger und gegebenenfalls die Art der enthaltenen Daten (z. B. Text, EDIFACT-Nachricht, Grafik).

Die Kommunikation zwischen dem MWD-Anbieter und den Kommunikationspartnern erfolgt mittels Point-to-Point-Verbindungen, so daß den Kommunikationspartnern Kosten für den Zugang zu dem MWD sowie für die Inanspruchnahme der Store-and-Forward-Services entstehen. Eine Gegenüberstellung der verschiedenen Kommunikationsstrategien findet sich in Tabelle 4/8.

Basierend auf den ITU-Empfehlungen (International Telecommunication Union) spezifiziert die X.400-Norm von 1984 (ISO 10021) ein hersteller- und plattformunabhängiges Store-and-Forward-System. Die wesentlichen Bestandteile sind eine weltweit einheitliche Adressierung der Teilnehmer sowie ein normierter Nachrichtenaufbau mit über 90 optional nutzbaren Leistungsmerkmalen, wie Empfangsbestätigung, Blindkopien oder die Unterstützung unterschiedlicher Body-Typen [JONA92, 200-201]. Derartige Transportinformationen erlauben eine für den Anwender transparente Kommunikation, d. h. er benötigt weder Kenntnisse über die zum Einsatz kommenden Transportmedien noch über die Vermittlungstechnologie („Wegefindung").

Tab. 4/8:   Vor- und Nachteile der beiden Kommunikationsstrategien

Store-and-Forward	Point-to-Point
+ zeitversetztes Senden und Empfangen	+ sofortiger Empfang versandter Daten
+ unbeschränkte Erreichbarkeit (7 Tage pro Woche, 24 Stunden pro Tag)	+ Dialogverarbeitung
+ höhere Sicherheit (kein Zugriff von außen)	+ Bring- und Holschuld
+ meist internationaler Datenaustausch	+ unmittelbare Empfangsbestätigung
+ weitere Zusatzdienste des MWD-Anbieters (z. B. Clearing)	+ ausschließlich Kosten des TK-Dienstes
- zusätzliche Kosten	- Einigung der Kommunikationspartner auf TK-Dienste und -Protokolle erforderlich
- intransparente, nicht vergleichbare Tarifstrukturen der Anbieter	- exakte Absprache von Übertragungszeiten oder permanente Empfangsbereitschaft
- keine Dialogverbindungen mit dem Partner	- individuelle Realisierung von Zusatzdiensten (z. B. Clearing)
- Holschuld des Empfängers	- Inkompatibilität nationaler TK-Dienste bei internationalen Verbindungen

X.400-Systeme, auch als Message Handling Systeme (MHS) bezeichnet, bestehen aus verschiedenen Mail-Centern (MTA, Message Transfer Agent), in denen die Kommunikationsteilnehmer (UA, User Agent) ihre „Postfächer" besitzen [PLAT93; GORA91, 215-227]. Jeder User Agent besitzt eine weltweit eindeutige Adresse. E-Mails können auf diese Weise transparent für den Anwender über verschiedene MTAs, d. h. auch zwischen MWD-Anbietern, ohne Verlust von Steuerdaten weitergeleitet werden.

In den Bereichen Sicherheit (z. B. Verschlüsselung, Zeitstempel), Verteilerlisten und EDI-Zusatzfunktionen erfolgten 1988 und 1992 Erweiterungen der Norm. Eine dieser Erweiterungen ist die X.435-Norm zum Austausch von EDI-Nachrichten. Den besonderen Sicherheitsaspekten des elektronischen Datenaustausches wird durch zusätzliche Dienstelemente für die elektronische Unterschrift und den Content Integrity Check (CIC) Rechnung getragen [ZBOR93, 35-38]. X.435, häufig auch als „P-EDI" bezeichnet, ist eine EDI-spezifische Erweiterung der X.400-Norm. Definiert wird unter anderem ein eigener Body-Typ zur Identifikation der Daten als EDI-Nachricht. Weiterleitungsadressen, Anforderungen von Empfangsbestätigungen oder die Kennzeichnung bestimmter EDIFACT-Nachrichten sind weitere Kennzeichen. X.435 stellt ein sehr flexibles und leistungsfähiges Protokoll dar, welches die Anforderungen des elektronischen Geschäftsdatenaustausches (z. B. Sicherheit, Weiterverarbeitbarkeit) berücksichtigt.

Die technischen Details [JONA92, 199-200] werden in folgenden Protokollen beschrieben:

- P1 (Envelope mit Verwaltungs- und Adreßinformationen, Transferdienst),

- P2 (Unterstützung des P1-Protokolls für die Mensch-Mensch-Kommunikation, sowie verschiedene Body-Typen),
- IPM (Interpersonal Messaging, Bereitstellung der User Agents) und
- P$_{EDI}$/X.435 (Body-Typ „EDI", Sicherheitsmechanismen).

X.500 bis X.521 können als Ergänzungen zur X.400-Norm betrachtet werden. Sie enthalten Empfehlungen für einen genormten Directory Service, der neben einem Teilnehmerverzeichnis auch beliebige weitere Informationen, wie Unternehmens- und Produktinformationen, beinhalten kann [PLAT93, 279-309].

4.2.4 Mehrwertdienste

Eine eindeutige Definition des Begriffes „MWD" gestaltet sich schwierig. National operierende Service-Rechenzentren ohne eigenes Netz treten ebenso als MWD-Anbieter auf wie Betreiber weltumspannender TK-Netze. Ihnen allen ist ein über das klassische TK-Basis-Diensteangebot hinausgehendes Leistungsspektrum gemeinsam [STEI93, 27; HART91, 10].

Im einfachsten Fall sind dies TK-Dienste mit besonderen Leistungsmerkmalen, wie internationale Verfügbarkeit, Art der Gebührenabrechnung oder Netzmanagement (z. B. Corporate Networks). Ebenso können MWD auch Verteil- und Verarbeitungs-Services, wie Store-and-Forward- oder Clearing-Funktionen, beinhalten. Der Zugang zu MWD erfolgt auf Basis öffentlicher TK-Netze. Für den Anwender entstehen neben den Kosten für die genutzten MWD zusätzliche TK-Aufwendungen (vgl. Abbildung 4/8).

Die Attraktivität von MWD für den Aufbau von ZBI-Lösungen mit vielen Partnern resultiert aus der informationslogistischen Vermittlerfunktion („Informationsdrehscheibe") in Form von Clearing-Funktionen und Netzmanagement. Jeder Kommunikationsteilnehmer nutzt die für ihn erforderlichen und ökonomisch sinnvollen TK- und Mehrwertdienste, wobei der MWD-Anbieter die Umsetzung zwischen inkompatiblen Diensten sicherstellt.

Verbreitete MWD sind das Zwischenspeichern von Daten (Store-and-Forward), das Umsetzen zwischen verschiedenen TK-Basis-Diensten (Carrier-Clearing) oder das Konvertieren unterschiedlicher Datenformate (Daten-Clearing). Ebenso lassen sich individuelle Informations- (z. B. Produktdaten) oder Verarbeitungsservices zentral bereitstellen. Für Unternehmen mit internationalen Kontakten stellen MWD Anbieter, wie GE Information Services, IBM Global Network, BT Global Network Services, AT&T EasyLink Services und SPRINT, oftmals die einzige Möglichkeit für den grenzüberschreitenden Datenaustausch auf Basis weltweit homogener TK- und Mehrwertdienste dar.

MWD, häufig auch als „VANS" (Value Added Network Services), „VAN" (Value Added Network) oder „VAS" (Value Added Service) bezeichnet, umfassen kein klar definiertes

Dienstspektrum, wodurch sich der MWD-Markt für den Anwender als äußerst intranspa-
rent darstellt.

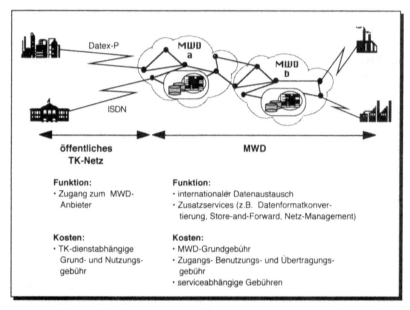

Abb. 4/8:   Einsatz von MWD bei der zwischenbetrieblichen Kommunikation

Das Angebotsspektrum ZBI-geeigneter MWD ist ausgesprochen vielschichtig und reicht
von

- netznahen MWD, wie Bereitstellung flexibler Übertragungskapazitäten (Bandwidth-on-Demand) oder kundenindividuellen Virtual Private Networks (VPN),
  über

- generische MWD, wie Store-and-Forward-Dienste (Mailboxen) oder Carrier-
  Clearing, bis hin zu

- anwendungsorientierten MWD, wie Datenformatkonvertierung, Sammel- und
  Verteil-Services oder Verarbeitungsdienstleistungen in einem Service-Rechen-
  zentrum.

In der Literatur finden sich weitere Klassifikationsansätze [KRAN92; GORA91, 160-165;
STEI93, 33-40], die jedoch den MWD-Begriff entweder sehr weit fassen oder sich nur auf
einen bestimmten Aspekt beschränken.

Von Interesse sind insbesondere generische und anwendungsorientierte MWD, da sie die
organisatorische Gestaltung zwischenbetrieblicher Leistungsbeziehungen direkt beeinflussen.

Generische MWD sind standardisierbare Leistungsangebote, welche ohne größere individuelle Anpassungen zum Einsatz kommen können. In Tabelle 4/9 sind verschiedene Services sowie deren informationslogistische Wirkung dargestellt.

Tab. 4/9: Generische MWD und ihre informationslogistische Wirkung

Generische MWD	organisatorischer Vorteil
Carrier-Clearing	• Umsetzung verschiedener TK-Dienste und -Protokolle
Übermittlungs- und Verteildienste	• Store-and-Forward-Systeme für EDI-Nachrichten mit Sammel- und Verteilerfunktionen (X.400/X.435)
Internationalität	• international einheitliche EDI- und TK-Funktionen
Überwachung und Kontrolle der EDI-Austauschbeziehung	• Reporting (z. B. Fehler- und Statusreports sowie partner- und nachrichtenorientierte Statistiken) • Accounting
EDI-Implementierung und Schulung	• Projektkonzeption und -management • Hotline-, Schulungsservices
EDI-Systeme	• Bereitstellung von angepaßten EDI-Systemen und Kommunikationsmodulen
unterstützende Dienste	• Diskussionsforen • Fernwartung, -update

Anwendungsorientierte MWD basieren auf den netznahen, generischen MWD und besitzen einen unmittelbaren Lösungscharakter. Sie sind stark auf individuelle und/oder branchenspezifische Bedürfnisse zugeschnitten und bilden teilweise eigenständige, logische Netze für einen geschlossenen Anwenderkreis. Zum Einsatz kommen individuell verschiedene, kundenspezifisch adaptierte MWD aus dem Leistungsspektrum des MWD-Anbieters (vgl. Tabelle 4/10).

Beispiele hierfür sind „PHARAO", ein Außendienstinformationssystem der Firma Philips [HECK93, 32-36], oder „PHÖNIX", ein EDI-Clearing-Service für die Bestellabwicklung zwischen Pharmaherstellern und -großhandel [LERC94, 8-10]. Beide Lösungen werden vom MWD-Anbieter GE Information Services betrieben.

Die Kosten problemorientierter MWD differieren in Abhängigkeit des erforderlichen Beratungs- und Entwicklungsaufwandes sowie entsprechend der Anzahl potentieller Installationen und dem Umfang der in Anspruch genommenen Leistungen, wie Übertragungsvolumina oder Rechnerzeiten. Eine vergleichende Darstellung von MWD unterschiedlicher Anbieter gestaltet sich aufgrund völlig unterschiedlicher Tarifstrukturen und Dienstemerkmale sowie erheblicher Verhandlungsspielräume als unmöglich. Inwieweit diese Intransparenz Teil der Vermarktungsstrategie ist, soll an dieser Stelle nicht analysiert werden.

Aufgrund unterschiedlicher Technologien und Verfahren der MWD-Anbieter treten zwangsläufig Inkompatibilitäten bei der MWD-übergreifenden Kommunikation auf. Betroffen sind insbesondere die höheren, d. h. generischen und problemorientierten MWD, die von MWD-Anbietern teilweise mit Zusatzfunktionen versehen werden oder als proprietärer Dienst realisiert wurden. Aufwendige Individuallösungen oder der Verlust servicespezifischer Informationen sind die Folge und führen zu hohen Kosten sowie Einbußen bei der Kommunikations- und Geschäftssicherheit.

Tab. 4/10:   Problemorientierte MWD und ihre informationslogistische Wirkung

Problemorientierte MWD	organisatorischer Vorteil
Daten-Clearing	• EDI-Formatumsetzung • Plausibilitäts- und Konformitätsprüfungen
Übermittlungs- und Verteilerdienste	• Routing und Splitting von EDI-Nachrichten entsprechend definierter Verteillisten
Überwachung und Kontrolle der EDI-Austauschbeziehung	• Sendeverfolgung (Audit Trail) • Verwaltung von Partner-Relationships, d. h. Nachrichten werden gefiltert und nur bei einer entsprechend definierten Austauschbeziehung (z. B. Typ, Absender) weitergeleitet
EDI-Implementierung	• Realisierung von Speziallösungen • zentrale Interstandardkonvertierung
Branchen- und Konzernlösungen	• branchen- und konzernweites Daten-Clearing • zentrale Informations- und Verarbeitungsservices (z. B. Bestell-, Sendeverfolgungs-, Logistiksysteme) • Vertrieb angepaßter EDI-Systemlösungen
Trust-Center- und Sicherheitsfunktionen	• Erstellung, Verwaltung und Zertifizierung von elektronischen Schlüsseln für kryptographische Verfahren (z. B. Elektronische Unterschrift oder Datenverschlüsselung) • elektronisches Notariat
unterstützende Dienste	• E-Mail-basiertes Berichtswesen • zentrale Informationssysteme (z. B. Produktdatenbank) • Outsourcing der betrieblichen DV

4.2.5   Sicherheit

Beim traditionellen Austausch von Geschäftsdaten bedient man sich des Mediums „Papier" sowie des Transfer- und Verteilverfahrens „Post". Dieses Vorgehen wird aufgrund der Gewohnheit sowie gesetzlicher Regelungen, wie dem Briefgeheimnis oder der Verbindlichkeit der Unterschrift, allgemein anerkannt und als sicher bewertet. Die Ver- bzw.

Bearbeitung der Dokumente im Unternehmen erfolgt durch Büropersonal oder Sachbearbeiter, die aufgrund ihrer Erfahrung die Daten auf Korrektheit prüfen und selbst als vertrauenswürdig angesehen werden.

Die Situation stellt sich beim elektronischen Geschäftsdatenaustausch völlig anders dar. Es kann weder auf eine allgemein anerkannte und als sicher eingeschätzte (TK-) Infrastruktur noch auf eine rechtliche Basis zurückgegriffen werden. Beispielhaft soll hier auf offene Fragen der beweisrechtlichen Qualität elektronischer Dokumente oder deren Aufbewahrungsvorschriften gemäß Handels- und Steuerrecht hingewiesen werden [GEIS96, 76-77].

Hinzu kommt die Konfrontation der Kommunikationspartner mit

- neuen Technologien (z. B. Konverter, Telekommunikation),
- neuen Abläufen (z. B. automatisierte Eingangsverarbeitung) und
- neuen Beteiligten (z. B. TK- und MWD-Anbieter).

Viele Anwender stehen diesen Neuerungen skeptisch und abwartend gegenüber.

4.2.5.1 Potentielle Gefahren der ZBI

Folgende Gefahren lassen sich beim elektronischen Geschäftsdatenaustausch unterscheiden [SCHE93, 19.15; TEDI92, 10-13]:

- Verlust der Verfügbarkeit aufgrund von Hardware-, Software- oder Netzstörungen,
- Verlust der Vertraulichkeit durch Ausspähung von Unautorisierten,
- Verlust der Integrität, d. h. Originalität und Unversehrtheit von Daten (z. B. Löschen, Verändern, Duplizieren),
- Verlust der Authentizität, d. h. der Kommunikationspartner gibt eine falschen Identität an und
- Verlust der Verbindlichkeit elektronisch initiierter Geschäftstransaktionen.

Die Sicherheit elektronisch gestützter Geschäftsbeziehungen darf nicht isoliert von den vor-, zwischen- und nachgeschalteten Systemen und Verarbeitungsschritten betrachtet werden. So ist beispielsweise sicherzustellen, daß EDI-Nachrichten syntaktisch und semantisch korrekt vom Sender erstellt und vom Empfänger verarbeitet werden.

Potentielle Angriffspunkte (vgl. Abbildung 4/9) finden sich

- im Unternehmen selbst (z. B. Fahrlässigkeit, Systemausfall, Sabotage),
- auf der Kommunikationsverbindung (z. B. Datenmanipulation, Informationsflußanalyse, Netzstörung) und
- in der Abwicklung der Geschäftsbeziehung (z. B. nicht anerkannte Verbindlichkeit elektronischer Dokumente).

Beim Einsatz von MWD entstehen zusätzliche Risiken durch die Beteiligung einer weiteren Institution sowie die Nutzung spezieller Services (z. B. Gefahr der falschen Weiterleitung von Nachrichten, fehlerhafte Konvertierung).

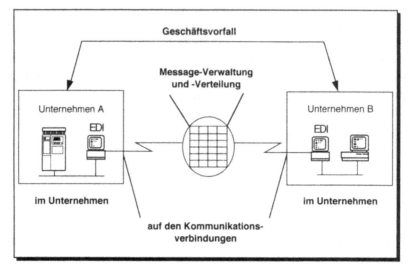

Abb. 4/9:   Angriffspunkte bei der ZBI

4.2.5.2   Sicherheitsdienste und -mechanismen

Potentielle Risiken und Schutzmechanismen lassen sich anschaulich anhand einer Matrix, basierend auf dem ISO/OSI-Referenzmodell, in Tabelle 4/11 darstellen. Den einzelnen Risiken werden geeignete Sicherheitsmechanismen gegenübergestellt. Allgemein gültige Implementierungsvorgaben über den Einsatz bestimmter Verfahren, Standards oder Produkte, sind zur Zeit noch nicht verfügbar. Als Ursache ist die mangelnde Nachfrage der Anwender in der Vergangenheit zu nennen und das daraus resultierende geringe Interesse der Anbieter, entsprechende Produkte und Dienste anzubieten.

Das Problem der unzureichenden rechtlichen Basis läßt sich zwischenbetrieblich weitgehend durch den Abschluß eines speziellen EDI-Vertrages lösen. Hierzu wurde im Mai 1994 ein Mustervertrag von der Arbeitsgemeinschaft für wirtschaftliche Verwaltung e. V. vorgelegt, der die Abwicklung elektronischer Transaktionen regelt [AWV94].

Grundlage vieler Sicherheitsmechanismen bilden Verfahren der symmetrischen (z. B. DES) und asymmetrischen (z. B. RSA) Verschlüsselung [SCHE96a, 64].

Da der Verschlüsselungsaufwand mit symmetrischen Algorithmen vergleichsweise gering ist, werden sie vorwiegend zur Verschlüsselung von Daten genutzt. EDI-Nachrichten werden beispielsweise nach ihrer Konvertierung durch ein EDI-System verschlüsselt und

4 Interorganisationale Gestaltung integrierter Wertschöpfungsketten 107

vom Partner nach dem Empfang wieder entschlüsselt. Nachteil ist, daß Sender und Empfänger den gleichen geheimen Schlüssel benutzen müssen.

Tab. 4/11:   Sicherheitsdienste und -mechanismen in den OSI-Schichten [SCHE93, 19.16]

Sicherheitsdienste	OSI-Schichten							Schutzmechanismen							
	1	2	3	4	5	6	7	a	b	c	d	e	f	g	h
Authentifizierung auf Partnerebene			+	+			+	🛡	🛡			🛡			
Authentifizierung des Datenursprunges			+	+			+	🛡	🛡						
Zugriffskontrolle			+	+			+			🛡					
Vertraulichkeit bei verbindungsorientierten Diensten	+	+	+	+			+	🛡						🛡	
Vertraulichkeit bei verbindungslosen Diensten		+	+	+			+	🛡						🛡	
Vertraulichkeit ausgewählter Felder							+	🛡							
Verhinderung einer Verkehrsflußanalyse	+		+				+	🛡					🛡	🛡	
Verbindungsorientierte Integrität mit Wiederaufsetzen				+			+	🛡			🛡				
Verbindungsorientierte Integrität ohne Wiederaufsetzen			+	+			+	🛡			🛡				
Verbindungsorientierte Integrität für ausgewählte Felder				+			+	🛡			🛡				
Verbindungslose Integrität			+	+			+	🛡	🛡		🛡				
Unbestreitbarer Nachweis für den Sender bzw. den Empfänger							+	🛡	🛡						🛡

Legende: a = Verschlüsselung, b = Elektronische Unterschrift, c = Zugriffskontrolle, d = Integrität, e = Authentifikation, f = Verkehrserzeugung, g = Routingkontrolle, h = Notariatsfunktion/Zertifikation

Bei asymmetrischen Verfahren arbeiten die Kommunikationspartner jeweils mit zwei Schlüsseln, einem öffentlichen Schlüssel und einem geheimen privaten Schlüssel. Die Verfahren sind deutlich aufwendiger und performanceintensiver als symmetrische Verfahren, weshalb sie sich für die Verschlüsselung größerer Datenvolumen nur bedingt eignen. Einsatzgebiet ist beispielsweise die Elektronische Unterschrift. Ziel ist es, unerlaubte Datenmanipulationen während der Übermittlung aufzuzeigen sowie den Absender zu authentifizieren. Die Datei wird hierbei nicht kryptographisch verändert und ist weiterhin lesbar. Mittels eines Hash-Algorithmus wird aus dem Dateiinhalt eine Prüfsumme erstellt und mit dem öffentlichen Schlüssel des Partners asymmetrisch verschlüsselt. Der Empfänger entschlüsselt mit Hilfe seines privaten Schlüssels die übertragene Prüfsumme und vergleicht diese mit der Prüfsumme der empfangenen Datei. Bei Übereinstimmung ist eine

Manipulation der Daten auszuschließen. Eine von allen Kommunikationspartnern anerkannte und als vertrauenswürdig betrachtete neutrale Instanz (Trust-Center, Trusted Third Party) übernimmt die Aufgabe der Schlüsselverwaltung. Neben dem Erzeugen, Archivieren, Übermitteln und Zertifizieren von Public und Private Keys, sind auch Auskunftsdienste und Notariatsfunktionen (z. B. Auditing) denkbar, werden jedoch zur Zeit noch nicht angeboten (vgl. hierzu ausführlich [BARE91]).

Mittels kombinierter Verfahren lassen sich die Vorteile beider Verfahren bei vertretbarem Aufwand nutzen. Die Daten werden hierbei mit einem symmetrischen Verfahren verschlüsselt. Mit dem aufwendigen asymmetrischen Verfahren wird der verwendete Schlüssel chiffriert und ebenfalls übertragen. Der Empfänger kann mit Hilfe seines privaten Schlüssels den übermittelten Schlüssel dechiffrieren und die Datei entschlüsseln.

Diese Sicherungsmechanismen arbeiten völlig unabhängig vom genutzten Übertragungsmedium.

Einzelne TK-Protokolle bieten ihrerseits Sicherungsmechanismen in Form von Paßwortabfragen oder Checksummen. Zu nennen sind insbesondere das ODETTE-Filetransfer-Protocol (z. B. Paßwortschutz) und X.435 (z. B. Empfangsbestätigung), die beide speziell für den EDI-Datenaustausch entwickelt wurden.

4.3   Datenaustauschformate für Geschäftsdaten

Da den betriebswirtschaftlichen Anwendungssystemen unterschiedliche Datenmodelle zugrunde liegen und die Datenverwaltung in unterschiedlicher Form, Umfang und Darstellung erfolgt, müssen für den Datenaustausch zwischen Anwendungssystemen Regeln für die Strukturierung (Syntax) und Interpretation (Semantik) festgelegt werden. Der zwischenbetriebliche Datenaustausch im Sinne einer interventionslosen Maschine-Maschine-Kommunikation setzt somit eine formale Sprache, bestehend aus Syntax, Semantik und Pragmatik, voraus [NIGG94, 20]. Inhalt der Daten ist die Beschreibung der auszutauschenden Leistungen (z. B. Güter, Preise) und aller für die Abwicklung des Austauschprozesses erforderlichen Informationen (z. B. Liefertermin, -konditionen). Je flexibler das Austauschformat die Bedürfnisse der verschiedenen Anwender (z. B. Branchen, nationale Besonderheiten) erfüllt, desto aufwendiger und komplexer gestaltet es sich im Einsatz.

Analog zur menschlichen Sprache lassen sich auch Datenaustauschformate durch die Festlegung einer Syntax im Sinne von Strukturierungsregeln (Satzbau) sowie von Sprachelementen (z. B. Datenfelder, Trennzeichen) sehr flexibel gestalten.

Die Semantik regelt, welche Zeichen und Symbole erlaubt sind und wie diese in einer bestimmten Form angeordneten Datenfelder interpretiert werden müssen. Als schwierig erweist sich hierbei die Darstellung eines bestimmten Sachverhaltes in einer maschinell bearbeitbaren Form. Für einen Menschen stellen unterschiedlichste Darstellungsformen eines

„Datums" (z. B. 11.03.95, 03/11/95, 11.3.1995) kein Problem dar. Einem Anwendungs-system hingegen müssen alle auftretenden Alternativen als optionale Darstellungsformen hinterlegt werden, oder es ist sicherzustellen, daß nur eine Darstellungsform auftritt. Eine analoge Problemstellung findet sich bei Gütern, Leistungen (z. B. Produkt, Packungsgröße, Bündelung) und Konditionen.

Aus den Informationen leiten sich Handlungen und Reaktionen im Rahmen der Ge-schäftsabwicklung ab (Aktions-/Reaktions-Muster). Während sich Syntax und Semantik in der formalen Sprache direkt niederschlagen, ist das Verhaltensmuster Ergebnis der bila-teral zu verhandelnden Tauschbeziehungen.

Formale Sprachen für den Geschäftsdatenaustausch können auf verschiedenen Ebenen de-finiert werden:

• bilateraler, proprietärer Einsatz (i. d. R. starre Feld- und Satzvorgaben),

• Einsatz in Gruppen bzw. Branchen (z. B. ODETTE-Format für die europäische Automobilindustrie, SEDAS für die deutsche Konsumgüterindustrie) oder

• branchenunabhängiger und internationaler Einsatz (EDIFACT-Format).

Eine begriffliche Differenzierung zwischen Standards, die nur innerhalb einer Anwender-gruppe zum Einsatz kommen (z. B. VDA, SEDAS), und Normen, die von nationalen bzw. internationalen Gremien verabschiedet wurden (z. B. EDIFACT), wird im folgenden nicht vorgenommen.

4.3.1 Entwicklung und Aufbau von Standards

Für alle bestehenden Austauschformatstandards existieren Bestrebungen, mittelfristig zum bislang einzigen branchenunabhängigen und international gültigen EDIFACT-Standard zu migrieren [GEOR95, 22-24; NIGG94, 131-134; GRUB93, 17-18]. Die Gründe lassen sich anschaulich aus der historischen Entwicklung ableiten. Anhand des EDIFACT-Standards werden in den Abschnitten 4.3.2 und 4.3.4 Architektur, Einsatzprobleme und Entwick-lungstendenzen von Datenaustauschformaten herausgearbeitet.

Der elektronische Austausch von Geschäftsdaten läßt sich bis in die 60er Jahre zurückver-folgen, als in den USA und Großbritannien einzelne Branchen und Konzerne begannen, Kommunikationsformen für den zwischenbetrieblichen Datenaustausch zu entwickeln [NIGG94, 6]. Trotz einer im Vergleich zu heute unzureichenden TK-Infrastruktur, teurer Technik und keinerlei Erfahrungen zeichneten sich insbesondere in stark arbeitsteiligen Wertschöpfungsketten (z. B. Automobilindustrie) erhebliche ökonomische und logistische Vorteile des EDI-Einsatzes ab. Über mehr als ein Jahrzehnt dominierten proprietäre Austauschformate großer Unternehmen und Behörden [DEUT94b, 30]. Diese Austausch-formate waren starr auf die individuellen Informationsbedürfnisse ausgerichtet. Kennzeichnend war ihr starrer Aufbau mit festen Datei-, Satz- und Feldlängen (Rastertechnik) und das Fehlen einer flexiblen Syntax.

Auf Bemühen von Verbänden und Interessengruppen, wie dem Verband der Automobilindustrie e. V. (VDA), dem Markenverband e. V. (CCG, Centrale für Coorganisation) oder den Banken, wurden in den 70er und 80er Jahren erste, für bestimmte Anwendergruppen durchgängig nutzbare Austauschformate (z. B. VDA, SEDAS, SWIFT) entwickelt. Bereits hier führte die Zusammenführung der Informationsanforderungen mehrerer Unternehmen zu einem Anstieg der zu berücksichtigenden Informationsmenge, was sich in immer voluminöseren Austauschformaten niederschlug.

Mit EDIFACT und ANSI X12 wurde eine ausgefeilte und standardisierte Syntax mit variablen Feld- und Satzlängen, Qualifier- und Trennzeichentechnik sowie Wiederholungen und hierarchischen Schachtelungen entwickelt, die eine hohe Flexibilität und Effizienz sicherstellt [GALL93b, 259]. Beispielsweise lassen sich durch die variablen Feld- und Satzlängen bis zu 70% des Übertragungsvolumens reduzieren. Die Einhaltung der komplexen syntaktischen Regeln ist hierfür eine zwingende Voraussetzung [ROSE90b, 348].

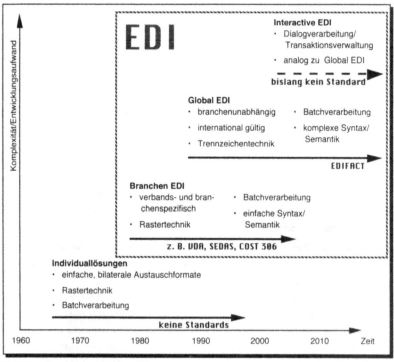

Abb. 4/10:   Entwicklung der Austauschformate

Alle verfügbaren Austauschformatstandards zielen auf eine batch-orientierte Verarbeitung der elektronischen Geschäftsnachrichten ab. Das Regelwerk (z. B. EDIFACT) sieht zwar die Übertragung mehrerer EDI-Nachrichten in einer Übertragungsdatei vor, unterstützt jedoch keinen Dialog im Sinne von Interactive EDI, d. h. einer inhaltsbezogenen Rückübermittlung von Nachrichten während der Kommunikationsverbindung. Trotz erster konzeptioneller Standardisierungsansätze besitzt Interactive EDI noch keine Bedeutung in der Praxis.

Abbildung 4/11 zeigt die Entwicklung von Austauschformaten beginnend bei proprietären Individual- und Branchenlösungen auf. Seit Mitte der 90er Jahre setzt sich zunehmend der EDIFACT-Standard durch. Obwohl zu Interactive EDI (vgl. Abschnitt 4.3.4.2) von Normierungsgremien bereits verschiedene Anstrengungen unternommen wurden, ist der Einsatz in der Praxis erst nach der Jahrtausendwende zu erwarten.

4.3.1.1 SEDAS

Die 1977 von der CCG für die Konsumgüterindustrie Deutschlands und Österreichs entwickelte Standardregelung einheitlicher Datenaustauschsysteme (SEDAS) basiert auf festen Feld- und Satzlängen mit definierter Reihenfolge [HORS94, 34]. Standardregelungen liegen zur Zeit für den Bestell- und Rechnungsverkehr, für Regulierungsinformationen, für die Marktdatenkommunikation (MODAKOM) und für den Austausch von Artikel- und Adreßinformationen (SINFOS) vor. Der Branchenstandard wird von über 700 Anwendern in Deutschland genutzt [GEOR95, 21].

SEDAS wird zur Zeit vom EDIFACT-Subset „EANCOM" abgelöst [SCHU93, 12-13]. Die CCG befaßt sich ferner mit der Durchsetzung von Identifikationscodes, wie dem EAN-Code, dessen Nutzung im SEDAS-Standard vorgeschrieben ist.

4.3.1.2 VDA und ODETTE

Die VDA-Richtlinien zum Datenaustausch, kurz VDA-Standard, wurden 1975 initiiert und 1978 erstmals zum Einsatz gebracht. Die auf den Geltungsbereich des nationalen Branchenverbandes beschränkte Initiative diente der zeitgenauen Steuerung der Zulieferbeziehungen. Zukaufmaterialen werden „just in time" vom produzierenden Zulieferer an den Hersteller geliefert und führen zu Zeitgewinnen von 5-8 Arbeitstagen [PETR90, 188]. Im Interesse der einfachen Handhabbarkeit sieht der Standard ausschließlich Muß-Felder mit fester Feld- bzw. Satzlänge und eindeutig definierten Satzpositionen vor. Bis heute wurden 23 Nachrichtentypen für den Geschäftsdatenaustausch, CAD/CAM-Standards sowie Verfahrensguidelines für den Lieferprozeß, Checklisten und Standardvordrucke entwickelt [BART93, 12]. Von den 23 Nachrichtentypen werden jedoch lediglich acht mit einer nennenswerten Häufigkeit in der Praxis eingesetzt [GALL93a, 574].

1983 startete der englische Automobilverband SMMT (Society of Motor Manufacturers and Traders) das europäische Datenaustauschprojekt ODETTE (Organization for Data Exchange by Teletransmission in Europe), eine acht europäische Länder umfassende Benutzergruppe in der Automobilbranche. Die Entwicklung verlief nahezu parallel zur Entwicklung von EDIFACT. ODETTE nutzt hierbei wesentliche EDIFACT-Syntaxelemente (z. B. variable Feld- und Satzlängen), wobei sich jedoch Unterschiede in den Segmenten (Datensätzen) und Elementen (Datenfeldern) ergeben. Von den 24 bestehenden ODETTE-Nachrichtentypen finden fünf einen nennenswerten Einsatz [GALL93a, 575].

Der VDA- und ODETTE-Standard findet inzwischen auch in anderen Branchen Anwendung, wie im Maschinenbau oder dem Interessenverbund „Weisse Ware" [DEUT94b, 36]. Rechtliche Aspekte, Strichmarkierungen (Balkencodes) und Empfehlungen zur Telekommunikation sind Gegenstand weiterer ODETTE-Arbeitsgruppen [RÖCK91, 16]. Mittelfristig wird eine Migration zu EDIFACT angestrebt.

4.3.1.3 ANSI X12

Der in Nordamerika entwickelte und dort stark verbreitete nationale Standard ANSI X12 besitzt aufgrund der wirtschaftlichen Relevanz US-amerikanischer Firmen auch in Europa eine gewisse Bedeutung. Basierend auf dem 1975 veröffentlichten TDCC (Transportation Data Coordination Committee)-Standard wurde 1979 das X12 Committee von dem American National Standards Institute (ANSI) mit der Entwicklung eines Datenaustauschformates beauftragt. 1982 erfolgte die Freigabe der ersten Version des ANSI X12-Standards [CANN93, 46-49].

Er basiert ebenfalls, wie EDIFACT und ODETTE, auf der Trennzeichentechnik, unterscheidet sich jedoch in der Syntax. Mit über 200 verabschiedeten oder in Entwicklung befindlichen branchenunabhängigen Nachrichten (ca. 40 werden in der Automobilindustrie genutzt) ist ANSI X12 ähnlich flexibel wie EDIFACT und beeinflußte wesentlich dessen Entwicklung [GALL93a, 575]. Ab 1995 sollen, nach Aussage des ANSI, alle neuen Nachrichtentypen entsprechend der EDIFACT-Syntax entwickelt werden [DEUT94b, 38].

4.3.1.4 EDIFACT

Initiator des international gültigen und branchenunabhängigen Standards EDIFACT war die Arbeitsgruppe 4 (WP.4) der europäischen Wirtschaftskommission (ECE), die sich mit „Erleichterungen von Verfahren im internationalen Handel" auseinandersetzte. Bereits 1963 wurde zur Vereinheitlichung sämtlicher Handels-, Transport- und Zolldokumente ein Rahmendokument mit Datenelementen, Feldlängen und Formaten (UN-Layout Key) definiert, das später die Grundlage des EDIFACT-Standards bildete. 1981 erschien die erste Fassung einer international und branchenübergreifend nutzbaren Syntax mit der Bezeichnung „Guidelines for Trade Data Interchange" (GTDI). Als Synthese aus GTDI und ANSI

X12 verabschiedete 1987 die UN/ECE diese Syntax zur internationalen EDIFACT-Norm der ISO/TC (ISO 9735) [ROSE90a, 338; DEDI96, 11-13]. Mit dem Stand vom März 1996 sind 42 Nachrichtentypen als DIN- bzw. ISO-Norm verabschiedet (Status 2), 130 befinden sich im Normungsverfahren, wovon 73 Nachrichtentypen zum Test freigegeben wurden (Empfehlungsentwurf, Status 1) und weitere 57 Nachrichtentypen zur Normung eingereicht sind (Arbeitspapier, Status 0) [DIN95b, 141].

Langwierige Normungs- und Anpassungsprozesse einzelner Nachrichtentypen sowie die sehr umfangreichen und komplexen Nachrichten- und Regelstrukturen führten in der Vergangenheit zu einer abwartenden Haltung vieler Unternehmen beim Einsatz von EDIFACT.

Zur **Normierung** eines VDA-Nachrichtentyps sind ca. 6-9 Monate erforderlich, bei ODETTE-Nachrichten sind 18 Monate der Regelfall und bei EDIFACT-Nachrichten steigt der Zeitbedarf auf 24-48 Monate. Änderungen eines Nachrichtentyps benötigen bei VDA ca. 6 Wochen, bei ODETTE 6 Monate und bei EDIFACT 2 Jahre [MIEB94, 31]. Hinzu kommt ein halbjährliches Update der EDIFACT-Directories mit teilweise erheblichen Änderungen, was EDIFACT den Ruf eines instabilen Standards einbrachte.

Ursache ist das umfangreiche und **komplexe Regelwerk** der Vereinten Nationen. Das UNTDID (United Nations Trade Data Interchange Directory) umfaßt [RÖCK91, 7-8]:

• The EDIFACT Syntax Rules ISO 9735,

• Message Design Guidelines,

• Syntax Implementation Guidelines,

• The EDIFACT Data Elements Directory (EDED, Auszug aus dem United Nations Trade Data Elements Directory UNTDED),

• The EDIFACT Code List (EDCL),

• The EDIFACT Composite Data Element Directory (EDCD),

• The EDIFACT Standard Segment Directory (EDSD),

• The EDIFACT United Nations Standard Messages Directory (EDMD),

• Uniform Rules of Conduct for the Interchange of Trade Data by Teletransmission (UNCID) sowie

• erläuterndes Material.

Einzelne Branchen- bzw. ZBI-Lösungen benötigen nur einen geringen Teil der umfangreichen Struktur einzelner Nachrichtentypen. Hinzu kommt, daß Interpretationsfreiräume (Freiheitsgrade) bestehen, die Branchen und Unternehmen zwingen, eindeutige Definitionen für die individuelle Implementierung festzulegen (Implementation Guidelines).

4.3.2   EDIFACT-Syntax

In der ISO-Norm 9735 sind die Regeln für die Strukturierung von Datenelementen (Daten-feldern) in Segmente (Datensätze), von Segmenten in Nachrichten und von Nachrichten in Übertragungsdateien für den Datenaustausch festgelegt. Im einzelnen definiert die EDIFACT-Syntax [RÖCK92b, 18-24; HERM91, 7-11;ROSE90b, 345-348; GEOR93, 68-82]:

* verwendbare Zeichensätze,

* Bausteine und Baugruppen sowie

* Syntax-Regeln.

4.3.2.1 Verwendbare Zeichensätze

Zur Zeit kommen zwei Zeichensätze zum Einsatz [RÖCK92b, 18]:

* Zeichensatz A enthält ausschließlich druckbare Zeichen, d. h. Großbuchstaben (A-Z), Ziffern (0-9) und eine Auswahl von Sonderzeichen basierend auf dem internationalen Zeichensatz (7-Bit Code nach ISO 646).

* Zeichensatz B beinhaltet Groß- und Kleinbuchstaben und ist um Sonderzei-chen des 7-Bit Codes (ISO 646) und 8-Bit Codes (ISO 8859 und 6937) erwei-tert.

Der genutzte Zeichensatz wird im Servicedatenrahmen ausgewiesen, der die Geschäfts-daten umgibt.

4.3.2.2 Bausteine und Baugruppen

Datenelemente und Datenelementgruppen

Ein Datenelement ist die kleinste, informationstragende Einheit einer EDIFACT-Nach-richt. Im UNTDED (Handbuch der Handelsdatenelemente der Vereinten Nationen) wurden alle für den Datenaustausch in Handel, Transport und Verwaltung erforderlichen Datenele-mente erfaßt und mit einer 4-stelligen ID-Nummer versehen. Neben der Nummer und einem Namen sind im Directory für jedes Datenelement noch kurze Beschreibungen, wie Bedeutung, Wertebereich, Datentyp, Referenzen und Verweise auf Synonyme, abgelegt [SCHM92a, 150]. Beispielsweise steht „2001 – Datum, codiert, n6, JJMMTT" für das nu-merische Element „Datum" mit der Elementkennung 2001, welches sechs Stellen umfaßt und codierte Werte beinhaltet.

Logisch zusammengehörende Elemente werden zu Elementgruppen zusammengefaßt und als Gruppendatenelemente bezeichnet.

Die Elementgruppe „c033 – Datum/Zeit der Referenzangabe" besteht aus:

- Element „2001, Datum, codiert, n6, JJMMTT" und

- Element „2002, Uhrzeit, n4, HHMM".

Segmente

Funktionell und logisch zusammenhängende Datenelemente und/oder -gruppen (z. B. Name und Adresse) werden als „Segment" bezeichnet [HERM91, 8] und besitzen eine maximale Wiederholbarkeit. Sie werden durch einen aus drei Großbuchstaben bestehenden Segmentsbezeichner (TAG, Technical Assessment Group) eindeutig innerhalb des Nachrichtentyps gekennzeichnet [RÖCK92b, 20]. Beispielsweise steht „NAD" für das Segment Name/Adresse oder „LIN" für Bestellposition.

Generell ist zu unterscheiden zwischen

- Nutzdatensegmenten (Geschäftsdaten) und

- Servicedatensegmenten (Steuerdaten für die Übertragung und Weiterverarbeitung).

Die Servicedatensegmente umrahmen die Nutzdatensegmente (vgl. Abbildung 4/11) und dienen der Identifikation (z. B. Nachrichtentyp, -version, Sender, Empfänger) und der Sicherheit (z. B. Segmentanzahl, Nachrichtenreferenznummer und Elektronische Unterschrift).

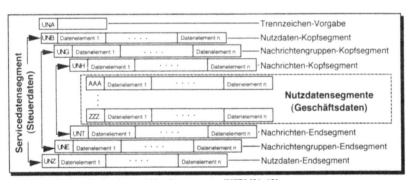

Abb. 4/11:   Struktur der Service- und Nutzdatensegmente [HERM91, 10]

Nachrichten

Segmente, die in einer definierten Reihenfolge angeordnet und mit einer maximalen Wiederholbarkeit versehen sind, bilden einen EDIFACT-Nachrichtentyp. Die Strukturierungsvorgaben erlauben das Auftreten von Segmenten an verschiedenen Stellen des Nachrichtentyps, ohne Doppeldeutigkeiten zu schaffen (Kollisionsfreiheit). Aus inhaltlich zusammengehörenden Segmenten werden logische Gruppen gebildet, deren inhaltliche Interpretation in Abhängigkeit weniger Datenelemente (z. B. Qualifier) stark differiert. Beispielsweise kann der Nachrichtentyp „INVOIC" eine Rechnung, eine Gutschrift oder eine Sammelrechnung darstellen [DEUT94b, 43].

Nachrichtengruppen und Übertragungsdateien

Alle Nachrichten eines Nachrichtentyps, die an einen bestimmten Empfänger adressiert sind, einem bestimmten Anwendungsbereich dienen und in einer Übertragunsdatei übertragen werden, werden Nachrichtengruppe genannt. Spezielle Servicedatensegmente umrahmen die Nachrichtengruppen [HERM91, 10].

Mehrere Nachrichten und/oder Nachrichtengruppen können zu einer physikalischen Übertragungsdatei zusammengefaßt werden. Der Aufbau einer Übertragungsdatei ist in Abbildung 4/12 dargestellt.

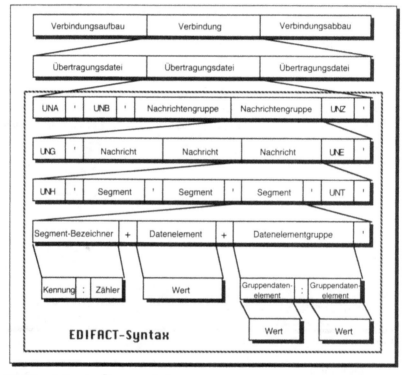

Abb. 4/12:   Aufbau einer Übertragungsdatei

4.3.2.3 Syntax-Regeln

In das Regelwerk der UN für EDIFACT sind strenge Regeln für den Aufbau von Nachrichtentypen niedergelegt. Sie bilden die Grundlage für die semantische Flexibilität und die Übertragungseffizienz der Norm.

Wesentliche Bestandteile der Norm sind

* Komprimierungsmechanismen auf Basis von Trennzeichentechnik,
* Nachrichtenstrukturierung,
* Kann- und Muß-Komponenten sowie
* Codes und Qualifier.

Trennzeichen

Trennzeichen unterteilen einen Nachrichtentyp in seine einzelnen Bestandteile. Sie werden am Anfang der Nachricht im UNA-Segment mitgeteilt. Für die 4 Trennzeichen (Sonderzeichen) hat sich folgende Belegung etabliert:

* Datenelemente innerhalb einer Datenelementgruppe werden durch einen Doppelpunkt (:) getrennt,
* Datenelemente oder Datenelementgruppen werden innerhalb eines Segments durch ein Pluszeichen (+) getrennt,
* Segmente werden durch das einfache Hochkomma (') abgetrennt und bei
* Sonderzeichen im Datenfeld wird dies durch das Voranstellen eines „Rückstellzeichens", dem Fragezeichen (?), markiert.

Ist für ein Kann-Datenelement in einem Segment kein Inhalt vorhanden, wird nur das Datenelementtrennzeichen gesetzt. Dies definiert die Position des nicht genutzten Datenelementes. Es entfällt, wenn es das letzte Element im Segment ist („Auslassung"). Analoges gilt für Gruppendatenelemente [HERM91, 11].

Eine automatische Komprimierung ergibt sich aus den variablen Feld- und Satzlängen sowie aus der freien Wiederholbarkeit von Segmenten und definierten Auslassungen.

Hierarchisierung und Schachtelung

Durch die geschickte Gruppierung von EDIFACT-Bausteinen lassen sich mittels Hierarchisierung und Schachtelung (ab Version 91.1) einzelne Bausteine mit unterschiedlichen Bedeutungen belegen. Ca. 850 Elemente des UNTDED [SCHM92a, 150] und weniger als 500 unterschiedliche Datenelemente (EDED) [GALL93a, 575] genügen, um alle Nachrichtentypen darzustellen.

Kann- und Muß-Komponenten

Innerhalb jedes Nachrichtentyps können einzelne Bausteine als Kann- (conditional) und Muß- (mandatory) Komponenten definiert sein, d. h. sie sind entsprechend ihrer Definition mit Daten zu füllen oder nicht.

Codes und Qualifier

Codes und Qualifier sind maßgeblich an der Überlegenheit des EDIFACT-Standards gegenüber proprietären Standards verantwortlich. Erstaunlicherweise wird diesem Sachverhalt weder in der Literatur noch in der öffentlichen Diskussion besondere Bedeutung beigemessen.

Der Wertebereich eines Datenelementes kann entweder offen, d. h. frei belegbar, oder codiert sein. Codierte Datenelemente besitzen einen exakt abgeschlossenen Wertebereich aus definierten Kurzbezeichnungen (z. B. Nummernsystemen). Jede Ausprägung identifiziert eindeutig einen Sachverhalt, wie Liefer-, Zahlungsbedingung oder Artikelbezeichnung (vgl. Abschnitt 4.3.3.2). Bekannte standardisierte Codes sind der EAN-, der ILN- oder der bbn-Code. Verschiedene Codes sind in der EDIFACT Code List (EDCL) aufgeführt.

Qualifier geben Datenelementen und ganzen Segmenten eine spezifische inhaltliche Ausprägung. Hierzu werden sie diesen voran- oder nachgestellt. So wird beispielsweise aus dem Datenelement „Datum" (2001) durch einen Qualifier ein „Bestell-", ein „Liefer-" oder ein „Rechnungsdatum". Ein Datenelement oder ein Segment kann mit Qualifiern versehen völlig unterschiedliche Bedeutungen erlangen, wodurch sich die insgesamt erforderliche Anzahl an Datenelement- bzw. Segmenttypen deutlich reduziert [DEUT94b, 43].

4.3.3   Semantik

Die Flexibilität der Syntax sowie die konzeptionelle Überlegenheit von EDIFACT darf nicht über offene semantische Probleme und die Komplexität der Norm hinwegtäuschen. Entwicklung und Implementierung von EDIFACT-Nachrichten sind durch einen hohen Aufwand und ein hohes syntaktisches Fehlerrisiko gekennzeichnet.

Mit Hilfe der Syntax lassen sich zwar die einzelnen Elemente innerhalb einer Nachricht identifizieren, deren Inhalt jedoch nicht immer eindeutig interpretieren (Semantik). Beides ist jedoch zwingende Voraussetzung für eine automatisierte Weiterverarbeitung durch die betriebliche DV. Die EDIFACT-Syntax enthält semantische Konstrukte, wie Codes oder Qualifier, die eine formale Darstellung verschiedener Sachverhalte (z. B. Mengen-, Gewichtseinheit, Währung) erlauben. Da jedoch häufig mehrere Alternativen zur Verfügung stehen (Freiheitsgrade) geht die Eindeutigkeit verloren.

Kennzeichnend hierfür sind „Implementation Guidelines", nachrichtentypen- und anwendergruppenspezifische Dokumentationen, die die Bedeutung jedes Datenelementes und deren semantische Darstellung beschreiben.

4.3.3.1   Semantische Konstrukte im EDIFACT-Standard

Durch Hierarchisierung und Schachtelung können Datenelemente, -elementgruppen und Segmente logisch derart miteinander verknüpft werden, daß durch Änderung eines oder weniger Datenelemente (z. B. Qualifier) oder durch Änderung der Anordnung der gesamte Ausdruck anders zu interpretieren ist.

Qualifier erlauben es, mit ein und demselben Datenelement oder auch Segment unterschiedliche Informationsinhalte darzustellen. Die Anzahl der erforderlichen EDIFACT-Baugruppen kann hierdurch reduziert werden. Ebenso lassen sich Erweiterungen der Code-Ausprägungen schneller und effizienter durchgeführen.

Codes sind Kurzbezeichnungen, über die in einer Codeliste ein bestimmter Sachverhalt eindeutig spezifiziert werden kann (z. B. Ländercode, Transport-, Zahlungsbedingungen). Zu unterscheiden ist zwischen EDIFACT-Codes (werden von der UN/ECE gepflegt) und externen Codes. Im EDIFACT-Regelwerk ist entweder exakt der zu nutzende Code für ein Datenelement genannt oder er kann über einen Qualifier definiert werden.

4.3.3.2 Identifikations- und Nummernsysteme

Die direkte Verknüpfung von betrieblichen Informationssystemen setzt eine unternehmensübergreifende Spezifizierung betriebswirtschaftlicher Sachverhalte (z. B. Produktbezeichnungen) auf Basis von Nummern- und Codesystemen voraus (z. B. EAN) [FISC93, 243]. Problematisch ist, daß betriebswirtschaftliche Anwendungssysteme und Unternehmen unterschiedliche Identifikationsansätze nutzen.

Beispielsweise ist es keine Seltenheit, daß innerhalb einer Logistikkette (Hersteller – Handel – Verbraucher) jeder Teilnehmer den Artikel als kleinste Produkteinheit anders definiert und spezifiziert. Der Einzelhändler verkauft Konserven stückweise, während der Großhandel diese vom Hersteller nur palettenweise beziehen kann. Ferner finden sich im Sortiment Artikel, die sich aus Produkten mehrerer anderer Hersteller zusammensetzen oder sich aufgrund ihrer Komplexität und Individualität nur schwer eindeutig beschreiben lassen.

Bekannte, standardisierte Identifikationssysteme sind

- EAN-13 (European Article Numbering),
- bbn (Bundeseinheitliche Betriebsnummer, Bestandteil der EAN) und
- bbs (Bundeseinheitliche Betriebsstellennummer).

Die Entwicklung des 13-stelligen EAN reicht bis in die 60er Jahre zurück. Genossenschaftszentralen und Filialisten des Lebensmittelhandels suchten nach einem einheitlichen Artikelnumerierungssystem für den sortimentsbezogenen Betriebsvergleich [KUBI92, 14]. Mit Hilfe eines klassifizierenden Nummernsystems sollte auch der Bestell- und Abrechnungsverkehr mit den Markenartikelherstellern vereinfacht werden. Die bbn und die bbs werden zur Zeit durch die leistungsfähigere und auf internationale Anforderungen ausgelegte ILN abgelöst [THOM95, 5].

Der klassische EAN-13 setzt sich aus dem Länderkennzeichen (2 Ziffern), einer Betriebsnummer des Herstellers (5 Ziffern, bbn in Deutschland), einer individuell vom Hersteller
zu vergebende Artikelnummer (5 Ziffern) und einer Prüfziffer (1 Ziffer) zusammen
[HANS92, 163].

Weitere EAN-Ausprägungen sind

- EAN für mengenvariable Einheiten (EAN-128),

- EAN für Presseerzeugnisse (EAN-13 + 5-stellige ID-Nummer),

- EAN für Handelseinheiten, d. h. sonstige standardisierte Gebindeformen
  (EAN-128) und

- Nummer der Versandeinheit (NVE) für individuelle Warenzusammenstel-
  lungen (EAN-128) [COOR94, 52-53].

1977 wurde die European Article Numbering Association gegründet, der 53 Länder ange-
hören. Die Interessenvertretung erfolgt durch 46 meist nationale Vereinigungen (Deutschland: CCG) [KRIE91, 27]. Die Versuche des BDI (Bundesverbands der Deutschen
Industrie) und des DIN (Deutsches Institut für Normung) in den 80er Jahren eigene Nummernsysteme einzuführen, wurden gerichtlich durch die CCG verhindert, so daß heute verschiedenste Branchen die EAN nutzen [KUBI92, 15].

Festzuhalten bleibt, daß die EAN lediglich eine eindeutige Identifikation von hinreichend
bekannten und standardisierten Gütern ohne bilaterale Absprachen erlaubt. Nicht oder nur
bedingt standardisierbare Güter, wie Chemieprodukte, Sonderanfertigungen oder Dienstleistungen, lassen sich mit der EAN nicht eindeutig identifizieren.

Eine durchgängige Nutzung standardisierter Identifikations- und Nummernsysteme hätte
eine deutliche Vereinfachung der semantischen Problemstellung beim elektronischen Datenaustausch zur Folge.

4.3.3.3   EDIFACT-Subsets und Implementation Guidelines

EDIFACT-Subsets sind auf spezifische Anforderungen angepaßte EDIFACT-Nachrichtentypen. Jedes Subset ist eine exakt definierte Untermenge des jeweiligen EDIFACT-Nach-
richtentyps. Vorteile ergeben sich für den Anwender aufgrund der Tatsache, daß Subsets
bereits auf die erforderlichen Teilbereiche einer Branche oder Benutzergruppe begrenzt
sind [GEOR95, 32].

Branchen und Benutzergruppen, die EDIFACT zum Einsatz bringen wollen, sind gezwungen, bei jeder Nachricht die benötigten EDIFACT-Bausteine (z. B. Datenelemente, Segmente), deren Bedeutung und gegebenenfalls die Form der Datendarstellung (Code) exakt
zu definieren. Dokumentiert wird dies in den „Implementation Guidelines", die eine wichtige Voraussetzung für die Implementierung im Unternehmen darstellen. Nicht benötigte
Bausteine werden, soweit dies das EDIFACT-Regelwerk zuläßt, gestrichen. Der Umfang

einer Nachricht läßt sich auf diese Weise um 50-80% reduzieren. Anerkannte Regeln für die Bildung von Subsets sowie für die Gestaltung und den Inhalt von Implementation Guidelines existieren bislang nicht.

Derart angepaßte EDIFACT-Nachrichtentypen stimmen zwischen den verschiedenen Benutzergruppen nicht mehr überein. Inkompatibilitäten sind die Folge und führten in den letzten Jahren zu heftigen Diskussionen mit Subset-Gegnern. Gegenstand ist die Gefährdung der EDIFACT-Zielsetzung, sowohl eine internationale als auch branchenübergreifende Gültigkeit zu garantieren.

Um dieser Gefahr zu begegnen, wird versucht

- die „Subsetflut" durch Registrierung, Mehrfachnutzung bei verschiedenen Benutzergruppen und durch Löschung identischer Subsets einzudämmen und
- für die Erstellung von Subsets definierte Regeln vorzugeben, welche die EDIFACT-Konformität und damit Kompatibilität sicherstellen.

In Deutschland erfolgt die Subset-Prüfung (Normkonformität) sowie die Registrierung durch die DEDIG (Deutsche EDI-Gesellschaft, Berlin). Bis Ende 1995 waren bei der DEDIG 25 Subsets (Nachrichtentypen) aus acht Branchen registriert.

Folgende Kriterien werden zur Subset-Prüfung herangezogen [DEUT94b, 46]:

- Eine Subset-Nachricht leitet sich aus einem EDIFACT-Nachrichtentyp mit Status 1 oder 2 ab.
- Es werden dieselben Funktionen erfüllt wie im EDIFACT-Nachrichtentyp.
- Alle Muß-Bausteine bleiben erhalten und nur Kann-Bausteine werden gestrichen.
- Eine Änderung des Status, der Reihenfolge oder der Inhalte ist nicht erlaubt.
- Neue Bausteine dürfen nicht hinzugefügt werden.
- Wiederholungen dürfen reduziert, jedoch nie erhöht werden.
- Die Bezeichnung für Nachrichtentyp, verwaltende Organisation, Version und Freigabenummer sind mit der der EDIFACT-Nachricht identisch.

Der DEDIG-Ansatz erlaubt eine klare Einordnung von Subsets und beinhaltet syntaktische Regeln einer EDIFACT-konformen Subset-Bildung. Eine Vereinfachung der Implementierung durch standardisierte Implementation Guidelines (z. B. Zuordnungshinweise) oder eine Klärung der semantischen Probleme wird jedoch nicht erreicht.

Aus Anwendersicht sind daher folgende vorwiegend semantische Ergänzungen erforderlich:

- eindeutiger Verweis (Referenz) auf das vorliegende Subset in den Servicesegmenten einer Übertragungsnachricht,

- eindeutige Definition der zu nutzenden Darstellungsformate von Datenelementen bei Vorliegen mehrerer Alternativen (z. B. Datum),

- eindeutige Definition der zu nutzenden Bausteinen, wenn Informationen alternativ in verschiedenen Bausteinen abgelegt oder durch alternative Codes und Qualifier dargestellt werden können,

- ausführliche Dokumentation der zum Einsatz kommenden Bausteine hinsichtlich Nutzung, Wertebereich usw. sowie

- Möglichkeit der Umwandlung von Kann-Bausteinen zu Muß-Bausteinen innerhalb des Subsets.

Jede Form der Subset-Bildung widerspricht der EDIFACT-Intention, einen einzigen, offenen und allgemeingültigen Austauschformatstandard bereitzustellen. Subsets sind das Ergebnis bestehender EDIFACT-Implementierungen und das Resultat der Erkenntnis, EDIFACT-Freiheitsgrade für den Praxiseinsatz einschränken zu müssen.

Für den Anwender ergeben sich aus dem Subset-Einsatz, entsprechend der vorgenannten Vorgaben, folgende Vorteile:

- Reduktion des zeitlichen und finanziellen Implementationsaufwandes durch die Reduktion des Verhandlungsbedarfs und der Implementierungsfehler sowie

- höhere semantische Klarheit, die im Extremfall die Interpretation von Nachrichten neuer Partner ohne vorhergehende bilaterale Absprachen erlaubt.

Die Subset-Diskussion ist noch nicht abgeschlossen. Es zeigen sich jedoch bereits Anstrengungen sowohl die koordinierte Subset-Entwicklung (z. B. Konformitäts-, Ähnlichkeitsprüfungen, Entwicklungsrichtlinien) als auch den Einsatz branchenübergreifender „Meta-Subsets" (z. B. EANCOM) voranzutreiben.

4.3.4   Interactive EDI und Open EDI

Bei der Diskussion um standardisierte Datenaustauschformate ergeben sich zwei Aspekte, die bislang nur unbefriedigend gelöst wurden:

- der erforderliche, bilaterale Abstimmungsaufwand und

- die nicht mögliche Dialogverarbeitung.

Auf die Einrichtung spontaner EDI-Beziehungen ohne vorherige Absprachen zielt die australische „Open EDI"-Initiative ab [STEE94b]. Demgegenüber setzt sich „Interactive EDI" (IEDI) mit der Erweiterung des bestehenden EDIFACT-Ansatzes um transaktionsorientierte Elemente auseinander, die eine Dialogverarbeitung zwischen den betriebswirtschaftlichen Anwendungssystemen erlaubt.

4.3.4.1 Open EDI

Aufgrund des Abstimmungs- und Implementierungsaufwandes erweisen sich klassische EDI-Beziehungen nur bei langfristigen und intensiveren Beziehungen als ökonomisch sinnvoll. Demgegenüber zielt der Open EDI-Ansatz auf den EDI-Einsatz auch bei „ad-hoc-Geschäften" und zeitlich begrenzten Geschäftsbeziehungen ab [STEE95, 3].

Unterschiede gegenüber dem klassischen EDI-Ansatz ergeben sich durch:

• standardisierte „Szenarios",

• ein semantisches Repository „BSR",

• den Koordinationsnachrichtentyp „ICSDEF" und

• erforderliche Anpassungen bei EDI-Systemen und betriebswirtschaftlichen Anwendungssystemen.

„Szenarios" sind eine Gruppe logisch zusammengehörender und abgestimmter Geschäfts-transaktionen, die sich sowohl auf innerbetriebliche („Internal Scenarios") als auch auf zwischenbetriebliche Abläufe („External Scenarios") beziehen können. Der Open EDI-An-satz geht von einer Harmonisierbarkeit derartiger Szenarien aus. Aufwendige, bilaterale Verhandlungen lassen sich durch den Rückgriff auf Standardszenarien vermeiden [STEE95, 16-17].

BSR steht für „Basic Semantic Repository" und repräsentiert ein System zur eindeutigen Identifikation semantischer Geschäftsdaten. Jedem betriebswirtschaftlichen Informations-objekt (Datenelement) wird hierbei ein eindeutiger Identifier (BSU, Basic Semantic Unit) vorangestellt [STEE96, 5]. Das BSR ist völlig unabhängig von dem EDIFACT-Regelwerk. Bilaterale Absprachen erübrigen sich, da den Kommunikationspartnern das BSR bekannt ist und jedes einzelne Datenelement unabhängig von anderen Datenelementen oder einer bestimmten Elementanordnung identifizierbar ist. Auf die EDIFACT-Syntax mit ihrem starr strukturierten Nachrichten- und Segmentaufbau kann völlig verzichtet werden. Die Geschäftsnachrichten bestehen aus beliebig strukturierbaren Datenelementen, die mittels BSUs gekennzeichnet sind und sich eindeutig identifizieren lassen.

Alternativ kann das BSR beim Aufbau einer klassischen EDI-gestützten Geschäftsbezie-hung für den Austausch von Definitions- und Interpretationsinformationen genutzt werden. Vor Aufnahme des Geschäftsdatenaustausches werden hierbei ICSDEF- (Interchange Structure Definition) Nachrichten übermittelt. Sie enthalten alle Implementierungsinforma-tionen, die der Partner für die korrekte Konvertierung der EDIFACT-Nachrichten benötigt. ICSDEF werden einmalig zwischen den Partnern ausgetauscht sowie bei syntaktischen und semantischen Änderungen eines genutzten Nachrichtentyps. Die Informationen der ICSDEF-Nachricht werden von den Kommunikationspartnern in lokalen Data Dictionaries gespeichert und dienen als Zuordnungsvorschriften für den Konverter [STEE94a, 9].

Da klassische EDI-Konverter die Nutzung von ICSDEF-Informationen als Konvertierungsregel nicht vorsehen, ist eine neue EDI-Systemarchitektur erforderlich. Zentrale Anforderungen dienen neben dem Austausch von ICSDEF-Nachrichten auch deren Nutzung als Zuordnungsvorschrift bei der Konvertierung [STEE95, 14].

Der Open EDI-Ansatz könnte, wenn er sich in der Praxis als tragfähig erweist, die bestehenden EDI-Ansätze massiv beeinflussen, wenn nicht sogar ablösen. Berücksichtigt man den Zeitraum der erforderlich war, um die EDIFACT-Norm zu verabschieden und in der Wirtschaft zu verbreiten, wird das wesentlich weiter gehende Open EDI noch Jahre auf sich warten lassen. Während ein BSR für wenige Nachrichtentypen bereits exemplarisch in Australien entwickelt wurde, existieren bislang noch keine geeigneten Konvertersysteme.

4.3.4.2 Interactive EDI

Der klassische EDI-Ansatz orientiert sich an der traditionell batchorientierten Arbeitsweise für die Geschäftsabwicklung [PETR90, 204]. Eine dialogorientierte Anfrage/ Antwort-Kommunikation wird nicht unterstützt, lediglich eine Verkürzung der Austausch- und Batchverarbeitungszyklen ist möglich.

Traditionell folgt auf einen Bearbeitungsprozeß, wie die Erzeugung einer Bestellung, eine Liegephase im Sinne von Warte- oder Transportvorbereitungszeiten. Nach der Übermittlung zum Empfänger folgt wiederum eine Liegephase vor der Weiterverarbeitung (Prüfen und Verbuchen des Auftrages). Für klassische EDI-Systeme stellt sowohl das Versenden als auch das Empfangen einer Nachricht jeweils eine vollständige und in sich abgeschlossene Transaktion dar. Der Informationsfluß ist monodirektional („Batch-EDI"). Wesentliche EDI-Vorteile einer hochaktuellen Informationsverfügbarkeit und der damit verbundenen Reagibilität bleiben weitgehend ungenutzt.

Anfang der 90er Jahre setzte sich die WP.4 mit dem Problem der mangelnden Dialogfähigkeit von EDIFACT auseinander. 1992 erfolgte die Verabschiedung eines Entwurfes für „Interactive EDI" (IEDI) [UNWP92]. Erste Arbeitspapiere zu „Interactive EDIFACT Design Guidelines" wurden 1994 erarbeitet [UNWP94]. Ziel war die Erweiterung und Anpassung des bestehenden Ansatzes um transaktionsunterstützende Elemente, die einen inhaltlichen Dialog („Verhandeln") während einer Kommunikationsverbindung (Session) zwischen Anwendungssystemen erlauben. Eingehende EDI-Nachrichten, beispielsweise Aufträge, werden nach formellen und logischen Gesichtspunkten geprüft. Noch innerhalb der Kommunikationssession wird eine auftragspositionsbezogene Bestellbestätigung mit Statusangaben, wie „lieferbar", „Termin nicht möglich" oder „andere Konditionen", erzeugt und zurückgesandt.

IEDI darf hierbei nicht mit „Real Time EDI" verwechselt werden. Bei IEDI erfolgt während der Kommunikationsverbindung ein Dialog zwischen den beteiligten Anwendungssystemen. Sowohl die EDIFACT-Norm als auch bestehende EDI- und Anwendungssysteme sind für eine Dialogverarbeitung anzupassen. Im Gegensatz hierzu basiert „Real

Time EDI" auf dem klassischen Batch-EDI. Der Zusatz „Real Time" weist auf die in kurzen Zeitabständen erfolgende Be- und Verarbeitung von EDI-Nachrichten innerhalb eines Unternehmens hin.

IEDI basiert auf einer verteilten, unternehmensübergreifenden Transaktionsverarbeitung. Aus einer begonnenen, jedoch noch nicht abgeschlossenen Transaktion können weitere Transaktionen initiiert werden [PETR90, 212-213]. Sowohl das Anwendungs- als auch das EDI-System müssen die Verwaltung eines derartigen Dialogs unterstützen.

Die UN/ECE charakterisiert IEDI durch [UNWP92, 7-9]:

- Punkt-zu-Punkt-Verbindungen zwischen Anwendungen auf Basis eines kontrollierten Austausches korrespondierender Nachrichten,

- Dialogverarbeitung, d. h. den sukzessiven bidirektionalen Austausch von Anfrage- und Antwortnachrichten,

- Volumen, d. h. die Anzahl von ausgetauschten Nachrichten innerhalb eines Dialoges kann sehr groß sein und

- Multidialogfähigkeit, d. h. mehrere unabhängige Dialoge können gleichzeitig geführt werden.

Für das EDIFACT-Nachrichtendesign [UNWP94] und die organisatorische Abwicklung von Dialogbeziehungen leiten sich folgende Anforderungen ab:

- Entwurf und Typisierung strukturierter Dialogszenarien (Transaktionsprozeßketten),

- Transaktions-, Dialogkontrollmechanismen und Erweiterung der Servicedaten um Referenznummern, Zeitstempel sowie Status- und Kontrollinformationen [UNWP92, 20-35] und

- Reduktion des Datenvolumens in einzelnen Nachrichtentypen innerhalb eines Dialogs um redundante Nutz- und Servicedaten.

Analog zu Open EDI befindet sich auch IEDI noch in der Entwicklungsphase und besitzt bislang keine Praxisrelevanz. Die erforderlichen Anpassungen bei der EDIFACT-Norm, den EDI-Systemen und den betrieblichen Anwendungen sind erheblich. Angesichts der in den Unternehmen vorhandenen klassisch geprägten Organisation, den bestehenden Anwendungssystemen sowie der getätigten Investitionen ist mittelfristig nicht mit einem Einsatz in der Wirtschaft zu rechnen.

5   Integration externer Geschäftsdaten in betriebliche DV-Strukturen

Bei der interorganisationalen Gestaltung der ZBI müssen die über Kommunikationskanäle ausgetauschten Daten in die betrieblichen Anwendungssysteme integriert werden. Erforderlich sind hierzu EDI-Systeme und EDI-fähige Anwendungssysteme

EDI-Systeme realisieren den Zugang zum Kommunikationskanal, steuern den zwischenbetrieblichen Kommunikationsprozeß und konvertieren zwischen dem innerbetrieblichen und dem EDI-Datenformat. EDI-fähige Anwendungssysteme müssen neben der manuellen Datenerfassung und dem Papierausdruck ebenso den Ex- und Import von Geschäftsdaten unterstützen, so daß zwischen EDI- und Anwendungssystem ein direkter Datenaustausch erfolgen kann. Ein Überblick der erforderlichen Integrationsfunktionen und ihrer Verteilung findet sich in Abbildung 5/1.

EDI-Systeme sind in unterschiedlicher Ausprägung und Leistungsfähigkeit am Markt verfügbar und können funktional weitgehend als ausgereift betrachtet werden. Demgegenüber befinden sich für betriebswirtschaftliche Anwendungssysteme EDI-Schnittstellen bzw. EDI-Module vielfach erst in der Entwicklung.

Die Verknüpfung von EDI-Funktionalität (EDI-System) und betriebswirtschaftlicher Funktionalität (Anwendungssystem) erweist sich als schwierig und ist mit hohem Anpassungs- und/oder Entwicklungsaufwand verbunden. Im Vordergrund stehen hierbei technische Grundfunktionen des Datenex- und -importes bei Anwendungssystemen sowie die Interaktion mit dem EDI-System.

Abschnitt 5.1 setzt sich mit EDI-Systemarchitekturen und -funktionen auseinander. Im Rahmen einer Produktklassifikation erfolgt eine Unterteilung nach verschiedenen Anwendergruppen und Anforderungsprofilen, die durch eine empirische Marktuntersuchung sowie durch Produktbeispiele konkretisiert wird.

Die Integrationsfähigkeit von Standardanwendungssoftware ist Gegenstand von **Abschnitt 5.2.** Im Mittelpunkt steht eine Produktklassifikation nach integrationsspezifischen Kriterien, die Integrationserfordernisse entsprechend der betriebswirtschaftlichen Funktionstiefe und -breite herausarbeitet. Es schließt sich eine empirische Marktuntersuchung von SAS sowie die Vorstellung ausgewählter Integrationsansätze an.

In **Abschnitt 5.3** erfolgt die Diskussion von „Hybridlösungen", bestehend aus einer Kombination ausgewählter EDI-Funktionen und betriebswirtschaftlicher Funktionalität.

Den Abschluß bilden **Abschnitt 5.4** mit einer kritischen Wertung bestehender Integrationsstrategien und **Abschnitt 5.5** mit einer Schwachstellenanalyse verfügbarer Integrationsansätze.

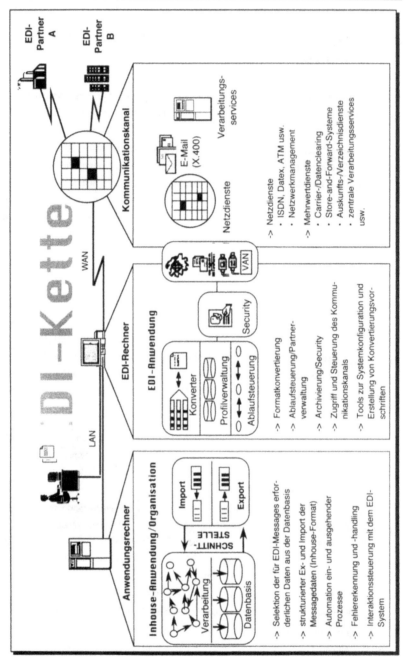

Abb. 5/1:   EDI-Kette

5.1   EDI-System

Das markanteste Kennzeichen des EDI-Systemmarkts ist seine Intransparenz. Ursachen sind über 70 EDI-Systemanbieter mit mehr als 100 Produkten allein in Deutschland [SCHE95d, 42]. Nicht enthalten ist dabei die Vielzahl von EDI-Speziallösungen und - Systemvariationen durch Erweiterungsmodule oder Modulkombinationen. Aufgrund der enormen Marktdynamik und der Komplexität muß mit Ausnahme einiger weniger, sehr allgemeiner Aussagen in der Literatur [RÖCK92b; MIEB92; KENN91; STEM91; THOM91] überwiegend auf empirische Ergebnisse zurückgegriffen werden.

Die folgenden Aussagen und Abschätzungen basieren auf verschiedenen mehrjährigen Untersuchungen am Lehrstuhl für BWL und Wirtschaftsinformatik von Prof. Dr. R. Thome an der Universität Würzburg (vgl. Abschnitt 1.3.2). Bereits 1991 erfolgten erste SW-Tests mit verschiedenen DOS-basierten EDI-Systemen. Auf Basis einer selbstentwickelten EDI-Schnittstelle wurde 1992 die Integration eines EDI-Systems in das nicht EDI-fähige Standardanwendungssystem „COMET" von SNI vorgenommen. 1995 begann eine umfangreiche Testreihe mit EDI-Systemen in allen verfügbaren Leistungsklassen, welche kontinuierlich um neue Produkte erweitert wird.

5.1.1   EDI-Systemarchitekturen

Betriebswirtschaftliche Anwendungssysteme unterstützen weder den Zugriff auf einen Kommunikationskanal noch dessen Steuerung. Außerdem sind die zum Einsatz kommenden Anwendungssysteme aufgrund unterschiedlicher Datenstrukturen bzw. -darstellungsformen (z. B. Codes) zueinander inkompatibel.

Mittels EDI-Systemen erfolgt die Konvertierung der bereitgestellten Inhouse-Formate in standardisierte EDI-Nachrichten und umgekehrt. Ebenfalls Aufgabe eines EDI-Systems ist die Bereitstellung einer Schnittstelle für die externe Kommunikation (Kommunikationskanal) sowie deren Steuerung (z. B. Verbindungsauf- und -abbau), d. h. der koordinierte elektronische Austausch von EDI-Nachrichten mit dem Partner. Die interne Kommunikation zwischen EDI-System und betrieblicher Anwendung erfolgt weitgehend auf Basis von Filetransfer-Produkten von Drittanbietern.

Die genannten Grundfunktionen sind eingebettet in ein Managementsystem (Ablaufsteuerung), welche dem Anwender die Möglichkeit gibt, die Abläufe nach individuellen Bedürfnissen (z. B. vereinbarte Zeitfenster oder kostengünstige Nachttarife) zu gestalten und zu überwachen. Der Aufbau eines EDI-Systems ist in Abbildung 5/2 dargestellt.

EDI-Systeme existieren in den verschiedensten Leistungsklassen und werden mit einer Vielzahl von – teilweise optionalen – Zusatzfunktionen angeboten, wobei unterschiedliche EDI-Systemarchitekturen zum Einsatz kommen (vgl. Anhang 1, Tabelle A/1 und A/2). Die Preisspanne reicht hierbei je nach Ausstattung und Grad der individuellen Anpassung von

PC-Klein-Systemen für unter 2.000,- DM bis zu sehr leistungsfähigen Gateway-Systemen für über 500.000,- DM.

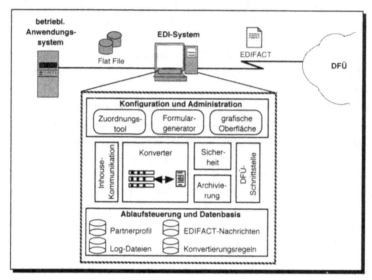

Abb. 5/2:   EDI-System

In der nachfolgenden Übersicht (vgl. Tabelle 5/1 bis 5/7) werden die logischen Funktionsbereiche von EDI-Systemen strukturiert dargestellt. EDI-Systeme stellen entsprechend ihrer Leistungsklasse und Ausrichtung unterschiedliche Teilmengen der aufgezeigten EDI-Funktionalitäten bereit.

Die Funktionen sind entsprechend ihrer Verfügbarkeit am Markt gekennzeichnet als

- „verfügbar" (Standardfunktionalität oder Zusatzmodul),
- „eingeschränkt realisiert" (Funktionalität nicht umfassend und nicht in allen Produkten enthalten) oder
- „nicht verfügbar" (bislang nicht realisiert).

Erläuterungen zu den einzelnen Funktionen geordnet nach logischen Funktionsbereichen finden sich in Anhang 1.

Ablaufsteuerung

Die Ablaufsteuerung (vgl. Tabelle 5/1 und A/3) verwaltet alle für den ordnungsgemäßen Betrieb von EDI-Systemen erforderlichen Daten (z. B. Partnerstammdaten, Konfigurationsparameter) und steuert als Rahmensystem die einzelnen EDI-Funktionen und -Systemkomponenten. Bei modular aufgebauten Systemen dient sie in der Regel als Grundsystem, welches nach individuellen Bedürfnissen erweitert werden kann.

Tab. 5/1:   Funktionen der Ablaufsteuerung

Funktion	Verfügbarkeit
Protokolle/Reports	eingeschränkt realisiert
Fehler-Management	eingeschränkt realisiert
automatische Ablaufsteuerung	eingeschränkt realisiert
Functional Acknowledgements (FA)	nicht verfügbar
Return Codes	eingeschränkt realisiert
Erstellung des Servicedatenrahmens	verfügbar

Konverter

Neben der strukturellen Umsetzung zwischen Inhouse- und EDI-Format ist es die Aufgabe von Konvertern, Ergänzungen vorzunehmen (z. B. Konstanten, Servicedatenrahmen), unterschiedliche Codes umzusetzen und mathematische und logische Funktionen abzubilden (vgl. Tabelle 5/2 und A/4).

Tab. 5/2:   Konverterfunktionen

Funktion	Verfügbarkeit
Format-/Code-Konvertierung	eingeschränkt realisiert
Programmierbarkeit	eingeschränkt realisiert
Offenheit	eingeschränkt realisiert
Syntaxprüfung	eingeschränkt realisiert
Multistandardfähigkeit	eingeschränkt realisiert
Fehlertoleranz	eingeschränkt realisiert
Strukturflexibilität	eingeschränkt realisiert

Kommunikation

EDI-Systeme müssen sowohl einen koordinierten und korrekten Datenaustausch zu den Partnern sicherstellen (Kommunikationskanal) als auch Möglichkeiten zum unternehmensinternen Datentransfer mit Anwendungssystemen bieten (vgl. Tabelle 5/3 und A/5).

Tab. 5/3:   Kommunikationsfunktionen

Funktion	Verfügbarkeit
interne Kommunikation	eingeschränkt realisiert
externe Kommunikation	eingeschränkt realisiert
Message Handling	eingeschränkt realisiert
ergänzende Kommunikationsformen	eingeschränkt realisiert

Datenein- und -ausgabe

Für die Mensch-Maschine-Interaktion sind Benutzerschnittstellen wie Tastatur/Bildschirm oder Drucker erforderlich. Zu nennen sind insbesondere Aufgaben wie die Konfiguration und Steuerung des EDI-Systems sowie die Ein- und Ausgabe von betriebswirtschaftlichen Daten bei nicht integrierten Systemen (vgl. Tabelle 5/4 und A/6).

Tab. 5/4:   Funktionen der Datenein- und -ausgabe

Funktion	Verfügbarkeit
Dialogoberfläche	eingeschränkt realisiert
Viewer/Editoren	eingeschränkt realisiert
Data Entry Modul	eingeschränkt realisiert
Auswahllisten/Filter	eingeschränkt realisiert
aufbereitete Druckausgabe	eingeschränkt realisiert

Implementierungswerkzeuge

Beim Aufbau von EDI-Gemeinschaften sind Absprachen zwischen den Teilnehmern sowie unternehmensinterne Anpassungen (z. B. Inhouse-Integration, Ablauforganisation) zwingend erforderlich. Hierzu werden ein Reihe unterschiedlicher Werkzeuge bereitgestellt, die teilweise integrale Bestandteile des EDI-Systems oder eigenständige Produkte darstellen (vgl. Tabelle 5/5 und A/7).

Tab. 5/5:   Implementationsfunktionen bzw. -werkzeuge

Funktion	Verfügbarkeit
Normdatenbank/EDIFACT-Directory	verfügbar
Zuordnungstools	eingeschränkt realisiert
Systeminstallation	eingeschränkt realisiert
Systemtest und Testdatengenerator	eingeschränkt realisiert
Anwendungsschnittstellen	eingeschränkt realisiert

Archivierung

Aus Gründen der Geschäftssicherheit sowie rechtlicher Vorgaben müssen elektronisch übermittelte Geschäftsdaten auch noch zu einem späteren Zeitpunkt wiederherstellbar sein (vgl. Tabelle 5/6 und A/8).

Tab. 5/6: Archivierungsfunktionen

Funktion	Verfügbarkeit
Archivierung	eingeschränkt realisiert
Recovery	eingeschränkt realisiert
Konformität mit gesetzlichen Anforderungen	eingeschränkt realisiert

Security

Vor dem Hintergrund der Geschäftssicherheit, d. h. der Verbindlichkeit elektronischer Dokumente, gewinnt mit zunehmender Verbreitung elektronischer Kommunikationsmedien der Sicherheitsaspekt an Bedeutung. Hinzu kommt die bestehende Skepsis vieler Anwender gegenüber dieser neuen Form des Geschäftsdatenaustausches. Wesentliche Aspekte ist der Schutz vor unautorisierten Zugriffen Dritter. Sicherzustellen ist, daß weder das EDI-System noch der zwischenbetriebliche Datenaustausch gestört oder manipuliert werden (vgl. Tabelle 5/7 und A/9).

Tab. 5/7: Sicherheitsfunktionen

Funktion	Verfügbarkeit
Zugangsschutz	eingeschränkt realisiert
Verschlüsselung	eingeschränkt realisiert
Elektronische Unterschrift	eingeschränkt realisiert
Referenznummern	verfügbar

5.1.2 Produktklassifikation

Die am Markt angebotenen Produkte unterscheiden sich vor allem in ihrer Funktionsbreite und -tiefe. Unter Funktionsbreite ist die Summe unterschiedlicher EDI-Funktionalitäten zu verstehen. Demgegenüber beschreibt die Funktionstiefe die Leistungsfähigkeit jeder einzelnen EDI-Funktion.

Nicht alle im Abschnitt 5.1.1 beschriebenen Funktionen sind für ein EDI-System zwingend erforderlich oder werden von jedem Anwender benötigt.

Zu unterscheiden ist zwischen (vgl. Abbildung 5/3)

- Basisfunktionen, die immer in einem EDI-System realisiert sein müssen,

- Zusatzfunktionen und Erweiterungen, die optional bei Bedarf in das System integriert werden oder als eigenständige Anwendungen unabhängig vom EDI-System ablauffähig sind, und

- problemorientierte Lösungen, die durch individuell zusammengestellte, vorkonfigurierte EDI-Funktionen sowie betriebswirtschaftliche Ergänzungen eine einfache und kostengünstige EDI-Einführung erlauben [SCHE95b, 25].

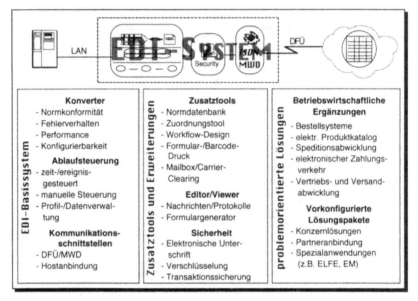

Abb. 5/3:   Funktionsumfang von EDI-Systemen

Am Markt verfügbare EDI-Systeme lassen sich in drei Leistungsklassen unterteilen:

1) EDI-Kleinsysteme als Einstiegslösungen für kleine Unternehmen mit geringem EDI-Aufkommen und wenigen Partnern,

2) EDI-Server für integrierte Lösungen in mittelständischen bis großen Unternehmen mit mittlerem bis hohem EDI-Austauschvolumen, für die nach Bedarf Zusatztools angeboten werden, und

3) EDI-Gateways für Konzerne und EDI-Dienstleister mit verschiedenen, räumlich verteilten Anwendungen, einem hohem Datenaufkommen sowie vielen Kommunikationspartnern.

Mit steigender Leistungsfähigkeit wachsen das erforderliche Know-how und die Betriebsanforderungen bei gleichzeitig sinkendem Bedienungskomfort. Während Verwalter von

EDI-Gateways der Leistungsfähigkeit und Betriebssicherheit eine zentrale Bedeutung beimessen, stehen bei Kleinsystemen Anschaffungs- und Betriebskosten sowie die intuitive Bedienbarkeit im Mittelpunkt.

Für jede Systemklasse wird nachfolgend ein Leistungsprofil erstellt und den Anforderungen der Zielgruppen gegenübergestellt.

5.1.2.1 EDI-Kleinsysteme

Ca. 30% des EDI-Marktangebotes entfallen zur Zeit auf EDI-Kleinsysteme. Dieses von hohen Zuwachsraten gekennzeichnete Marktsegment wurde in der Vergangenheit nahezu ausnahmslos von international ausgerichteten MWD-Anbietern versorgt. Seit 1995 bearbeiten auch deutsche EDI-Anbieter mit eigenen Neuentwicklungen dieses Marktsegment.

Als Zielgruppe lassen sich Kleinanwender mit geringem Transaktionsaufkommen nennen, die aufgrund Elektronischer Hierarchien eine kostengünstige „EDI-Fähigkeit" benötigen. Eine weitere Anwendergruppe stellen große Unternehmen mit hohem EDI-Aufkommen und meist internationaler Ausrichtung dar. Sie bieten ihren bislang noch nicht EDI-fähigen Partnern speziell auf deren Bedürfnisse angepaßte EDI-Pakete als kostengünstige Einstiegslösung an [SCHE95c, 4].

Ziel ist die schnelle, einfache sowie in der Anschaffung und im Betrieb kostengünstige EDI-Fähigkeit im Sinne von Plug&Play-Lösungen. Die Initiierung erfolgt überwiegend auf äußeren Druck wichtiger Geschäftspartner. Eine Übersicht über das Leistungsprofil von EDI-Kleinsystemen gibt Tabelle 5/8.

Typische Kennzeichen derartiger PC-Lösungen sind die hohe Benutzerfreundlichkeit auf Basis grafischer Benutzeroberflächen (GUI, Graphical User Interface). EDI-Kleinsysteme werden vorkonfiguriert mit wenigen, angepaßten Nachrichtentypen ausgeliefert, wodurch eine Nutzung ohne Vorkenntnisse möglich ist. Trotz einer rudimentären Inhouse-Schnittstelle ist eine Integration in das betriebliche Anwendungssystem nicht vorgesehen.

Seit 1995 werden EDI-Kleinsysteme sukzessive um betriebswirtschaftliche Funktionen erweitert [SCHE95a, 6]. Zu nennen sind insbesondere die Bestell- und Zahlungsabwicklung sowie der Druck erforderlicher Formularsätze, wodurch gezielt Funktionen betrieblicher Anwendungssysteme abgedeckt oder ergänzt werden (vgl. Abschnitt 5.3). Einerseits lassen sich hierdurch die EDI-Potentiale integrierter Lösungen zumindest teilweise realisieren, andererseits entstehen jedoch Redundanzen zu bestehenden Inhouse-Anwendungen mit all den sich daraus ergebenden Nachteilen. Die Leistungsfähigkeit von EDI-Kleinsysteme kann hierbei derart umfangreich sein, daß bei kleineren Unternehmen auf zusätzliche betriebliche Anwendungssysteme (z. B. Warenwirtschaftssystem) völlig verzichtet werden kann.

Tab. 5/8:   Leistungsprofil von EDI-Kleinsystemen

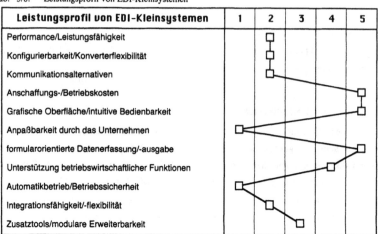

Leistungsprofil von EDI-Kleinsystemen	1	2	3	4	5
Performance/Leistungsfähigkeit		▢			
Konfigurierbarkeit/Konverterflexibilität		▢			
Kommunikationsalternativen	▢				
Anschaffungs-/Betriebskosten					▢
Grafische Oberfläche/intuitive Bedienbarkeit					▢
Anpaßbarkeit durch das Unternehmen	▢				
formularorientierte Datenerfassung/-ausgabe					▢
Unterstützung betriebswirtschaftlicher Funktionen				▢	
Automatikbetrieb/Betriebssicherheit	▢				
Integrationsfähigkeit/-flexibilität		▢			
Zusatztools/modulare Erweiterbarkeit				▢	

Bedeutung der Funktion: 1 = keine; 2 = geringe; 3 = Auswahlkriterium; 4 = wichtiges Leistungskriterium; 5 = zentrale Funktion/k.o.-Kriterium

Die Kommunikation erfolgt aus Kostengründen über das analoge Fernsprechnetz sowie unter Nutzung von MWD. Aufgrund der wachsenden Popularität von ISDN und der sinkenden Kosten dieses Dienstes ist in Zukunft eine deutlich stärkere Nutzung von ISDN zu erwarten.

Die Integration in das betriebliche Anwendungssystem erfolgt bei Bedarf mittels einer starr vorgegebene Flat File-Schnittstelle. Sowohl die inflexible Datenstruktur als auch die erforderlichen Header-Daten erschweren eine Integration, da sie funktionale Anpassungen des Anwendungssystems erfordern.

Der Zielerreichungsgrad im Sinne einer schnellen und aufwandsarmen EDI-Fähigkeit ist hoch. Für den Anwender ergeben sich jedoch erhebliche Nachteile, wie

- starke Einschränkungen in der Erweiterbarkeit (z. B. um weitere Partner und Nachrichtentypen),
- eine aufwendige Inhouse-Integration aufgrund der geringen Flexibilität und
- eine hohe Abhängigkeit vom Anbieter und dessen Service-Angebot (z. B. bei Anpassungen).

Die Kosten orientieren sich am Funktionsumfang und dem Grad der Vorkonfiguration. EDI-Kleinsysteme ohne betriebswirtschaftliche Erweiterungen mit 1-2 Nachrichtentypen und einem Kommunikationsmodul für den MWD-Anschluß werden für unter 3.000,- DM von Providern, wie HARBINGER/Wiesbaden, PROFILE/München oder GE/Köln angeboten. Sowohl die Anpassung von Nachrichtentypen als auch die Implementierung neuer

Nachrichtentypen muß vom Anbieter vorgenommen werden, da keine Zuordnungsfunktionalitäten zur Verfügung stehen.

5.1.2.2 EDI-Serversysteme

Mit 60% Marktanteil nehmen die klassischen EDI-Serversysteme mit einer hohen Leistungsspannweite eine dominierende Position ein. Für die Zukunft ist aufgrund der steigenden Produktdiversifizierung mit einem sinkenden Marktanteil zu rechnen.

Zielgruppe sind KMUs mit mittlerem bis hohem EDI-Datenvolumen, die eine Integration in Anwendungssysteme planen. Grundlage bildet eine aktive EDI-Strategie, die den Aufbau von EDI-Know-how und eine weitgehend selbständige EDI-Systembetreuung voraussetzt.

Ziel ist die möglichst weitreichende Nutzung operativer EDI-Potentiale auf Basis einer flexiblen, leistungsstarken EDI-Infrastruktur mit vertretbarem Aufwand. Tabelle 5/9 gibt eine Übersicht über das Leistungsprofil von EDI-Serversystemen.

Tab. 5/9:   Leistungsprofil von EDI-Servern

Leistungsprofil von EDI-Serversystemen	1	2	3	4	5
Performance/Leistungsfähigkeit				□	
Konfigurierbarkeit/Konverterflexibilität					□
Kommunikationsalternativen				□	
Anschaffungs-/Betriebskosten				□	
Grafische Oberfläche/intuitive Bedienbarkeit			□		
Anpaßbarkeit durch das Unternehmen					□
formularorientierte Datenerfassung/-ausgabe		□			
Unterstützung betriebswirtschaftlicher Funktionen		□			
Automatikbetrieb/Betriebssicherheit				□	
Integrationsfähigkeit/-flexibilität				□	
Zusatztools/modulare Erweiterbarkeit					□

Bedeutung der Funktion: 1 = keine; 2 = geringe; 3 = Auswahlkriterium; 4 = wichtiges Leistungskriterium; 5 = zentrale Funktion/k.o.-Kriterium

Performance und komfortable Konfigurierbarkeit sind zentrale Leistungsanforderungen bei den zumeist WINDOWS- oder WINDOWS NT-basierten EDI-Servern. Als universelle EDI-Systeme sind sie modular an verschiedene Anforderungen im Bereich der Kommunikation und Ablaufsteuerung anpaßbar.

Erweiterungsmodule finden sich vorwiegend im Bereich der

- Sicherheit (z. B. Verschlüsselung, Elektronische Unterschrift) und
- Konfiguration (z. B. Zuordnungstools).

Erweiterungen werden zunehmend als eigenständige, mit dem EDI-Server verknüpfbare Anwendungen realisiert, was die Einbindung von Fremdprodukten durch die bestehenden Systemschnittstellen erleichtert. Konvertierungsvorschriften werden komfortabel auf Basis von Windows-Anwendungen erstellt, deren erzeugte Parameterdateien sich in das EDI-Serversystem importieren lassen.

Die Inhouse-Schnittstelle besteht aus frei definierbaren Ein- und Ausgangsverzeichnissen sowie einer weitgehend frei definierbaren Flat File-Struktur. Teilweise muß die Flat File-Struktur noch mit einem konverterspezifischen Header versehen werden, der bei ausgehenden Nachrichten dem EDI-System die Identifikation des korrekten Partnerprofils (z. B. Zuordnungsvorschrift, Sendezeitpunkt) erlaubt. Die Datenfeldanordnung ausgehender Flat Files muß weitgehend dem sequentiellen Aufbau der EDI-Struktur entsprechen, da insbesondere ältere Konvertersysteme „Schachtelungen" und „Überkreuzzuweisungen" nicht korrekt verarbeiten. Die Ergänzung ein- und ausgehender Daten durch Konstanten sowie die Umsetzung von Codes erlaubt den Abgleich von in Umfang und Darstellung differierenden EDI-Daten mit den Anwendungsdaten.

Der Zielerreichungsgrad ist aufgrund der großen Leistungsbandbreite und der zunehmenden Komfortabilität durch Erweiterungen hoch. Der Aufbau von eigenem EDI-Know-how und die Bereitstellung personeller Ressourcen lassen sich jedoch nicht vermeiden.

EDI-Server sind ab ca. 9.000,- DM erhältlich, wobei eine mehrtägige Schulung und Implementierung (ca. 1800,- DM/Manntag) in der Regel unumgänglich sind. Weitere Kosten entstehen durch Wartungsverträge (ca. 10% des Beschaffungspreises, ca. 18% bei Fernwartung) sowie Erweiterungen.

EDI-Serversysteme werden von nahezu jedem EDI-Anbieter angeboten. Funktionsumfang sowie Umfang der angebotenen Erweiterungen differieren erheblich. Anbieter sind beispielsweise ACTIS/Berlin, LION/Köln, PROFILE/München, SEEBURGER/Bretten, SNI/München und Deutsche Telekom/Berlin.

5.1.2.3 EDI-Gateways

Mit ca. 10% Marktanteil decken EDI-Gateways das kleinste Marktsegment sehr anspruchsvoller und im Betrieb aufwendiger Lösungen ab. Zielgruppe sind branchenübergreifend und international agierende MWD-Anbieter und Service-Rechenzentren sowie Konzerne mit einem zentralen Daten-Clearing.

EDI-Gateways werden speziell als hochperformante, extrem betriebssichere EDI-Systeme zur Konvertierung und Verwaltung großer Datenvolumina entwickelt. Ferner dienen sie als informationslogistische Datendrehscheibe mit vielfältigen Sammel-, Verteil- und Verarbeitungsfunktionen. Eine Übersicht über das Leistungsprofil von EDI-Gatewaysystemen gibt Tabelle 5/10.

Tab. 5/10:   Leistungsprofil von EDI-Gateways

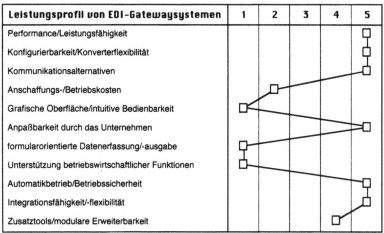

Leistungsprofil von EDI-Gatewaysystemen	1	2	3	4	5
Performance/Leistungsfähigkeit					□
Konfigurierbarkeit/Konverterflexibilität					□
Kommunikationsalternativen					□
Anschaffungs-/Betriebskosten			□		
Grafische Oberfläche/intuitive Bedienbarkeit	□				
Anpaßbarkeit durch das Unternehmen					□
formularorientierte Datenerfassung/-ausgabe		□			
Unterstützung betriebswirtschaftlicher Funktionen	□				
Automatikbetrieb/Betriebssicherheit					□
Integrationsfähigkeit/-flexibilität					□
Zusatztools/modulare Erweiterbarkeit					□

Bedeutung der Funktion: 1 = keine; 2 = geringe; 3 = Auswahlkriterium; 4 = wichtiges Leistungskriterium;
5 = zentrale Funktion/k.o.-Kriterium

EDI-Gateways basieren überwiegend auf verschiedenen UNIX-Plattformen sowie vereinzelt auch auf Großrechnerplattformen. Sie sind auf den professionellen Hochleistungsbetrieb durch Experten ausgelegt. Die Parameter- und Datenverwaltung erfolgt auf Basis von Datenbanken. Aus Gründen der Performance arbeiten die Konverter teilweise mit programmierten Verknüpfungen (hard coded). Die Benutzerfreundlichkeit tritt zugunsten von Leistungsfähigkeit und hoher Flexibilität in ihrer Bedeutung zurück. Betriebssicherheit (z. B. Transaktionssicherung) sowie umfangreiche Funktionen der Nachrichten- (z. B. Splitting, Routing) und Kommunikationsverwaltung (z. B. Store-and-Forward, Carrier-Clearing, Accounting/Billing) sind weitere zentrale Anforderungen. Betriebswirtschaftliche Erweiterungen werden nicht standardmäßig angeboten.

Die Inhouse-Schnittstelle besteht aus frei definierbaren Ein- und Ausgangsverzeichnissen, die sich auf beliebigen Rechnern im LAN befinden können, sowie einer weitgehend frei strukturierbaren Flat File-Struktur. Die Ergänzung ein- und ausgehender Daten durch Konstanten sowie die Umsetzung von Fremd-Codes erlaubt einen weitgehenden Abgleich der EDI- mit den Inhouse-Daten. Umfangreiche EDI-Nachrichtentypen, wie Bestellungen mit vielen Positionen, können entsprechend den Anforderungen der Inhouse-Anwendung in mehrere Dateien aufgespalten und verschiedene ausgehende Dateien zu einer großen EDI-Nachricht zusammengefaßt werden. EDI-Gateways sind über User-Exits oder APIs flexibel durch Eigenentwicklungen erweiterbar.

Der Zielerreichungsgrad von EDI-Gateways ist aufgrund der zielgruppenorientierten Entwicklung hoch. Kritisch anzumerken ist, daß nationale Vertiebspartner großer internationaler Anbieter häufig aufgrund der geringen Nachfrage nicht das erforderliche Know-how besitzen, um für diese Produkte direkt als Partner aufzutreten.

Das Basissystem eines EDI-Gateway ist ab ca. 60.000,- DM erhältlich und muß um Kommunikations- sowie gegebenenfalls um Sammel- und Verteilfunktionen ergänzt werden, wodurch die Kosten noch um ein Mehrfaches steigen können. Wartung und Anpassungen nach der Erstinstallation erfolgen in der Regel vom Betreiber selbst, der entsprechende Personalressourcen vorhält.

Der Kostenaspekt tritt aufgrund der zentralen Bedeutung von Leistungsfähigkeit und Betriebssicherheit in den Hintergrund. Angeboten werden derartige Systeme von ACTIS/ Berlin, ASSEM AUDI/Meckenheim, PERWILL/England oder SNI/München.

5.1.3   Marktanalyse

Der Markt für EDI-Systeme entstand Mitte der 80er Jahre als Folge erster umfangreicher EDI-Projekte in der Automobil- und Konsumgüterbranche. Vorwiegend PC-basiert lag der Schwerpunkt auf einer simplen Formatumsetzung, d. h. der Umordnung von Datenelementen, sowie einer sehr einfach gestalteten Kommunikationsfunktionalität (Point-to-Point). Performance, Flexibilität und Handhabung waren aus heutiger Sicht betrachtet völlig unzureichend. Viele Unternehmen entwickelten eigene Konvertersysteme, die sich starr an den spezifischen Formaten und Anforderungen orientierten. Mit der Verabschiedung des syntaktisch komplexen EDIFACT-Directory 91/1 stiegen die Anforderungen an die Konverter immens an. Noch Mitte der 90er Jahre mußte bei einzelnen EDI-Systemen dieses Problem durch Vorgaben bei der Gestaltung von Inhouse-Formaten umgangen werden. Anfang der 90er Jahre hatten die am Markt angebotenen EDI-Systeme eine Funktionalität und Komplexität erreicht, die Individualentwicklungen immer unwirtschaftlicher werden ließen.

Von einer neuen EDI-Systemgeneration kann ab Mitte der 90er Jahre gesprochen werden. Neben einer modularen, datenbankbasierten Architektur sind klar differenzierte Systemklassen sowie GUIs Standard, eine komfortable Code-Umsetzung, die flexible Nutzung von TK-Diensten, erste Workflow-Ansätze und eine Vielzahl ergänzender Zusatztools kennzeichnen die neuen Produkte.

Weiterhin unbefriedigend gelöst ist die Schnittstellenproblematik zu Inhouse-Anwendungen. Batch-orientierte Flat File-Schnittstellen ohne Interaktion zwischen EDI-System und Inhouse-Anwendung stellen seit Mitte der 80er Jahre nahezu unverändert den Regelfall dar.

5.1.3.1 Empirische Marktanalyse

Am Markt lassen sich zur Zeit vier unterschiedliche Anbietergruppen für EDI-Systeme unterscheiden:

- EDI-orientierte SW-Häuser (z. B. ACTIS, LION, SEEBURGER, MLC),

- MWD-Anbieter (z. B. GE, HARBINGER, EURO-LOG Deutschland),

- Beratungsunternehmen (z. B. INOVIS, SOFTLAB, Origin Information Technology) und

- diversifizierende HW-Hersteller (z. B. SNI, IBM, DEC).

Häufig besteht eine Spezialisierung auf bestimmte Branchen, wobei Beratungs- und Serviceleistungen zunehmend an Bedeutung gewinnen.

Im Januar 1995 wurde am Lehrstuhl für BWL und Wirtschaftsinformatik von Prof. Dr. R. Thome an der Universität Würzburg eine umfassende Erhebung von EDI-Produkten und -Dienstleistungen in Deutschland vorgenommen. Angeschrieben wurden 61 Unternehmen, die sich direkt mit EDI auseinandersetzen und EDI-Produkte anbieten. Nicht berücksichtigt wurden Unternehmensberatungen ohne eigenes EDI-Produktangebot. Neben detaillierten Informationen zu Produkten und Dienstleistungen wurde um Teststellungen für eingehende Analysen gebeten.

Die Rücklaufquote betrug 77%. Von 17 Unternehmen wurden mehr als 40 Produkte und Module als Teststellung zur Verfügung gestellt.

Definierte Ziele waren

- eine Übersicht verfügbarer EDI-Funktionalitäten sowie EDI-Dienstleistungen,

- die Klassifikation von Systemen und Dienstleistungen sowie

- die Ermittlung von Anwenderklassen und -profilen.

Nicht durchgeführt wurde ein qualifizierender Produktvergleich. Dieser erwies sich aufgrund unterschiedlicher Produktausrichtungen (z. B. Branchenbedürfnisse) sowie einer stark differierenden EDI-Funktionsbreite als undurchführbar.

Das methodische Vorgehen bei der Analyse läßt sich folgendermaßen zusammenfassen:

- Erstellung umfangreicher EDI-Funktionskataloge mit jeweils ca. 180 Kriterien für die einzelnen EDI-Systemklassen,

- strukturierte Erfassung der Funktionsbreite und -tiefe jedes einzelnen Produktes anhand der EDI-Funktionskataloge,

- fallstudienbasierte Systemanalyse bei verfügbaren Produkten unter anwendungs- bzw. problemorientierten Gesichtspunkten und

- Erstellung von Leistungs- und Anforderungsprofilen, die Rückschlüsse auf EDI-Systemklassen und Anwendungsgruppen zulassen.

Das Marktangebot unterteilt sich in:

- 30% EDI-Kleinsysteme unter DOS/WINDOWS,

- 60% EDI-Serversysteme unter WINDOWS bzw. WINDOWS NT und

- 10% EDI-Gateways unter UNIX und Großrechnerbetriebssystemen.

Vor dem Hintergrund der Inhouse-Integration erweisen sich EDI-Kleinsysteme wie auch viele der PC-basierten EDI-Serversysteme als uninteressant. Bei EDI-Kleinsystemen wurde aus Kostengründen aufgrund der geringen Nachfrage auf Inhouse-Schnittstellen weitgehend verzichtet. EDI-Serversysteme unterstützen durchgängig Integrationsschnittstellen, wobei die Flexibilität der Flat File-Strukturen jedoch begrenzt ist. Die Ablaufsteuerung erfolgt auf Basis einer Zeitintervall- oder Zeitpunktsteuerung.

EDI-Gateways erlauben aufgrund ihrer hohen Flexibilität (z. B. API, User-Exits) sowie der betriebssystembedingten Interaktionsfähigkeit (z. B. RFC) die weitreichendsten Integrationspotentiale.

5.1.3.2 Marktüberblick

Nachfolgend werden ausgewählte EDI-Systeme anhand von Praxiserfahrungen (vgl. Abschnitt 1.3.2), Expertengesprächen sowie Systemdokumentationen klassifiziert und vorgestellt (Stand März 1996). Sie vermitteln einen umfassenden Überblick des verfügbaren Leistungsspektrums moderner EDI-Systeme. Alle dargestellten Server- und Gateway-Produkte eignen sich für Integrationslösungen.

WIN-ELKE von SEEBURGER UNTERNEHMENSBERATUNG

1986 gegründet, beschäftigt sich die Firma SEEBURGER (1995 ca. 40 festangestellte Mitarbeiter) mit der Entwicklung von EDI-Systemen (Geschäfts- und technischer Datenaustausch) sowie der Beratung im Bereich EDI und Logistik. Das Unternehmen verweist auf über 700 Installationen, wobei umfangreiche Erfahrungen im Umfeld der Automobilindustrie bestehen.

Die ELKE-Produktreihe ist ein stark modularisiertes EDI-Serversystem, welches für verschiedenste Betriebssysteme, wie DOS/WINDOWS, WINDOWS NT, OS/400 sowie verschiedene UNIX-Derivate, verfügbar ist. Die Module sind weitgehend als eigenständige Programme realisiert, werden jedoch unter einer grafischen Oberfläche, der „WINELKE*BASIS", verwaltet. Kernstück bildet der tabellengesteuerte sowie mit einer eigenen Skript-Sprache weitgehend frei programmierbare Konverter „TLA*BASIS". Verschiedene Kommunikationsmodule erlauben die Nutzung von ISDN, dem analogen Fernsprechnetz sowie X.25 (Datex-P) auf Basis verschiedener Übertragungsprotokolle (z. B. OFTP) und MWD-Zugangsmodule (z. B. Telebox400/Telekom, EDI*Express/GE). „PHIL" (PC-Host Integrated Link) realisiert den Filetransfer zwischen EDI-System und Host. Die Ablaufsteuerung und die Profil- bzw. Datenverwaltung erfolgt durch die „TLA*BASIS" bzw. den „ELKE-Manager" bei Mehrplatzlösungen. Die verschiedenen Module sind über eine homogene Oberfläche nutzbar. Das ELKE-System verfügt über eine zertifizierte Schnittstelle zu SAP R/3.

„EDWIN" steht für „EDIFACT Development System for WINDOWS" und erlaubt plattformunabhängig die Erstellung und die Dokumentation von Zuordnungsvorschriften und
Code-Tabellen.

Neben EDI-Systemen werden betriebswirtschaftliche Lösungen im Umfeld der Vertriebs-/
Versandabwicklung und Fakturierung (WINVERA) (vgl. Abschnitt 5.3), Auftragsabwicklung (WIN-MARKT) sowie für Gebietsspediteure der Kfz-Industrie (SUBSPED) angeboten. Die Anwendungen erzeugen und verarbeiten direkt VDA-, ODETTE- und EDIFACT-
Nachrichten, die über Kommunikationsmodule mit den Partnern ausgetauscht werden.

Kennzeichnend für die Produkte der SEEBURGER Unternehmensberatung sind Funktionalität und Leistungsfähigkeit, die sich stark an den pragmatischen Erfordernissen des
Marktes orientieren.

EDI/SERVER von PROFILE

PROFILE Software Engineering GmbH wurde 1986 gegründet und besitzt neben 12 fest-
angestellten noch mehrere freie Mitarbeiter. Seit 1993 betreibt PROFILE einen akkrediter-
ten ADMD (X.400-Vermittlungsdienst) und weitet seine Geschäftstätigkeit vom deutsch-
sprachigen auf den gesamteuropäischen Raum aus.

Der innovative Charakter des Unternehmens zeigt sich in der modularen Client/Server-
Architektur, die versucht die Vorteile der jeweiligen Plattformen zu nutzen. Kern der
Produktpalette bildet der „EDI/SERVER" mit den Bausteinen

- EDI/TRANS (Kommunikationsserver),
- EDI/MAT (Ablaufsteuerung),
- EDI/CONVERTER (Konverter),
- EDI/COMPOSER (Zuordnungstool) und
- EDI/PRINT (Formulardruck).

„EDI/TRANS" ist ein vollautomatisierbarer Kommunikationsserver für ISDN und X.25
auf Basis von OFTP. Die Ablaufsteuerung erfolgt mittels „EDI/MAT", dessen integrierter
grafischer Workflow-Designer die Definition und Konfiguration von EDI-Transaktionen
nicht über Masken und Menüs, sondern per Drag&Drop, d. h. das Ziehen von Symbolen
auf eine Matrix, erlaubt. Mittels des „EDI/COMPOSERS" können auf WINDOWS-Basis
ebenfalls per Drag&Drop Zuordnungsvorschriften und individuelle Code-Tabellen für den
EDI/CONVERTER erstellt werden. Eine Druckaufbereitung für Formulare und Warenanhänger erfolgt mittels „EDI/PRINT". Alle Module sind eigenständige Programme, die
ihre Funktionen auch unabhängig von anderen Modulen erfüllen können.

„EDI/ORDER" ist ein branchenunabhängiges elektronisches „Mini-Bestellsystem" mit
einem integrierten Produktkatalog in Listenform. Die Kommunikation erfolgt bei diesem
vorkonfigurierten EDI-Kleinsystem über das analoge Fernsprechnetz.

Profile zeichnet sich durch optisch ansprechende, vollständig auf Client/Server-Techno-
logie basierende Produkte aus. Mit EDI/MAT wird hierbei ein neuer Weg der Ablaufsteuerung gewählt. Beliebig komplexe EDI-Abläufe lassen sich über die Kombination von
Symbolen definieren, was jedoch sehr gute Systemkenntnisse voraussetzt. Eine Aussage,
inwieweit sich dieser innovative Ansatz gegen die klassischen Vorgehensweisen durch-
setzen wird, ist in diesem frühen Stadium noch nicht möglich.

SEDI von Siemens Nixdorf Informationssysteme AG

Das EDI-Competence Center der Firma SNI beschäftigt ca. 110 festangestellte Mitarbeiter.
Ursprünglich ausschließlich auf die Abdeckung der konzerneigenen EDI-Erfordernisse
ausgerichtet, hat sich SNI zu einem der großen deutschen EDI-Systemanbieter entwickelt.

Zentraler Bestandteil der modular aufgebauten Produktpalette ist der für die Betriebssysteme DOS/Windows, SINIX und BS2000 verfügbare EDI-Konverter „SEDI-CON". Als
Ablaufsteuerung für EDI-Server dient das WINDOWS-Produkt „SEDI-GATE" und für
EDI-Gateways der „SEDI-SERVER". „SEDI-DESK" ist eine komplexe und leistungsfähige WINDOWS-Anwendung zur Erstellung von Zuordnungsvorschriften und individuellen Code-Tabellen. Die erzeugten Parameterdateien sind plattformunabhängig für den
SEDI-CON nutzbar. Mit Ausnahme des SEDI-SERVERS wird die Kommunikation über
die Module „SEDI-COM" oder „SEDI-rvs" realisiert, die alle wesentlichen Netze und
Kommunikationsprotokolle unterstützen.

Der datenbankbasierte SEDI-SERVER bildet die Ablaufsteuerung, die auf Basis einer
grafischen Oberfläche (Motif) eine transparente Kontrolle des EDI-Systems erlaubt. Neben
der Funktion als EDI-Clearing-Center kann er auch als Informationsdrehscheibe für die
Verteilung beliebiger Dateien dienen. Hierbei unterstützt der SEDI-SERVER den Parallel-
betrieb verschiedener TK-Dienste und Übertragungsprotokolle. Die zentralen Komponenten des SEDI-SERVERs sind das „SEDI-SERVER Management System" (SMS) und
die „SEDI-SERVER Information Basis" (SIB).

- SMS ist eine interaktive, auf Motif basierende grafische Benutzeroberfläche, über die
  der Administrator auf das SEDI-SERVER-System zugreift und es steuert. Positiv fällt
  die durchgängige grafische Bedienung des Systems mittels einer Vielzahl von Dialog-
  masken auf, die WINDOWS-basierten EDI-Systemen entspricht.

- SIB ist eine relationale Datenbank, welche die Stamm- und Bewegungsdaten des SEDI-
  SERVERs beinhaltet.

Die Ablaufsteuerung wird durch Prozeduren realisiert. Prozeduren können auf vier verschiedenen Ebenen definiert werden: für jeden Geschäftspartner, jede Geschäftspartner/
Nachrichtentyp-Beziehung, jede Geschäftsbeziehung sowie für jede Geschäftsbezie-
hung/Nachrichtentyp. Im Gegensatz zu vielen anderen Produkten werden die Inhouse-
Dateien nicht mittels eines Headers identifiziert, sondern durch das als Standardfunk-

tionalität implementierte „Scannen" der Inhouse-Daten. Die Anbindung an betriebliche Anwendungssysteme wird durch diese Technik wesentlich erleichtert.

Speziallösungen für Banken werden mit „EFIS" (EDIFACT Finance Service) auf Basis von SEDI-SERVER/CON angeboten. Im EDI-Kleinstsystembereich stehen mit EDIterm und SEDI-BOX vorkonfigurierte Lösungen für den elektronischen Speditionsauftrag sowie die einfache Auftragsabwicklung für Siemens-Lieferanten zur Verfügung.

Trotz der Unternehmensgröße und der Leistungsfähigkeit der Produktpalette nimmt SNI keine zentrale Marktposition ein. Die einzelnen Produkte sind hochfunktional, erweisen sich jedoch häufig für die Zielgruppe als zu komplex.

EDI*manager* von ACTIS

Die Firma ACTIS ist Bestandteil der französischen SLIGOS-Gruppe. ACTIS/Berlin bildet mit ca. 70 Mitarbeitern das EDI-Competence Center der SLIGOS-Gruppe. 1986 betrat ACTIS mit dem PC-basierten EDI-System „DFÜ-BOX", welches noch bis heute im Einsatz ist, den EDI-Markt. Ursprünglich konzentrierte sich ACTIS auf die Automobilbranche, mit der heute noch ca. 50% des Umsatzes realisiert werden. Mit über 650 EDI-Installationen ist ACTIS zu den großen EDI-Anbietern im europäischen Raum zu zählen.

Der für verschiedene UNIX-Derivate (AIX, HP-UX, SCO Open Desktop, Solaris, SINIX) verfügbare „EDI*manager*" nimmt in der EDI-Produktpalette eine zentrale Position ein. PC-basierte EDI-Lösungen werden, sieht man von dem nicht mehr weiterentwickelten Produkt DFÜ-BOX ab, nicht unterstützt. Als Zusatzkomponenten sind Module für das Accounting, den ENGDAT-Datenaustausch und für die Archivierung verfügbar. Die Erstellung von Zuordnungsvorschriften erfolgt WINDOWS-basiert mittels „EDI*form*", einer eigenständigen Anwendung, der die DIN/EDIFACT-Normdatenbank (EDIFIX der Firma GEFEK) zugrundeliegt. Das erzeugte Konfigurationsfile kann plattformunabhängig vom EDI*manager* importiert werden.

Mit dem Produkt „EDI□*fors*" wird auf WINDOWS-Basis eine betriebswirtschaftliche Lösung für die Automobilzulieferindustrie (Auftrags-/Versandabwicklung und Fakturierung) angeboten, die direkt VDA- und ODETTE-Nachrichten erzeugen und verarbeiten kann. Die Kommunikation erfolgt mittels „EDI*point*", einem eigenständigen Kommunikationsprodukt, welches OFTP über ISDN und X.25 erlaubt (vgl. Abschnitt 5.3).

Mit dem EDI*manager* wendet sich ACTIS, ähnlich wie SNI mit dem SEDI-SERVER, an das Marktsegment der großen EDI-Anwender. Das Produkt ist am Markt etabliert und genügt weitgehend den bestehenden Marktanforderungen bezüglich Benutzerfreundlichkeit. Die starke Orientierung an der Automobilbranche zeigt sich im Angebot von „EDI*fors*", welches in direkter Konkurrenz zum Produkt „WINVERA" der SEEBURGER Unternehmensberatung steht.

5.1.4   Entwicklungstrends

Generell ist eine starke Diversifizierung des EDI-Instrumentariums festzustellen. Ausgehend von Komplettsystemen, die neben wenigen Kommunikationsalternativen die Erstellung von Zuordnungsvorschriften erlauben, werden immer stärker hochmodulare Lösungen auf verschiedenen Leistungsebenen angeboten. Durch die Modulvielfalt lassen sich die EDI-Lösungen flexibel an verschiedenste Anforderungen anpassen.

Im Gegensatz zu den EDI-Systemen der 1. Generation, die meist unnötig komplex und technikorientiert waren, zeichnen sich die neuen Lösungen durch ihre Benutzerfreundlichkeit in Form von GUIs und ausführlichen Dokumentationen aus. Die steigenden Benutzeranforderungen schlagen sich in einem permanent erweiterten Funktionsspektrum nieder. Folge der Produktkomplexität ist der Ausbau des Service- und Beratungsangebotes durch die EDI-Anbieter.

Betriebswirtschaftliche Erweiterungen stellen ein Novum innerhalb des klassischen EDI-Instrumentariums dar. Sie erlauben erstmalig den unmittelbaren Einsatz von EDI-Systemen durch den (Klein-) Anwender ohne Integration in das betriebliche Anwendungssystem. Der Anwender erhält einen direkt sichtbaren und verifizierbaren Nutzen aufgrund der Bereitstellung von betriebswirtschaftlichen Funktionen durch das EDI-System. Derartige EDI-Kleinstsysteme dienen großen Unternehmen zur kostengünstigen und einfachen Anbindung ihrer kleineren Geschäftspartner. Sie werden individuell vorkonfiguriert ausgeliefert und als kostengünstige Einstiegslösung (EDI-Kleinsystem) vermarktet.

EDI-Server bzw. EDI-Gateways bilden den Gegenpol zu den kostengünstigen und problemorientierten EDI-Kleinsystemen. Basierend auf leistungsfähigen Betriebssystemen, wie UNIX, AS/400 oder WINDOWS NT, konzentrieren sie sich auf die flexible und leistungsfähige Bereitstellung von klassischen EDI-Funktionen, wie Konvertierung, Kommunikation und Ablaufsteuerung. Als zentrale Clearing-Instanz nehmen sie zunehmend auch die Funktion einer Informationsdrehscheibe wahr. GUIs etablieren sich auch hier als Standard, ändern jedoch nichts an der Tatsache, daß die Administration durch Experten erfolgen muß.

Die Integration in betriebswirtschaftliche Standardanwendungssysteme erfolgt durch Individualanpassungen des EDI- und Standardanwendungssystems. Dies gilt auch für Standardanwendungssoftware, die eine EDI-Fähigkeit propagiert (vgl. Abschnitt 5.2.3).

5.2   Standardanwendungssoftware

Unter Standardanwendungssoftware (SAS) sind Programmsysteme zur Lösung von Anwendungsproblemen zu verstehen, die von Softwarehäusern für den anonymen Markt entwickelt werden [SCHE90b, 139]. Für das betriebswirtschaftlich-administrative Umfeld repräsentieren sie eine für verschiedene Unternehmen weitgehend anpaßbare Zusammenstellung von Datenstrukturen, Funktionen und Abläufen als Programmbausteine [HUFG94, 3-4]. Häufig auch als horizontale Anwendungen bezeichnet, umfassen sie verschiedene betriebswirtschaftliche Funktionsbereiche, wie Einkauf, Verkauf, Rechnungswesen, Materialwirtschaft, Personal oder Produktionsplanung und -steuerung.

Schätzungen besagen, daß 1995 nahezu 50% des DV-Budgets in Unternehmen in Standardanwendungssoftware investiert wurde [KLAU95, 61]. Ursache für die Hinwendung zu SAS sind die kaum abschätzbaren Entwicklungszeiten für Individuallösungen sowie hohe Folgekosten für Wartung und Anpassung. Bis 1998, so eine Prognose der Gartner Group, werden mehr als 70% aller Aufgaben in den stark standardisierten Bereichen Personal- und Finanzwesen durch SAS wahrgenommen [KLAU95, 61]. Mit einer vergleichbaren Entwicklung ist auch in den anderen betriebswirtschaftlichen Funktionsbereichen zu rechnen.

Charakteristisch für SAS ist die mehr oder minder ausgeprägte Anpassungsfähigkeit (Adaption) an unternehmensindividuelle Anforderungen. Der flexible und schnelle Informationsaustausch über Bereichsgrenzen hinweg sowie zu vor- und nachgelagerten Wertschöpfungspartnern gewinnt hierbei zunehmend an Bedeutung.

Vor dem Hintergrund unternehmensübergreifender Prozeßketten gilt es nun, SAS hinsichtlich ihrer integrativen Potentiale zu untersuchen.

5.2.1   Integrierte Datenverarbeitung

Ziel der integrierten Informationsverarbeitung ist es, alle Teilbereiche der betrieblichen Datenverarbeitung, bestehend aus Administrations-, Dispositions-, Planungs- und Kontrollsystemen, in ein Gesamtkonzept bzw. -system einzubetten [MERT90, 222-223]. Die ZBI stellt die logische Weiterführung und Erweiterung der innerbetrieblichen Integration auf zwischenbetrieblicher Ebene dar [PETR90, 12]. Sowohl inner- als auch zwischenbetrieblich ist somit von einer integrierten Informationsverarbeitung zu sprechen.

Die enge Verflechtung von bereichs- und unternehmensübergreifenden Prozessen (Prozeßintegration) erfordert neben einer Datenintegration auch die Verknüpfung korrespondierender, betriebswirtschaftlicher Funktionsschnittstellen (Funktionsintegration) [SCHE90b, 37].

Betriebswirtschaftliche Funktionsbereiche innerhalb eines Unternehmens können entweder als eigenständige Anwendung oder als Teilbereich eines integrierten Anwendungssystems realisiert sein. Kommen mehrere eigenständige Anwendungssysteme im Unternehmen zum Einsatz, so entsteht ein Integrationsbedarf auf Daten-, Prozeß- und Funktionsebene (vgl. Abbildung 5/4). Traditionell erfolgt eine strikte Trennung zwischen inner- und zwischenbetrieblicher Problemstellung [MERT93, 2; PETR90, 8-15]. Unterschiede ergeben sich vorwiegend in der Kommunikation zwischen den Modulen, die zwischenbetrieblich über ein WAN und innerbetrieblich über ein LAN erfolgt.

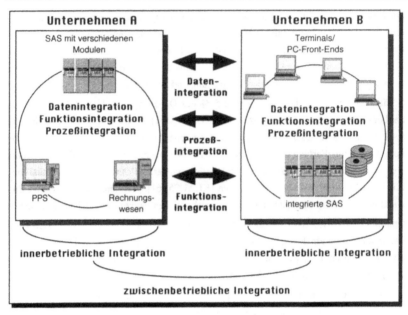

Abb. 5/4:   Integrierte Informationsverarbeitung

Unterschiedliche Integrationsszenarien lassen sich anhand der Kriterien Systemumgebung und Integrationsreichweite bilden (vgl. Tabelle 5/11). Eine homogene Systemumgebung ist gegeben, wenn alle Anwendungen und Module Bestandteil einer Produktlinie eines Anbieters sind. Kommen Produkte verschiedener Anbieter oder unterschiedliche Produktlinien zum Einsatz, so handelt es sich um eine heterogene Systemumgebung. Von einer innerbetrieblichen Integration ist zu sprechen, wenn alle Anwendungen innerhalb einer Organisation an einem Standort über ein LAN verbunden sind. Werden die korrespondierenden Anwendungssysteme bei eigenständigen Organisationseinheiten betrieben und sind diese über ein WAN verbunden, so liegt eine zwischenbetriebliche Integration vor.

Innerhalb SAS hat sich zwischen den einzelnen Modulen die Daten-, Prozeß- und Funktionsintegration zu einem Standardleistungsmerkmal (z. B. X-Line/KHK, R/3/SAP, BAAN IV/BAAN) entwickelt.

Die Integrationskomplexität steigt mit Zunahme der Heterogenität der beteiligten Anwendungen, da die zugrundeliegenden Datenstrukturen, Funktionsschnittstellen und Abläufe in jedem Anwendungssystem unterschiedlich realisiert sind. Integrierte SAS umgehen dieses Problem durch ihrer Funktionsbreite, d. h. die Abdeckung aller betrieblichen Funktionsbereiche.

Heterogene Systemumgebungen bestehend aus Anwendungen verschiedener Anbieter sowie Eigenentwicklungen sind in der Praxis häufig zu finden.

Tab. 5/11:   Integrationsszenarien

SAS-Umgebung Integrations-reichweite	interne Integration	externe Integration
homogene SAS-Umgebung	Module einer Produktreihe/eines Anbieters ggf. LAN-Kommunikation	die Kommunikationspartner nutzen das gleiche SAS WAN-Kommunikation
heterogene SAS-Umgebung	Module verschiedener Produktreihen/Anbieter LAN-Kommunikation	die Kommunikationspartner nutzen verschiedene SAS WAN-Kommunikation

5.2.2   Klassifikationsschema für Standardanwendungssoftware

Die am Markt verfügbaren Produkte unterscheiden sich erheblich in ihrer betriebswirt-schaftlichen Funktionsbreite (abgedeckte Funktionsbereiche) und -tiefe (Detaillierungsgrad eines einzelnen Bereichs). Ursache ist die Konzentration der Anbieter auf bestimmte Branchen oder betriebswirtschaftliche Funktionsbereiche, wie Personal, Fertigung, Ver-trieb oder Beschaffung [SCHE90b, 145].

Im weiteren Vorgehen erfolgt eine problemorientierte Betrachtung marktgerichteter Funk-tionsbereiche, wie Einkauf oder Vertrieb, die auch als betriebswirtschaftliche Schnittstellen zu externen Organisationen dienen.

Als Klassifikationskriterien für die problemorientierte Strukturierung von SAS werden

- der Abdeckungsgrad marktgerichteter Funktionen,
- die integrationsspezifische Funktionstiefe,
- die Prozeßunterstützung marktgerichteter Funktionen und
- die Verarbeitbarkeit externer Daten

herangezogen.

Im Vergleich zu anderen Klassifikationsschemata [THOM90, S 4; HUFG94, 69-71; SCHE90b, 139-143] stellt die hier vorgenommene Klassifikation den Integrationsaspekt in den Vordergrund.

5.2.2.1   Abdeckungsgrad marktgerichteter Funktionsbereiche

Der Abdeckungsgrad beschreibt die Funktionsbreite eines SAS bezogen auf betriebswirt-schaftliche Funktionsbereiche mit marktgerichteten Funktionen (Schnittstellenbereiche).

Zu nennen sind die Bereiche [SCHU92b, 38]

- Materialwirtschaft/Einkauf,

- Vertrieb,

- Rechnungswesen,

- Produktion,

- Personal und

- Speditionsverwaltung.

Entsprechend der von einer SAS unterstützten Funktionsbreite kann der Abdeckungsgrad selbst bei leistungsfähigen Systemen erheblich differieren. Nicht alle Schnittstellenbereiche besitzen die gleiche Bedeutung innerhalb der ZBI. So nehmen beispielsweise Materialwirtschaft/Einkauf, Vertrieb und Rechnungswesen über alle Branchen hinweg eine zentrale Position ein. Demgegenüber ist die Speditionsverwaltung nur für einzelne Branchen oder bei besonderen betrieblichen Rahmenbedingungen bedeutsam. Es ist zu erwarten, daß die Funktionsbereiche Produktion und Personal in der Zukunft stark an Bedeutung gewinnen werden.

In Tabelle 5/12 wird der Abdeckungsgrad marktgerichteter Funktionen in vier Ausprägungen unterteilt.

Tab. 5/12:   Merkmalsausprägungen für den Abdeckungsgrad marktgerichteter Funktionen

keiner	gering	hoch	sehr hoch
keinerlei Unterstützung betriebswirtschaftlicher Funktionsbereiche	nur wenige ZBI-relevante Funktionsbereiche oder Einzelfunktionen werden unterstützt	alle wichtigen ZBI-relevanten Funktionsbereiche werden abgedeckt	alle potentiellen ZBI-relevanten Funktionsbereiche werden abgedeckt

5.2.2.2   Integrationsspezifische Funktionstiefe

Die quantitative Betrachtung des Abdeckungsgrades ist noch um den qualitativen Aspekt der Funktionstiefe, d. h. der Flexibilität und des Detaillierungsgrades der Einzelfunktionen, zu ergänzen.

Selbst wenn eine SAS einen ZBI-relevanten Funktionsbereich (z. B. Speditionsverwaltung) unterstützt und somit die erforderliche Funktionsbreite gegeben ist, ist noch keine Aussage darüber möglich, inwieweit alle Einzelfunktionen (z. B. Transportbehälter-, Ladelistenverwaltung) ebenfalls bereitgestellt werden. Eine umfangreiche Funktionalität innerhalb eines betriebswirtschaftlichen Bereiches impliziert noch keine integrationsspezifische Funktionstiefe.

Verbreitete Funktionslücken sind Einzelfunktionalitäten im Bereich der Speditionsverwaltung, die Unterstützung des Gutschriftenverfahrens, EDI-spezifische Adaptionsmöglichkeiten und die Verwaltung von Partnerprofildaten.

Die integrationsspezifischen Funktionstiefe wird in Tabelle 5/13 in vier Ausprägungen unterteilt.

Tab. 5/13:   Merkmalsausprägungen der integrationsspezifischen Funktionstiefe

keine	gering	hoch	sehr hoch
ausschließliche Orientierung an betriebsinternen Aufgaben	rudimentäre Unterstützung von Schnittstellenfunktionen	Schnittstellenfunktionen werden überwiegend unterstützt	Schnittstellenfunktionen und -prozesse sind auf die ZBI abgestimmt
keine Adaptionsmöglichkeiten	keine Adaptionsmöglichkeiten	rudimentäre Partnerprofilverwaltung	flexible Partnerprofilverwaltung

5.2.2.3   Verarbeitbarkeit externer Daten

Für die ZBI sind Datenex- und -importschnittstellen auf der Ebene von einzelnen Geschäftsnachrichten unabdingbar. Flexibilität bei der Definition auszutauschender Dateninhalte und -darstellungsformen sowie der Verwaltung von partnerspezifischen Nummernkreisen (Codes) ist ein wichtiges semantisches Leistungskriterium.

Gegenstand von Tabelle 5/14 sind die unterschiedlichen Abstufungen der Verarbeitbarkeit externer Daten.

Tab. 5/14:   Merkmalsausprägungen der Verarbeitbarkeit externer Daten

keine	gering	hoch	sehr hoch
keinerlei Ex- oder Importschnittstellen	vom SAS-Anbieter werden nach Bedarf individuelle Schnittstellen realisiert	Bereitstellung einer Flat File-Schnittstelle wichtiger Nachrichtentypen	standardmäßig wird eine adaptierbare Flat File-Schnittstelle für beliebige Nachrichtentypen angeboten

5.2.2.4   Prozessunterstützung

Aufgabe der Prozeßunterstützung marktgerichteter Funktionen ist die Vermeidung manueller Erfassungs-, Umschlüsselungs- oder Ergänzungsaktivitäten beim zwischenbetrieblichen Geschäftsdatenaustausch. Während die aktive Prozeßunterstützung auf die Automation aller Schnittstellenfunktionen abzielt, müssen bei der passiven Prozeßunterstützung die einzelnen Arbeitsschritte manuell angestoßen werden.

Wesentliche Qualitätskriterien sind neben dem Automationsgrad und dem Adaptionsumfang auch Kontroll- und Eskalationsmechanismen zur Identifikation sowie zum Management von Ausnahmesituationen (z. B. semantische Fehler).

Unterschiedliche Ausprägungen der Prozeßunterstützung marktgerichteter Funktionen sind Gegenstand von Tabelle 5/15.

Tab. 5/15:   Merkmalsausprägungen der Prozeßunterstützung marktgerichteter Funktionen

keine	gering	hoch	sehr hoch
Medienbrüche und keinerlei Prozeß- unterstützung keine Eskalations- mechanismen	nur passive Prozeß- unterstützung der Ex- und Importfunktionen keine Eskalations- mechanismen	aktive Prozeßunter- stützung der Ex- und Importfunktionen mit geringen Adaptions- möglichkeiten keine Eskalations- mechanismen	werkzeuggestützte, partnerindividuelle Gestaltung aktiver Integrationsprozesse Eskalationsmechanismen

5.2.2.5   Systemklassifikation

Mit Hilfe der Strukturierungsmerkmale lassen sich vier SAS-Systemtypen definieren (vgl. Tabelle 5/16).

Tab. 5/16:   Ableitung von integrationsorientierten SAS-Typen

Kriterien SAS-Typen	Abdeckungs- grad markt- gerichteter Funktionen	Integrations- spezifische Funktionstiefe	Verarbeit- barkeit ex- terner Daten	Prozeßunter- stützung
Typ I: isolierte, nicht marktgerich- tete Teilbe- reichslösung	keine	keine	keine	keine
Typ II: marktgerich- tete Teilbe- reichslösung	hoch	hoch/sehr hoch	hoch/sehr hoch	gering
Typ III: Umfassendes SAS, ohne In- tegrations- ansatz	sehr hoch	gering	gering	gering
Typ IV: Umfassendes SAS, mit Inte- grationsan- satz	sehr hoch	hoch	hoch	hoch

SAS-Typ I beinhaltet ausschließlich nicht marktgerichtete betriebswirtschaftliche Funktionsbereiche wie Controlling oder Anlagenwirtschaft. Die interne Integration im Rahmen einer heterogenen Anwendungsumgebung wird nicht unterstützt. Daten- und Prozeßschnittstellen sind im Einzelfall durch Programmerweiterungen zu realisieren. SAS dieses Typs besitzt für die ZBI keine Relevanz.

SAS-Typ II beschränkt sich auf einzelne Funktionsbereiche, wobei marktgerichtete Funktionen eine zentrale Stellung einnehmen. Abdeckungsgrad und Funktionstiefe diffe-

rieren aufgrund der spezifischen Branchen- bzw. Funktionsausrichtung. Einfache Integrationslösungen werden standardmäßig durch nachrichtenorientierte Ex- und Importschnittstellen unterstützt. Die Integrationsfähigkeit ist branchentypisch oder betriebstypenorien-
tiert vorgegeben, d. h. Anpassungen sind nur in sehr eingeschränktem Maß möglich.

Als integrierte SAS deckt der **SAS-Typ III** alle betriebswirtschaflichen Funktionsbereiche
umfassend ab. Marktgerichtete Funktionen sind für die klassisch manuelle Bearbeitung
ausgelegt. Schnittstellenfunktionen für den elektronischen Datenaustausch werden nicht
oder nur rudimentär durch die Realisierung einer starren, nur wenige Nachrichtentypen
umfassenden EDI-Funktionalität unterstützt.

Typ IV des Klassifikationsschemas weist eine individuell anpaßbare, stark modularisierte
Architektur auf. In der integrierten SAS werden sämtliche betrieblichen Funktionsbereiche
und die für ZBI erforderlichen Schnittstellenfunktionen in flexibler Form bereitgestellt.
Die durchgängige Vorgangsbearbeitung erfolgt durch ein aktives Prozeßmanagement.
Interaktionsschnittstellen zu externen Systemen werden durch definierte Prozeß- und
Datenschnittstellen unterstützt. Die Anpassung erfolgt mittels Adaptionswerkzeugen, die
in der SAS bereitgestellt werden.

5.2.3 Markt für betriebswirtschaftliche Standardanwendungssysteme

Mit zunehmendem EDI-Einsatz steigt die Forderung der Anwender, SAS mit ZBI-Funk-
tionen auszustatten. Viele der am Markt verfügbaren SAS-Pakete entstanden zu einem
Zeitpunkt, als sich die Bedeutung des elektronischen Geschäftsdatenaustausches noch
nicht abschätzen ließ und faktisch keine Nachfrage bestand. Mit EDI-Zusatzmodulen oder
dem Angebot bei Bedarf, individuelle EDI-Erweiterungen vorzunehmen, versuchen SAS-
Anbieter, den Wandel im Anforderungsprofil nachzuvollziehen. Beispielsweise bietet SNI
für sein seit 1976 am Markt verfügbaren Produkt „COMET" (mehr als 80.000 Installationen) seit 1994 das EDI-Schnittstellenmodul „COMET-EDI" an.

SW-Häuser, wie SAP, BAAN, PEOPLESOFT oder J. D. EDWARDS, begannen bereits
Anfang der 90er Jahre, EDI- und Workflow-Konzepte verstärkt in ihren Produkten zu
berücksichtigen. Neuentwicklungen, wie R/3 von SAP oder BAAN IV von BAAN, sehen
bereits konzeptionell die „EDI-Fähigkeit" vor.

Abbildung 5/5 zeigt das Ergebnis einer 1995 im Rahmen des VULCAN II-Projektes am
Lehrstuhl für BWL und Wirtschftsinformatik von Prof. Dr. R. Thome an der Universität
Würzburg durchgeführten schriftlichen Befragung bei SAS-Anbietern (siehe auch Ab-
schnitte 1.3.2 und 5.2.3.1), welche die steigende Nachfrage nach EDI-Funktionalität be-
legt. So gaben 4% der Anbieter von EDI-fähigen Anwendungssystemen an, daß die
Nachfrage nach EDI-Funktionalität 1995 zwischen 61% und 80% lag, während 49% der
Anbieter auf eine Nachfrage zwischen 0% und 20% verwiesen. Die Erwartungen für das
Jahr 2000 hingegen besagen, daß nur noch 19% der Anbieter von einer Nachfragequote

zwischen 0% und 20% ausgehen, während 19% eine Nachfage zwischen 61% und 80% erwarten [SCHE96b, 8-9].

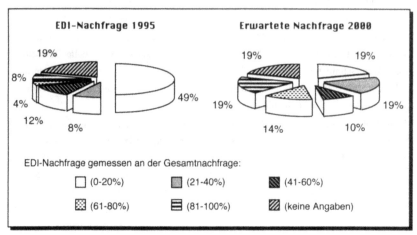

Abb. 5/5:   Aktuelle und erwartete Nachfrage nach EDI-Funktionen in SAS [SCHE96b, 8]

Anwender sind immer weniger bereit, in ihrer SAS benötigte Integrationsfunktionen aufwendig mittels Individualentwicklungen zu realisieren. Ursachen sind neben der steigenden Verbreitung von EDI in der Wirtschaft insbesondere die steigende Intensität der Austauschbeziehung und die daraus resultierenden Anforderungen an die EDI-Schnittstelle.

Eine Anwenderbefragung der Fachzeitschrift „Electronic Trader" ergab 1995, daß in EDI-betreibenden Unternehmen durchschnittlich 4,8 unterschiedliche Nachrichtentypen zum Einsatz kamen. Für 1996 gehen die Befragten von einer Steigerung auf durchschnittlich 7,1 und für 1998 auf 11,4 Nachrichtentypen im Unternehmen aus [KAVA95, 28].

Mit Abstand die interessanteste Zielgruppe für SAS-Anbieter bilden die mehr als 420.000 deutschen mittelständischen Unternehmen. Ihre DV-Ausgaben betrugen 1992 26,2 Mrd. DM mit jährlichen Wachstumsraten von 5-9% [KLAU95, 61].

5.2.3.1   Empirische Marktanalyse

Als Anbieter für SAS treten neben SW-Häusern (z. B. SAP, BAAN, Software AG) auch diversifizierende HW-Hersteller (z. B. HP, IBM) und Datenbankanbieter (z. B. ORACLE) sowie Beratungsunternehmen (z. B. Andersen Consulting) am Markt auf [HUFG94, 81].

Der folgende Marktüberblick vermittelt einen Eindruck über Umfang und Leistungsfähigkeit von EDI-fähigen SAS. Grundlage bildet eine 1995 im Rahmen des VULCAN II-Projektes am Lehrstuhl für BWL und Wirtschaftsinformatik von Prof. Dr. R. Thome an der

Universität Würzburg durchgeführte Studie. 116 SAS-Anbieter wurden schriftlich hinsichtlich Architektur sowie EDI- und Workflow-Fähigkeit ihrer Produkte befragt (vgl. Abschnitt 1.3.2).

Von 56 der angesprochenen Unternehmen liegen Aussagen vor (48%). Die Produkte unterteilen sich in

- 54% ohne EDI-Funktionalität und
- 46% mit EDI-Funktionalität.

Für alle weiteren Auswertungen wurden nur noch die SAS-Pakete mit EDI-Funktionalität berücksichtigt.

Während bei leistungsfähiger SAS auf UNIX- oder AS400-Basis die EDI-Fähigkeit sich zunehmend zu einer Standardfunktionalität entwickelt, ist dies bei PC-basierter SAS eher der Ausnahmefall. Unterschiede ergeben sich insbesondere bei branchenorientierter SAS. So bieten beispielsweise Anwendungen für die Automobilzulieferindustrie oder den Speditionsbereich plattformunabhängige EDI-Schnittstellen an.

46% der EDI-fähigen SAS bieten eine integrierte Geschäftsprozeßunterstützung und weitere 31% der Hersteller verweisen auf Schnittstellen zu externen Workflow-Systemen.

Konzeptionell sind die EDI-Schnittstellen mit wenigen Ausnahmen, wie R/3 oder BAAN IV, einfach gestaltet. Überwiegend herrschen starr vorgegebene Flat File-Schnittstellen vor. Der Automationsgrad ist auf den Batch-Input beschränkt oder muß manuell durchgeführt werden. Eine Code-Umsetzung oder eine syntaktische und semantische Prüfung erfolgt nicht.

Eine wesentliche strategische Bedeutung bei der Weiterentwicklung ihrer Systeme wird von SAS-Anbietern den EDI-Systemen (54%), optischen Archiven (42%), E-Mail (35%) sowie Workflow-Systemen (27%) beigemessen.

5.2.3.2 Marktüberblick

Die nachfolgend vorgestellten SAS-Pakete ermöglichen eine Bestandsaufnahme der bei SAS angebotenen Integrationsfunktionen. Alle Anwendungen zeichnen sich durch ihre Leistungsfähigkeit und Verbreitung am Markt aus. Sie verfügen ausnahmslos über EDI-Standardfunktionen, die in der Wirtschaft zum Einsatz kommen.

Die Produktdarstellung enthält

- die betriebswirtschaftliche Funktionsbreite, Branchenausrichtung und Installationsbasis,
- die angebotenen EDI-Funktionalitäten (z. B. verfügbare Nachrichtentypen, Integrations- und Adaptionsstrategie) sowie
- die bestehende und erwartete EDI-Nachfrage.

Datenbasis bildet die empirische Untersuchung (vgl. Abschnitte 1.3.2 und 5.2.3.1), die um Informationen aus Prospekten, Veröffentlichungen und persönlichen Gesprächen ergänzt wurde.

VPPS (V. 4.3b) von INFOR Gesellschaft für Informatik mbH

1980 gegründet, spezialisiert sich die Firma INFOR mit ihrem Produkt „VPPS" auf das verarbeitende Gewerbe im Mittelstand und verweist auf 350 Installationen im europäischen Raum. VPPS umfaßt die Bereiche Materialwirtschaft/Einkauf, Produktion/Produktionsplanung, Vertrieb, Disposition, Fertigungssteuerung, Kalkulation und BDE. Entsprechend der SAS-Klassifikation ist das auf WINDOWS NT und WINDOWS 3.X verfügbare Produkt als Teilbereichslösung mit marktgerichteten Funktionen (SAS-Typ II) einzustufen.

Die ausgewiesene EDI-Fähigkeit umfaßt in der Eingangsverarbeitung die EDI-Nachrichtentypen „Bestellung", „Bestelländerung", „Lieferabruf", „Liefermeldung" und „Angebot" sowie in der Ausgangsverarbeitung die Nachrichtentypen „Rechnung" und „Zahlungsauftrag". Anpassungen der EDI-Schnittstelle werden von INFOR vorgenommen.

Das Inhouse-Format ist starr vorgegeben. Ausgehende Nachrichten werden nach ihrer Erstellung umgehend dem EDI-System zur Verfügung gestellt und können somit zeitnah verarbeitet werden. Eingehende Nachrichten können angezeigt und vom Sachbearbeiter manuell in das System übertragen werden. Eine Plausibilitätsprüfung oder die Konvertierung partnerspezifischer Codes wird systemseitig nicht unterstützt.

VPPS besitzt ein integriertes Vorgangssteuerungssystem. Nach Angaben von INFOR forderten 1995 ca. 10% der Kunden eine EDI-Integration. Bis zum Jahr 2000 wird mit einem Anstieg auf 30% gerechnet.

OPEN APPLICATION (V. 10.4.2) von ORACLE

ORACLE, bekannt als Anbieter des gleichnamigen relationalen Datenbankmanagementsystems (DBMS), begann Ende der 80er Jahre im Rahmen einer Diversifizierungsstrategie, betriebswirtschaftliche Anwendungen zu entwickeln. Insgesamt lassen sich bei dem Produkt „OPEN APPLICATION" die drei Bereiche „FINANCIALS", „MANUFACTURING" und „HUMAN RESSOURCES" als branchenunabhängige Funktionsbereiche unterscheiden. Abgedeckt werden die Bereiche Finanzwesen, Anlagenwirtschaft, Personalwirtschaft, Materialwirtschaft/Einkauf, Produktion/Produktionsplanung, Vertrieb und Qualitätssicherung. OPEN APPLICATIONS ist in die Klasse der leistungsfähigen Teilbereichslösungen (SAS-Typ II) einzuordnen. Jedes der Module, wie beispielsweise Einkauf oder Anlagenbuchhaltung, ist isoliert einsetzbar. Weltweit verweist ORACLE auf 2.200 Installationen.

In der Eingangsverarbeitung unterstützt ORACLE standardmäßig den EDI-Nachrichtentyp „Bestellung" sowie ausgehend die Nachrichtentypen „Bestellung" und „Rechnung". Anpassungen der EDI-Schnittstelle erfolgen durch ORACLE auf Projektbasis, können jedoch, nach Aussage von ORACLE, auch vom Anwender durchgeführt werden. Das Inhouse-Format ist nicht vorgegeben und wird individuell durch Programmanpassungen definiert. Mit dem EDI-Anbieter STERLING/USA besteht bereits eine Kooperation. In Deutschland wird eine Zusammenarbeit mit den EDI-Systemanbietern LION und GE Information Services angestrebt. Ausgehende Nachrichten werden dem EDI-System unmittelbar zur Verfügung gestellt und eingehende mittels Batch-Input direkt eingebucht. Plausibilisierung und individuelle Code-Umsetzung erfolgen durch den Sachbearbeiter. Für 1996 ist ein eigenständiges EDI-Modul, das „EDI-Gateway", angekündigt.

Eine Geschäftsprozeßsteuerung ist nur teilweise möglich, wobei diese mit externen Workflow-Systemen realisiert wird. Zur Zeit geht ORACLE von einer EDI-Nachfrage von 10% aus und erwartet bis zum Jahr 2000 eine Steigerung auf 30%.

ALX-COMET (V. 3.1) von SNI AG

Mit mehr als 26.000 COMET-Anwendern und 80.000 verkauften Modulen zählt die COMET-Produktlinie in Deutschland zu den Marktführern im Bereich der Mittelstands-SW [SNI94c, 2]. Funktionsbreite, Modularität sowie die Vielzahl an Sonderlösungen erlauben den Einsatz in nahezu jeder Branche (SAS-Typ III). Schwerpunkte finden sich im Bereich des verarbeitenden Gewerbes sowie im Handel. Neben der SW-technischen Weiterentwicklung von COMET selbst erfolgen funktionale Erweiterungen durch die Integration von Fremdprodukten wie ALX-COMET oder ALX-COMET-TRITON. Für den Anwender lassen sich hiermit auch spezifische Ansprüche abdecken. Von ALX-COMET werden die Bereiche Anlagenwirtschaft, Materialwirtschaft/Einkauf, Vertrieb, Qualitätssicherung, Produktion, Finanz- und Personalwesen angeboten. ALX-COMET-TRITON wurde um PPS-Funktionen des SAS-Systems TRITON ergänzt.

Die COMET-Architektur galt in den 80er Jahren als außergewöhnlich innovativ und durch den modularen, integrativen Ansatz als zukunftsweisend. Aus heutiger Sicht versucht SNI durch die Kopplung mit anderen SAS-Paketen den funktionalen Anforderungen gerecht zu werden, was nicht darüber hinwegtäuschen darf, daß sich der Produktlebenszyklus von COMET in der letzten Phase befindet.

Ab Version 2.0 bietet SNI das Modul „COMET-EDI" an [SNI94a, o. S.; SNI94b, 27-38]. Das Schnittstellenmodul umfaßt

- den Datenimport auf Basis eines „Importmonitors",
- den Datenexport für ein EDI-System,
- die Verwaltung/Archivierung ein- und ausgehender EDI-Nachrichten sowie
- die Auswertung der EDI-Transaktionen (Berichtswesen).

Der Einsatz von COMET-EDI setzt die COMET-Funktionalität „COMET-BATCH" voraus. Eine Weiterverarbeitung der Daten erfolgt in den Modulen der COMET Materialwirtschaft.

Eingehend wird der EDI-Nachrichtentyp „Bestellung" und ausgehend der Nachrichtentyp „Rechnung" unterstützt. Die durch COMET-BATCH unterstützten Buchungsarten erlauben es, noch weitere Nachrichtentypen zu realisieren, die jedoch zur Zeit nicht standardmäßig angeboten werden. Anpassungen werden, soweit im Standardfunktionsumfang enthalten, mittels „COMET CHICO", einem Checklisten-basierten Adaptionsverfahren, vom Anwender durchgeführt [SNI94b, 31]. Ausgehende Nachrichten werden unmittelbar dem EDI-System zur Verfügung gestellt. Bei eingehenden EDI-Nachrichten kann zwischen einer Batch- und einer manuellen Weiterverarbeitung gewählt werden. Routinen zur Plausibilitätsprüfung werden nicht angeboten. Es erfolgt eine syntaktische Prüfung auf Vollständigkeit sowie eine Code-Umsetzung für Zahlungsbedingungen, Datumsformate und Marktnummern zur Sub-Debitornummer. Eine Geschäftsprozeßsteuerung wird nicht unterstützt.

SNI geht von einem EDI-Anteil von 40% bei ihren SAS-Paketen im Jahr 2000 aus, wobei die bestehende Nachfrage ca. 5% beträgt.

R/3 (V. 3.0) von SAP AG

Bekannt wurde SAP durch die Mainframe-Lösung R/2 und die Neuentwicklung R/3, die auf Großunternehmen sowie den gehobenen Mittelstandsbereich abzielt. 80% der größten deutschen Unternehmen, nahezu jedes zweite europäische Großunternehmen sowie acht der zehn größten amerikanischen Unternehmen nutzen SAP-Systeme [KLAU95, 61]. Kennzeichnend ist neben der großen Funktionsbreite und -tiefe die hohe Adaptionsfähigkeit. Entsprechend der SAS-Typisierung wird mit R/3 der SAS-Typ IV angestrebt.

Diese Adaptionsfähigkeit ist verantwortlich für die Flexibilität von R/3, jedoch ebenso für die Komplexität und die aufwendige Einführung. Abgedeckt werden die Bereiche Anlagenwirtschaft, Controlling, Finanzwesen, Personalwirtschaft, Materialwirtschaft, Produktionsplanung, Vertrieb, Office&Communication, Qualitätssicherung und Projektmanagement. Um die Marktposition im Bereich Handel auszubauen, übernahm SAP im Herbst 1994 die Mehrheitsbeteiligung an der Firma DACOS. Deren Produkt DISPOS II ist bei den Warenwirtschaftssystemen zu den führenden SAS-Paketen im Mittelstandsbereich zu rechnen. Ziel von SAP ist es, durch das gemeinsames Produkt „R/3-Retail" die Marktposition auszubauen.

SAP sieht sich mit R/3 im Bereich Integration (EDI) und Prozeßunterstützung (Business Workflow) als Vorreiter. Ab Release 2.1 werden eine integrierte EDI-Schnittstelle auf Basis des „Intermediate Document" (IDoc) sowie „Funktionsbausteine" zur Prozeßsteuerung unterstützt. Sowohl in der Eingangs- als auch in der Ausgangsverarbeitung werden die Nachrichtentypen „Bestellung", „Bestelländerung", „Bestellbestätigung", „Lieferabruf", „Liefermeldung", „Angebot", „Anfrage" und „Zahlungsauftrag" unterstützt.

Das IDoc ist eine dokumentierte und mit einer Syntax versehene Flat File-Struktur. Die IDoc-Syntax orientiert sich an EDIFACT (vgl. Abschnitt 4.3.1.4), ANSI X12 (vgl. Abschnitt 4.3.1.3) sowie dem R/3-Datenmodell. Mit einem IDoc-Typ lassen sich mehrere inhaltlich ähnliche Nachrichtentypen, wie Angebot, Bestellung, Bestellbestätigung und Bestelländerung, abdecken. Aufgrund der den EDIFACT-Regeln ähnlichen Syntax lassen sich IDoc-Typen kontrolliert anpassen und neue erstellen. Der IDoc-Aufbau beinhaltet neben R/3-spezifischen Header- auch Statusinformationen. Um eine korrekte EDI-Eingangsverarbeitung in R/3 sicherzustellen, muß das EDI-System in der Lage sein, diesen Header zu erzeugen. Die Statusinformationen erlauben eine Rückmeldung des EDI-Systems über den Verarbeitungszustand der einzelnen Nachrichten an das R/3-System. Ebenso wie bei den Header-Informationen muß das EDI-System auch für die Erzeugung von Statusinformationen erweitert werden. SAP bietet EDI-Systemanbietern die Möglichkeit, die R/3-Erweiterungen des EDI-Systems zertifizieren zu lassen.

Sowohl die EDI-Eingangs- als auch die EDI-Ausgangsverarbeitung erfolgt mittels R/3-Funktionsbausteinen. Funktionsbausteine sind in der R/3-spezifischen Programmiersprache „ABAP/4" entwickelte Unterprogramme. Sie steuern den Ex- und Importprozeß.

Eingehende Nachrichten können mittels Batch-Input direkt weiterverarbeitet oder dem Sachbearbeiter in der entsprechenden Erfassungsmaske angezeigt werden. EDI-spezifische Plausibilitätskontrollen und Code-Umsetzungen werden nicht angeboten, lassen sich jedoch mit Hilfe von individuellen Funktionsbausteinen realisieren. Die EDI-Schnittstelle bildet die Grundlage des in Entwicklung befindlichen ALE- (Application Link Enabling) Konzepts. ALE dient der Verknüpfung räumlich getrennter, autonomer R/3- und R/2-Systeme zu einem logischen Gesamtsystem.

Aussagen über die bestehende EDI-Nachfrage und die zukünftigen Erwartungen wurden von SAP nicht getroffen.

5.2.4   Entwicklungstrends

EDI-Integrationsfunktionen, wie sie zur ZBI benötigt werden, sind noch nicht Bestandteil des Standardleistungsumfangs von SAS. Entsprechend der SAS-Größe und -Branchenausrichtung finden sich große Unterschiede in der angebotenen EDI-Funktionalität. Viele der großen Systeme verfügen bereits über eine, wenn auch nur einfache und auf wenige Nachrichtentypen beschränkte, EDI-Funktionalität. Bei Branchenlösungen, wie beispielsweise für die Automobilindustrie, sind EDI-Schnittstellen für die gängigen VDA- und ODETTE-Nachrichtenstandards verfügbar.

Ältere Systeme, wie COMET oder R/2, werden sukzessive um EDI-Module erweitert. Konzeptionell rechtfertigen sich derartige Funktionserweiterungen nur als Übergangslösungen, um bestehende Installationen weiterbetreiben zu können. Unterstützt werden wenige Nachrichtentypen mit einem geringen Datenumfang und starrer Strukturierung. Prozeß- und Verwaltungsfunktionalität sind auf das notwendigste beschränkt, wobei eine redundante Stammdatenverwaltung keine Seltenheit darstellt. Selbst bei steigender EDI-

Nachfrage werden aufgrund konzeptioneller Schwächen und des erforderlichen Entwicklungsaufwandes auch in Zukunft Minimallösungen vorherrschen.

Neuentwicklungen, wie R/3 oder BAAN IV, verfolgen erstmalig eine aktive Integrationsstrategie. Bei der konzeptionellen Umsetzung, wie Erweiterung um neue EDI-Nachrichtentypen, Anpassungen des Datenumfangs und der Datendarstellung sowie einer Methodik zur Adaption und Prozeßunterstützung, zeigen sich jedoch erhebliche Unterschiede. Die überwiegende Anzahl der SAS-Anbieter verfügt zur Zeit nicht über das erforderliche EDI-Know-how. Aufgrund der geringen Erfahrungen bei der Entwicklung integrationsfähiger Anwendungssysteme scheuen viele Anbieter die erforderliche „Grundlagenforschung" auf den Gebieten der Schnittstellen- und Prozeßgestaltung.

Mit großem Aufwand versucht SAP mit seinem Produkt R/3 eine Vorreiterposition in der ZBI einzunehmen und Standards zu setzen. Als richtungsweisend zeichnet sich bereits der IDoc-Ansatz ab. Verstärkt wird dieser Trend durch die zunehmende Anzahl von R/3-Anwendern sowie EDI-Systemanbietern, die für ihre Systeme R/3-spezifische Zusatzmodule anbieten.

Verschiedene, überwiegend proprietäre Ansätze sind bei der Interaktion zwischen EDI-System und SAS sowie bei der Ablaufkontrolle (Statusverfolgung) zu erwarten, wobei der SAP-Ansatz aufgrund der Popularität von R/3 gute Chancen besitzt, sich als Standard zu etablieren. Ähnlich gestaltet sich die Situation bei der EDI-Prozeßgestaltung, d. h. der Ein- und Ausgangsverarbeitung von EDI-Daten. Auch hier ist SAP bislang Vorreiter.

5.3   EDI-Systeme mit betriebswirtschaftlichen Funktionserweiterungen

EDI-Systeme und betriebswirtschaftliche Anwendungssysteme sind aus innerbetrieblicher Sicht die zentralen Elemente der ZBI. Dem Unternehmen stellen sich folgende Integrationsaufgaben:

- die Verknüpfung von SAS und EDI-System (EDI-Integration) sowie
- die anwendungsseitige Unterstützung marktorientierter Funktionsbereiche.

Zur Zeit sind Integrationslösungen noch mit erheblichem individuellen Aufwand verbunden. Ein völlig anderes Konzept wird mit neuen, auf den zwischenbetrieblichen Interaktionsprozeß ausgerichteten „Hybridlösungen" verfolgt. Neben wenigen, „optimal" auf die ZBI abgestimmten betriebswirtschaftlichen Funktionen enthalten sie ebenso EDI-Funktionen, die eine unmittelbare Erstellung und Verarbeitung von EDI-Nachrichtentypen erlauben. Nachfolgend werden diese Hybridlösungen als „Small Business EDI-Lösungen" (SBEL) bezeichnet.

Das Spektrum der von SBEL abgedeckten Funktionen umfaßt

- Bestellsysteme mit integrierten Produktkatalogen,
- elektronischen Zahlungsverkehr mit Banken,
- Druck von Transportpapieren und Barcode-Labeln,
- Lieferscheinbearbeitung und Sendungsdisposition sowie
- Vertriebs- und Versandunterstützung.

In vielen Fällen wird von den Unternehmen bewußt eine redundante Datenhaltung und die Mehrfacherfassung mit all ihren Konsequenzen in Kauf genommen, um den Aufwand einer integrierten Lösung zu vermeiden. Die betriebswirtschaftlichen Erweiterungen erlauben ein vergleichsweise komfortables Arbeiten im Tagesgeschäft mit dem Partner. Vielfach bilden sie eine Voraussetzung, um den zeitlichen Anforderungen der Geschäftsabwicklung gerecht zu werden.

5.3.1 Architektur und Abgrenzung

SBEL richten sich an KMUs mit hohem EDI-Nachrichtenaufkommen und einer stark EDI-orientierten, formalisierten Geschäftsabwicklung. Branchenlösungen existieren für den Automobilzulieferbereich sowie den Phono-, Pharma-, Büromaterial- und Buchhandel. In der Automobilindustrie ergibt sich die Notwendigkeit für SBEL aufgrund der zeitkritischen Logistikprozesse (z. B. JIT, PSA), die zwischen Hersteller und Zulieferer bestehen. Die zentralistische Vertriebsorganisation zwischen Großhandel und einer Vielzahl kleiner Einzelhändler mit geringer DV-Infrastruktur sind die Ursache für die Entwicklung von SBEL in den anderen genannten Branchen. Ausnahmslos sind SBEL vorkonfiguriert und nicht durch den Anwender anpaßbar.

SBEL werden nur in wenigen Wirtschaftsbereichen mit zentralistischen Organisationsstrukturen und stark formalisierten Abläufen zum Einsatz gebracht.

Am Markt verfügbare Lösungen lassen sich unterteilen in

- Vertriebs-/Versandabwicklungen,
- Speziallösungen für Konzerne,
- zentral organisiertes Bestell- und Abrechnungswesen und
- Verarbeitungslösungen für zentral angebotene EDI-Services, z. B. Fernmelderechnung der Telekom.

SBEL sind ausnahmslos PC-basiert und stellen betriebswirtschaftliche Teilbereichslösungen (z. B. Vertriebsabwicklung, Transportmittelverwaltung) dar. Hieraus ergeben sich Ähnlichkeiten zum SAS-Typ II, wobei jedoch dessen Funktionsumfang nicht erreicht wird. SBEL sind in der Lage, starr vordefinierte EDI-Nachrichtentypen im EDIFACT-, VDA-

oder ODETTE-Format unmittelbar zu erzeugen und zu verarbeiten. Eine gesonderte Formatkonvertierung entfällt. Es existiert keine automatische Ablaufsteuerung, d. h. alle Verarbeitungs- und Kommunikationsprozesse sind rein manuell anzustoßen.

Tab. 5/17:   Abgrenzung von Small Business EDI-Lösungen, SAS und EDI-Kleinsystemen

Lösungen / Abgrenzungskriterien	Small Business EDI-Lösungen	SAS	EDI-Kleinlösungen
Kosten (Plattform)	zwischen ca. 7.000,- und 30.000,- DM (PC-basiert)	ab ca. 20.000,- DM bis über 1 Mio. DM (alle Plattformen)	ab ca. 2.500,- DM (PC-basiert)
betriebswirtschaftliche Funktionsbreite	eingeschränkt auf marktgerichtete Einzelfunktionen	Abdeckung mehrerer betriebswirtschaftlicher Funktionsbereiche	keine
betriebswirtschaftliche Funktionstiefe	punktuell auf den zwischenbetrieblichen Leistungsaustausch ausgerichtet	auf den innerbetrieblichen Wertschöpfungsprozeß ausgerichtet	keine
EDI-Kommunikation	integraler Bestandteil	keine	integraler Bestandteil
EDI-Standardformate	werden direkt erzeugt (feste Zuordnungen) kein EDI-System erforderlich	keine	werden direkt erzeugt (feste Zuordnungen)
Automation	keine	Batch	keine
Zielsetzung	funktionale Abwicklung zwischenbetrieblicher Geschäftsabläufe und funktionale Ergänzung bestehender SAS	umfassende Unterstützung betriebswirtschaftlicher Aufgabenstellungen im Unternehmen	EDI-Fähigkeit mit minimalem Aufwand

Charakteristisch ist die Unterstützung weniger Nachrichtentypen (Syntax). Alle zum Einsatz kommenden Datenelemente und Codes werden vorgegeben (Semantik) und die Geschäftsabläufe formalisiert (Pragmatik). Aufgrund ihrer eingeschränkten, auf zwischenbetriebliche Geschäftstransaktionen ausgerichteten Funktionsbreite und -tiefe können SBEL nur sehr eingeschränkt mit klassischer SAS verglichen werden. In Einzelfällen (z. B. Kleinunternehmen) besteht die Möglichkeit, die gesamte betriebliche DV mittels SBEL abzudecken.

Von EDI-Kleinsystemen (Kap. 5.1.2.1) unterscheiden sich SBEL durch ihre betriebswirtschaftliche Funktionalität. Während EDI-Kleinsysteme für den Anwender primär als Kommunikationsinstrument dienen, steht bei SBEL eine spezifische, betriebswirtschaftliche Problemstellung im Vordergrund.

Eine Abgrenzung von Small Business EDI-Lösungen, SAS und EDI-Kleinsystemen findet sich in Tabelle 5/17.

5.3.2 Einsatzbeispiele in der Praxis

Am Markt sind erst wenige SBEL verfügbar. Überwiegend branchenspezifisch unterstützen sie nur jene betriebswirtschaftlichen Funktionalitäten, die für eine schnelle zwischenbetriebliche Geschäftsabwicklung erforderlich sind. Während in klassischer SAS hierzu erforderliche Funktionen häufig nicht oder nur unzureichend abgedeckt sind, stellen SBEL diese sehr komfortabel und mit hoher Funktionstiefe zur Verfügung.

Alle nachfolgend vorgestellten Lösungen wurden im Zeitraum zwischen Juli 1995 und Juli 1996 im Rahmen des VULCAN II-Projektes intensiv untersucht und vermitteln einen guten Überblick über den Entwicklungsstand von SBEL.

PhonoNet-Workstation von INOVIS GmbH & Co

Das vom Bundesverband der phonografischen Wirtschaft initiierte Produkt „PhonoNet-Workstation" dient dem branchenspezifischen Datenaustausch zwischen Tonträgerindustrie und -handel. Die PhonoNet-Workstation ist für Händler ohne eigenständiges Anwendungssystem konzipiert und beinhaltet neben einem vollständigen Produktkatalog auch Bestell- und Warenwirtschaftsfunktionalitäten. Die Bestellabwicklung erfolgt innerhalb der Branche zentral über ein Clearing-Center der INOVIS in Karlsruhe. Die hierfür erforderliche Kommunikationsfunktionalität ist Bestandteil der PhonoNet-Workstation.

Das ebenfalls angebotene Produkt „PhonoNet-Server" besitzt keinerlei betriebswirtschaftliche Funktionalität und ist ein klassisches EDI-System für die Integration in ein bestehendes Anwendungssystem. Einzige Besonderheit ist die E-Mail-Funktion zum Versand unformatierter Nachrichten. Zur Zeit sind ca. 600 Handelspartner und Industriefirmen an diesem branchenspezifischen Clearing-Service beteiligt, von denen 80% die PhonoNet-Workstation nutzen [INOV95, 4].

Der Funktionsumfang der PhonoNet-Workstation (Version 2.0) [INOV94, 1.1-1.22] umfaßt die Verwaltung von:

- Artikelstammdaten mit Suchfunktion und der Übernahme von Änderungsbeständen mittels DFÜ,
- Bestandsdaten,
- Lieferantendaten,
- Bestell- und Auftragsdaten mit Lieferankündigung und Wareneingang sowie
- Retouren.

Beim elektronischen Datenaustausch werden ausgehend der Nachrichtentyp „Bestellung" und die Übermittlung von Abverkaufszahlen an Media Control unterstützt. Eingehend kommt der Nachrichtentyp „Lieferavis" zum Einsatz. Artikelstammdaten können über das INOVIS-Clearing-Center elektronisch abgeglichen werden. Für den Betrieb der PhonoNet-Workstation ist die kostenpflichtige Teilnahme am Clearing-Service der Firma INOVIS erforderlich.

EDI*BEST von MLC GmbH

„EDI*BEST", ein Produkt der Firma MLC aus Ratingen, stellt ein dialogorientiertes und branchenneutrales Bestellsystem mit sehr eingeschränkten betriebswirtschaftlichen Funktionen dar [MLC94, 4-5].

Ausgestattet mit einer Produktdatenbank unterstützt EDI*BEST die wesentlichen mit einem Bestellvorgang verbundenen EDI-Transaktionen, wie Bestellung, Bestelländerung und -ablehnung. Eine betriebswirtschaftliche Verarbeitungsfunktionalität, die über die Nachrichtenverwaltung hinaus geht, existiert nicht, wodurch EDI*BEST im Funktionsumfang nur geringfügig die von EDI-Kleinsystemen übersteigt. Zielgruppe des WINDOWS-basierten Produktes (ca. 7.500,- DM/Stand 1996) sind kleine Fachhandelsunternehmen mit variantenreichen, mehrstufigen Baugruppen (Stücklisten). Im Rahmen Elektronischer Hierarchien eignet sich EDI*BEST als kostengünstige EDI-Einstiegslösung, die eine schnelle EDI-Fähigkeit erlaubt.

Neben den Partner- und Produktstammdaten lassen sich auch Liefer- und Transportbedingungen sowie unterschiedliche Bearbeitungszustände von Aufträgen verwalten. Unterstützt werden ausgehend die Nachrichtentypen „Bestellung" und „Bestelländerung" sowie eingehend „Auftragsbestätigung" und „Auftragsänderung". Ferner können die erforderlichen Versand- und Exportdokumente erstellt und ausgedruckt werden.

WINVERA von SEEBURGER Unternehmensberatung GmbH

„WINVERA" ist eine auf Basis der PC-Datenbank MS-Access erstellte, netzwerkfähige Auftragsabwicklung mit Versandsteuerung und Fakturierung. Das Produkt der SEEBURGER Unternehmensberatung in Bretten ist branchenspezifisch und richtet sich an die KFZ-Zulieferindustrie.

Mit einer hohen Funktionstiefe werden spezifische Anforderungen im Auftragswesen sowie in der Lieferabwicklung der Automobilindustrie berücksichtigt [SEEB95, 2-3].

Unterstützt werden die Bereiche

- Auftragswesen (z. B. Rahmenverträge, Liefer- und Feinabrufverwaltung),
- Materialdisposition,
- Versandsteuerung mit Druck von Formularen, wie Warenanhänger, Lieferscheine, Frachtbriefe,

- Behälterbuchführung mit Behälterdisposition,
- Fakturierung sowie
- Unterstützung des Gutschriftenverfahrens.

Unterstützt werden die VDA- bzw. ODETTE-Nachrichtentypen „Rechnung", „Bestellung", „Bestellbestätigung", „Lieferabruf", „Feinabruf", „produktionssynchrone Abrufe", „Speditionsaufträge", „Anlieferungsdaten", „Ladungsträger-DFÜ" und „Zahlungsavis".

Zielgruppe des hochspezialisierten SW-Produktes (ca. 25.000,- DM/Stand 1996) sind Unternehmen der Automobilzulieferindustrie. Für kleine Unternehmen ist das Produkt WINVERA als Komplettlösung einsetzbar. Für mittelständische und große Unternehmen kommt es ergänzend zum betrieblichen Anwendungssystem als branchenspezifische Erweiterung und EDI-Schnittstelle zur Automobilindustrie zum Einsatz.

EDI*fors* von ACTIS GmbH

„EDI*fors*" ist ein branchenspezifisches, auf die Automobilzulieferindustrie ausgerichtetes Produkt der Firma ACTIS in Stuttgart. Entwickelt unter der PC-Datenbankumgebung MS-Access zielt das Produkt auf die schnelle und fehlerfreie Erfassung von Auftrags- und Versanddaten sowie deren sichere Übermittlung per EDI ab [ACTI95, 11]. Zielgruppe dieser stark kommunikationsorientierten Lösung (ca. 16.000,- DM/Stand 1996) sind kleine Unternehmen im Automobilzulieferbereich, die bereits eine betriebswirtschaftliche Anwendung besitzen.

EDI*fors* steht in unmittelbarer Konkurrenz zum Produkt WINVERA der SEEBURGER UNTERNEHMENSBERATUNG. Während bei WINVERA in stärkerem Maße betriebswirtschaftliche Verarbeitungsfunktionen wahrgenommen werden, steht EDI*fors* die komfortable und schnelle Erstellung ausgehender und die Aufbereitung eingehender EDI-Nachrichten im Mittelpunkt.

Verwaltet werden

- Stammdaten,
- Auftragsabwicklungsdaten,
- Ladungsträgerdaten,
- Versandabwicklungsdaten sowie
- Rechnungsdaten und Gutschriften.

Ausgehend werden die VDA- und ODETTE-Nachrichtentypen „Rechnung", „Lieferschein und Transportdaten", „Lieferavis" sowie „Leergutanforderung" unterstützt. Eingehend können die Nachrichtentypen „Lieferabruf", „Feinabruf", „Gutschriften", „Ladungsträger-DFÜ" und „Leergutavis" verarbeitet werden.

5.3.3   Entwicklungstrends

SBEL stellen einen pragmatischen und problemorientierten Ansatz zur Milderung bestehender ZBI-Probleme dar. Aufgegriffen werden die unmittelbar für die ZBI erforderlichen
betriebswirtschaftlichen Funktionalitäten, die für die elektronische Geschäftsabwicklung
angepaßt und ergänzt werden. SBEL stellen keine Lösung, sondern lediglich eine Problem-
verlagerung dar. Während das Integrationsproblem zwischen Unternehmen mit SBEL
deutlich entschärft wird, stellt sich für Unternehmen nun ein innerbetriebliches Integrationsproblem zwischen der betrieblichen Anwendung und der SBEL. Die Vorteile für den
Anwender ergeben sich aus einer den Anforderungen der elektronischen Geschäftsabwicklung entsprechenden Bereitstellung marktgerichteter Funktionen, die in dieser Form
nicht oder nur mit hohem Entwicklungsaufwand mit klassischer SAS realisierbar sind.

Es ist zu erwarten, daß kurzfristig SBEL für weitere Funktionsbereiche und in weiteren
Branchenausrichtungen entwickelt werden, um die steigende Nachfrage der KMUs nach
kostengünstigen und funktionalen ZBI-Lösungen zu decken.

Bei kleinen, bislang nur über eine geringe DV-Infrastruktur verfügenden Unternehmen
werden SBEL als Komplettsysteme an Bedeutung gewinnen. Insbesondere bei zentralis-
tisch organisierten Branchen mit stark formalisierten Abläufen und Funktionen, wie dem
Buchhandel, Apotheken, Handelsketten aller Art und KFZ-Vertragswerkstätten, bieten sich
SBEL an.

5.4   Integration

In der Vergangenheit haben sich für ZBI-Lösungen verschiedene Integrationsstrategien aus
Theorie und Praxis entwickelt. Kennzeichnend ist ihre Heterogenität durch die isolierte
Betrachtung einzelner Aspekte. Analog gestaltet sich die Situation bei Einführungs- und
Adaptionskonzepten.

5.4.1   Integrationsstrategien

Die einzelnen Integrationsstrategien lassen sich unterscheiden in semantische, funktionale
und Clearing-Ansätze, deren Ausrichtung und Praxisrelevanz erheblich differiert.

5.4.1.1 Semantische Ansätze

Semantische Ansätze streben die Homogenisierung der den betriebswirtschaftlichen Anwendungssystemen zugrundeliegenden Datenmodelle an. Ziel ist die unmittelbare Erzeugung von weiterverarbeitbaren Datenstrukturen.

Zu unterscheiden sind die Ansätze

- eines weltweit homogenen Datenmodells für betriebswirtschaftliche Anwendungen und
- EDIFACT als Datenmodell.

Konzeptionell einleuchtend ist der Ansatz, weltweit ein einheitliches Datenmodell für alle Anwendungssysteme zu nutzen. In Kombination mit standardisierten Codes könnten nahezu alle syntaktischen und semantischen Probleme bei der Integration heterogener Anwendungssysteme gelöst werden.

Diese hard- und softwareunabhängige formale Beschreibung der Datenelemente und Datenbeziehungen hat eine betriebsübergreifende einheitliche Syntax und Semantik der betriebswirtschaftlichen Datenbasis in den Anwendungssystemen zur Folge [FISC93, 249-250]. Standardisierte Datenaustauschformate, wie EDIFACT oder ANSI X12, sind somit nicht mehr erforderlich.

Diesem Ansatz kommt in der Praxis keine Bedeutung zu. Zum einen sind die psychologischen und strategischen Hemmschwellen einer unzureichenden Differenzierbarkeit von Mitbewerbern sowie der ungenügenden Berücksichtigung unternehmensspezifischer Besonderheiten sowohl bei Anbietern als auch bei Anwendern außerordentlich hoch. Erfahrungen aus den vielfältigen Standardisierungsbemühungen weltweit lassen die Einigung auf ein einheitliches Datenmodell als unrealistisch und wenig erstrebenswert erscheinen. Hinzu kommt, daß eine Anpassung bestehender Anwendungssysteme programmtechnisch unmöglich ist.

Ebenfalls semantisch orientiert ist der Ansatz, EDIFACT betriebswirtschaftlichen Anwendungssystemen als Datenmodell zugrunde zu legen [GEOR93, 121]. Die Anwendung arbeitet hierbei mit Datenelementen, Codes, Qualifiern und Darstellungskonventionen der EDIFACT-Norm. Die Problemstellung der Erzeugung und Verarbeitung von EDI-Nachrichten beschränkt sich auf die strukturelle Anordnung von Datenelementen zu einer Nachricht und deren Auflösung.

Gegen diesen Ansatzes sprechen

- der Aufwand einer Anpassung bestehender SAS,
- das EDIFACT-Datenmodell, welches nicht auf die Abwicklung innerbetrieblicher Aufgabenstellungen ausgelegt ist,

- die aufwendige Datenstrukturierung und -darstellung, die aufgrund einer durch Qualifier und strukturelle Hierarchien geprägten Semantik innerbetriebliche Verarbeitungsprozesse erschwert sowie
- die Instabilität der EDIFACT-Norm.

Die semantischen Ansätze heben auf den Aspekt der logischen Datenintegration ab, ohne jedoch die praktische Umsetzbarkeit zu berücksichtigen. Fragen der Schnittstellengestaltung bei Anwendungssystemen bleiben ebenso unberücksichtigt wie die Weiterverarbeitung.

5.4.1.2 Funktionale Ansätze

Zentraler Betrachtungsgegenstand der funktionalen Ansätze ist die Verteilung von EDI-Funktionalität und betriebswirtschaftlicher Funktionalität.

Zu unterscheiden sind

- anwendungsinterne EDI-Systeme,
- Host-Lösungen und
- Vorrechnerlösungen.

Sehr plausibel erscheint der Ansatz, EDI-Funktionen in betriebliche Anwendungssysteme zu integrieren. Probleme wie die Erstellung von Inhouse-Dateien, die sowohl vom EDI- als auch Anwendungssystem verarbeitet werden können, oder die redundante Verwaltung von Partnerstammdaten sowie die Interaktion zwischen Anwendungs- und EDI-System entfallen völlig. Eine unmittelbare Nachrichtenverarbeitung im Sinne von Realtime EDI sowie die Verwaltung von Konvertierungs- und Kommunikationsprozessen erfolgen zentral im Anwendungssystem.

Gegen diesen Ansatz sprechen

- die erforderlichen Anpassungen im Datenmodell (z. B. EDI-spezifische Codes, Stammdaten),
- die erforderlichen Anpassungen in der Anwendungsfunktionalität (z. B. Konvertersteuerung, -konfiguration),
- die fehlende Skalierbarkeit der EDI-Funktionalität sowie
- das geringe EDI-Know-how bei SAS-Anbietern.

EDI-Lösungen von R/2 (SAP) mit dem EDI-Modul „Sub-EDI" oder von BAAN IV (BAAN) mit dem „EDI-Modul" können nicht diesem Ansatz zugerechnet werden. In beiden Fällen handelt es sich um speziell für das Anwendungssystem angepaßte, externe EDI-Systeme. Der Datenaustausch erfolgt über eine Flat File-Schnittstelle und ist batch-orientiert. Status- und Fehlermeldungen bei der Konvertierung oder der Kommunikation werden ausschließlich im EDI-System verwaltet.

Bislang existieren keine derartigen Lösungen am Markt. Inwieweit mittelfristig zumindest größere SAS-Pakete diesen Ansatz aufgreifen oder standardisierte Schnittstellen zu EDI-Systemen realisieren, ist zur Zeit nicht abschätzbar.

Host-Lösungen wie auch Vorrechnerlösungen bedienen sich der Client/Server-Architektur. Charakteristisch ist die programmtechnische Trennung zwischen Anwendungs- und EDI-System. Beide Systeme sind vollständig autonom. Alternativ können sie gemeinsam auf einem Rechnersystem (Host-Lösung) oder verschiedenen Rechnersystemen (Vorrechner) installiert sein. Der Datenaustausch zwischen EDI- und Anwendungssystem erfolgt über eine Flat File-Schnittstelle.

Da bei Host-Lösungen EDI- und Anwendungssystem auf einem Rechner installiert sind, erfolgt der Datenaustausch über definierte Verzeichnisse, die periodisch, zu bestimmten Zeitpunkten oder durch Aufruf (z. B. RFC) weiterverarbeitet werden.

Als nachteilig erweisen sich die Kosten für das EDI-System und die Kommunikationskomponenten. Trotz einer häufig mit PC-Lösungen vergleichbaren Leistungsfähigkeit entstehen bei Mainframes oder Workstations deutlich höhere Kosten für Hard- und Software. Traditionell bedingt besitzen Host-Lösungen noch eine gewisse Verbreitung. Aufgrund der Leistungsfähigkeit von EDI-Servern und den geringeren Kosten ist ein starker Trend zu Vorrechnerlösungen erkennbar.

Bei Vorrechnerlösungen werden Anwendungs- und EDI-System auf unterschiedlichen Rechnersystemen installiert und über ein LAN verbunden. Sie stellen die verbreitetste Integrationsform in der Praxis dar. Der Datenaustausch erfolgt über Filetransfer.

Für Vorrechnerlösungen sprechen

- die bessere Skalierbarkeit der EDI-Funktionalität,

- geringere Kosten sowie

- die Sicherheit aufgrund der physikalischen Trennung zwischen der Anwendung und dem mit der Außenwelt verbundenen EDI-System.

Problematisch ist die Schnittstellenrealisierung zwischen EDI- und Anwendungssystem sowie die separate Prozeß- und Datenverwaltung, die ein durchgängiges Geschäftsprozeßmanagement verhindert.

5.4.1.3 Clearing-Ansätze

Bei Clearing-Ansätzen werden die Aufgaben eines EDI-Systems zentral für mehrere Anwendungssysteme vorgenommen. Derartige Clearing-Services unterliegen einer professionellen Betreuung und nutzen die Leistungsfähigkeit von EDI-Gateways, wodurch sie eine sehr hohe Flexibilität besitzen. Der Anwenderkomfort ist sehr hoch, da die EDI-Funktionalität zentral erbracht wird.

Die Unterschiede zwischen einem unternehmensweiten Clearing und kommerziellen MWD sind rein organisatorischer Art. In beiden Fällen werden Daten zwischen den verschiedenen Anwendungssystemen und der Clearing-Stelle ausgetauscht.

Als Beispiele für das konzerninterne Clearing lassen sich insbesondere multinationale Unternehmen wie Hewlett Packard oder Siemens nennen. Auf die Bedeutung von MWD wurde bereits in Abschnitt 4.2.4 eingegangen. Klassische Beispiele sind GE Information Services, IBM Global Network, AT&T oder Harbinger.

Zentraler Aspekt dieses Integrationsansatzes ist die Verwaltung der Konvertierungs- und Kommunikationsfunktionalität.

5.4.2   Implementierung und Adaptionsstrategien

Die Einführung des elektronischen Datenaustausches erweist sich meist als komplexe Aufgabenstellung mit Projektcharakter (vgl. Abbildung 5/6).

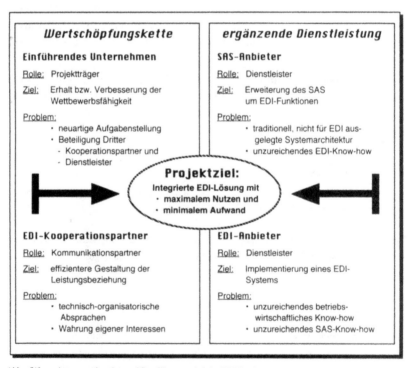

Abb. 5/6:   Ausgangssituation und Beteiligungen bei der EDI-Implementierung im Unternehmen

Fragen der technischen und organisatorischen Realisierung sowie der Umsetzung strategischer Potentiale stellen für das Unternehmen weitgehend Neuland dar. Hinzu kommt die
Notwendigkeit von exakten Absprachen mit den Partnerunternehmen über die Implementierung von Datenaustauschformaten, Kommunikationsformen sowie Änderungen der Geschäftsabwicklung. Unternehmensintern müssen EDI-Systeme beschafft und implementiert
werden. Die Integration in das betriebliche Anwendungssystem erfolgt durch Anpassungen
oder Erweiterungen des SAS. In vielen Bereichen, wie der SAS-Anpassung oder der EDI-
Konfiguration, ist die Inanspruchnahme von Dienstleistern unvermeidlich.

Die Implementierungsproblematik soll nachfolgend aufgeteilt werden in

• den Einführungsprozeß (Phasenschema) und

• die Adaptionsstrategie (unternehmensindividuelle ZBI-Strategie).

In der englischsprachigen Literatur finden sich bereits seit Ende der 80er Jahre Implementierungskonzepte, die den Anspruch erheben, das Problem allgemeingültig aufzuarbeiten
[SOKO89, 79-102; GIFK88, 149-186; CANN93, 163-178]. Demgegenüber setzt sich die
deutschsprachige Literatur erst seit 1994 mit der EDI-Einführung auseinander [DEUT94b,
75-188; GEOR93, 140-293; SCHM94, 232-262; WEID95, 173-208].

Schwerpunkt aller Implementierungskonzepte bilden der Einführungsprozeß und die hierbei zu durchlaufenden Phasen der externen und internen Koordination. Nahezu unberücksichtigt bleiben demgegenüber die Adaptionsstrategien, d. h. Methoden und Instrumente
für die technische und organisatorische Anpassung im Unternehmen.

5.4.2.1 Phasenkonzept

Die in der Literatur beschriebenen Implementationsansätze unterscheiden sich nur geringfügig in ihrem strukturellen Aufbau. Unterschiede finden sich im Detaillierungsgrad sowie
in der Darstellung einzelner (Analyse-) Aktivitäten. Stellvertretend für viele werden zwei
Phasenkonzepte in Tabelle 5/18 gegenübergestellt.

Für den unmittelbaren Einsatz in der Praxis sind die Konzepte nur eingeschränkt nutzbar.
Die Phasen der Projektinitiierung, der Analyse sowie der Konzeption sind mit einer
Vielzahl optionaler, nur sehr wenige große Anwender betreffende Aktivitäten überladen.
Demgegenüber ist die letzte Phase der Systemimplementierung nur sehr allgemein gehal-
ten. Dies zeigt sich insbesondere bei Unternehmen, die von Partnern zu EDI gedrängt
werden (Elektronische Hierarchie) und sich deren EDI-Vorgaben beugen müssen. Für sie
entfallen de facto Analyse- und Konzeptionsphasen.

Die Implementierungskonzepte unterscheiden sich hierbei signifikant in ihrer Ausrichtung.
Während sich sowohl GEORG [GEOR93] als auch DÖRFLEIN [DÖRF95, 40-41] um eine
konzeptionelle Strukturierung der EDI-Einführung bemühen, versucht DEUTSCH durch

Checklisten und Beispiele praxisnahe Gestaltungshinweise für das operative Vorgehen aufzuzeigen [DEUT94b].

Tab. 5/18:   Phasenkonzepte der EDI-Einführung

[GEOR93, 296]	[DÖRF95, 40-41]
Initialisierung	**Strategie und Vorbereitung**
- Reduzierung der Informationsdefizite und Zieldefinitionen	- Informationsbeschaffung und Projektdefinition
- Definition der Beteiligten und Kompetenzverteilung	- Bildung eines Projektteams und Kompetenzabgrenzung
	- Erfahrungen und Vorgaben von Partnern oder Dritten
Analyse	**Ist-Analyse**
- Bestimmung der Vorgehensweise	- Ermittlung der Datenströme (extern/intern) und -inhalte
- Analyse der auszutauschenden Daten und Zuordnung zum EDIFACT-Format	- EDI-Syntax
- Dokumentation der Analysetätigkeit	- DV-Infrastruktur und TK-Verfahren,
Konzeption	**Soll-Konzept**
- EDI-System- und Kommunikationsprofil	- Zieldefinition
- zeitliche und personelle Ressourcen-Planung	- EDI-System- und Kommunikationsprofil
- Pflichtenhefterstellung und Vorauswahl des EDI-Anbieters	- Implementierungsvorbereitung/-zeitplan
Implementierung	**Implementierung**
- EDI-Systemauswahl	- EDI-Systemauswahl und -konfiguration
- Realisierung des technischen und organisatorischen Gesamtsystems	- TK-Anbindung und innerbetriebliche Integration
- Funktions- und Integrationstests	- Funktionstests, Kontrolle und Wartung
- Kontrolle und Optimierung der Lösung	

DEUTSCH definiert hierbei Meilensteine [DEUT94b, 124-127]:

- Entscheidung für ein Übertragungsmedium,
- Auswahl eines EDI-Systems,
- Definition der auszutauschenden Daten unter Berücksichtigung der Partneranforderungen und der Möglichkeiten des eigenen Anwendungssystems,
- Beschaffung der benötigten Hardware,
- Installation des EDI-Systems,
- Austausch von Testdaten zwischen Inhouse-Anwendung und EDI-System,
- Fertigstellung der Konvertierungsvorschriften (Inhouse ↔ EDI),
- erster Testdatenaustausch mit einem Partner,
- erster Echtdatenaustausch und

• Anbindung weiterer Partner.

In allen Implementierungsansätzen finden sich nur Hinweise auf die Notwendigkeit einer Integration in betriebliche Anwendungssysteme, ohne jedoch auf die Gestaltung einzugehen.

5.4.2.2 Adaptionsstrategien

Aufgabe der Adaption ist die Anpassung des EDI- und Anwendungssystems an die unternehmensindividuellen Anforderungen der ZBI.

Standardanwendungssoftware

Sieht man von wenigen Neuentwicklungen, wie beispielsweise R/3 von SAP, ab, so existiert keine SAS, bei deren Konzeption die Anforderungen des elektronischen Datenaustausches Berücksichtigung findet. Diesen Mangel beheben SAS-Anbieter, indem sie ihre Systeme um EDI-Zusatzfunktionalitäten erweitern. Systemtechnische Restriktionen des SAS sowie der erforderliche Entwicklungsaufwand determinieren in einem hohen Maße den Funktionsumfang.

Die Adaptionsmöglichkeiten sind sehr eingeschränkt. Nur vereinzelt werden im SAS Adaptionswerkzeuge bereitgestellt, die jedoch nicht den Komfort und die Leistungsfähigkeit der betriebswirtschaftlichen Adaption bieten. Die individuelle Programmerweiterung bzw. -anpassung als Standardstrategie bei der Adaption von Integrationsschnittstellen besitzt zur Zeit noch eine große Bedeutung [SCHU94, 58].

Tab. 5/19:   Durch SAS am häufigsten unterstützte Nachrichtentypen in der EDI-Eingangs- und EDI-Ausgangsverarbeitung [SCHE96b, 10]

EDI-Eingangsverarbeitung		EDI-Ausgangsverarbeitung	
Auftrag	(54%)	Rechnung	(50%)
Lieferabruf	(35%)	Bestellung	(42%)
Bestellbestätigung	(27%)	Liefermeldung	(42%)
Bestelländerung	(27%)	Bestelländerung	(31%)
Liefermeldung	(27%)	Lieferabruf	(31%)
Angebot	(19%)	Bestellbestätigung	(27%)
Gutschriftenanzeige	(19%)	Zahlungsauftrag	(23%)

Eine Marktanalyse (vgl. Abschnitt 1.3.2 und 5.2.3.1) ergab, daß ein „EDI-fähiges SAS-Paket" durchschnittlich 4,4 unterschiedliche Nachrichtentypen unterstützt. Zu unterscheiden ist hierbei zwischen der Ausgangsverarbeitung mit 5,1 und der EDI-Eingangsverarbeitung mit 3,8 Nachrichtentypen. Ein Überblick über die am häufigsten von EDI-fähiger SAS unterstützten Nachrichtentypen wird in Tabelle 5/19 gegeben.

In der EDI-Ausgangsverarbeitung sind Datenumfang, -darstellung sowie -Codierung weitgehend starr vorgegeben. Nur 27% der von SAS-Anbietern als EDI-fähig ausgewiesenen Anwendungen erlauben Anpassungen bei der Flat File-Struktur.

Ein verbreiteter Ansatz für die EDI-Ausgangsverarbeitung ist das elektronische Auslesen von Druckdateien, während bei der EDI-Eingangsverarbeitung die manuelle Erfassung am Bildschirm mittels Batch-Input simuliert wird (vgl. Tabelle 5/20).

Tab. 5/20:   Problemstellung bei der Realisierung von EDI-Schnittstellen in SAS

Batch-Input	Druckdatei als Exportschnittstelle
individuelle Zusatzprogramme zur Simulation der Tastatureingabe erforderlich	individuelle Zusatzprogramme zum Auslesen der Druckdateien erforderlich
detaillierte Systemkenntnisse notwendig	unzureichender Datenumfang der Druckdateien
Daten müssen exakt dem SAS-Datenmodell entsprechen (Umfang, Format, Code)	nur für wenige Nachrichtentypen sind Druckdateien vorhanden
kein Fehlermanagement bei syntaktischen oder semantischen Unstimmigkeiten	Gefahr eine Druckdatei mehrfach zu erzeugen (Mehrfachdruck) und zu versenden
keine Plausibilitätskontrollen	keine EDI-Partnerprofilverwaltung
keine Anpassung des Weiterbearbeitungsprozesses an EDI-Anforderungen	keine Kontrolle der ordnungsgemäßen Konvertierung und Kommunikation im SAS
keine Unterstützung von EDIFACT-Code-Tabellen und Fremdschlüsseln	keine Unterstützung von EDIFACT-Code-Tabellen und Fremdschlüsseln
sehr aufwendige Pflege der Schnittstellen bei Änderungen und Release-Wechsel	sehr aufwendige Pflege der Schnittstellen bei Änderungen und Release-Wechsel

EDI-System

EDI-Systeme sind speziell auf die Erfordernisse des elektronischen Datenaustausches ausgerichtet und verfügen über Adaptionsmöglichkeiten, wobei Umfang und Benutzerkomfort stark differieren (vgl. Tabelle 5/21).

Die EDI-Systemauswahl stellt den ersten Schritt der Adaptionsstrategie dar. Zur Bewertung von EDI-Systemen finden sich in der Literatur verschiedene Hinweise und Checklisten [DEUT94b, 138-142; GEOR93, 232-238; SCHE95d, 44; CANN93, 97-119].

In einem weiteren Schritt erfolgt die Adaption des EDI-Systems auf die individuellen Erfordernisse des Unternehmens. Während die Erstellung und Pflege von Zuordnungsvorschriften, Partner- sowie Kommunikationsprofilen sehr komfortabel durch Werkzeuge unterstützt werden, beschränkt sich die Anpassung der Inhouse-Schnittstelle auf die Definition von Flat Files sowie auf die Angabe eines Zielverzeichnisses. Diese Flat Files unterliegen strukturellen Restriktionen und müssen häufig bei der EDI-Ausgangsverarbeitung von der SAS mit einem konverterspezifischen Header versehen werden.

Die Adaption von EDI-Systemen ist eine klassische Dienstleistung, die, ausgenommen bei größeren Unternehmen, durch den EDI-Anbieter erbracht wird.

Tab. 5/21:   Adaption von EDI-Systemen

Adaptionsmethodik	Bedeutung für		
	Klein-Systeme	EDI-Server	EDI-Gateway
modulare Funktionserweiterungen und Zusatztools	keine	sehr hoch	sehr hoch
menügesteuerte Parametrisierung (z. B. Konvertierungsvorschriften, Ablaufsteuerung)	gering	sehr hoch	hoch
Vor- und Nachschalten von Hilfsprogrammen (z. B. Pre-Konverter, Verschlüsselung)	keine	mittel	gering
Programmierung in einer konverterspezifischen Syntax	keine	gering	sehr hoch
API und/oder User-Exits, die eine Einbindung externer Programme erlauben	keine	gering	hoch

5.5   Integrationsschwachstellen

Bei der Schwachstellenanalyse der EDI-Integration im Unternehmen ergeben sich große Unterschiede. Während zwischenbetriebliche EDI-Funktionen, wie Konvertierung und Kommunikation, durchgängig sowohl instrumentell als auch methodisch unterstützt werden, basieren innerbetriebliche EDI-Funktionen vorwiegend auf Individuallösungen (vgl. Abbildung 5/7).

Nur 46% der SAS-Pakete verfügen über eine nachrichtenorientierte Dateischnittstelle. Für den Datenaustausch zwischen SAS und EDI-System stellen programmtechnische Anpassungen selbst bei leistungsfähigen Systemen die gängige Adaptionsmethode dar.

Es verwundert nicht, daß die EDI-Integration in SAS von Experten zunehmend als eine der zentralen Herausforderungen der Zukunft bezeichnet wird, der sich Anbieter und Anwender stellen müssen [DEUT95, 45; CLAU95, 20]. Beispielsweise beschreibt FRITZ die Integration externer Daten in SAS als „eine der wesentlichen Herausforderungen bei der optimalen Unterstützung von Geschäftsprozessen" [FRIT94, 283].

Die Realisierung einer EDI-Fähigkeit, die den technischen, den semantischen sowie den prozeßbezogenen Aspekten elektronisch integrierter Geschäftsbeziehungen gerecht wird, scheitert bislang am „klassischen" Design der SAS. FISCHER [FISC93, 243] formuliert als Erfahrung aus mehreren EDI-Projekten, daß der Anpassungsaufwand von SAS nur „in

Personaljahren" realisiert werden kann. Die EDI-Fähigkeit eingeführter SAS wird somit auch in Zukunft nur mit „Notlösungen" zu realisieren sein.

Die Schnittstelle zum SAS bildet auch die Schwachstelle verfügbarer EDI-Systeme. Mangelnde (Prozeß-) Interaktion und (Schnittstellen-) Flexibilität verhindern bislang zwischenbetriebliche Datenflüsse im Sinne einer systemübergreifenden Vorgangsbearbeitung.

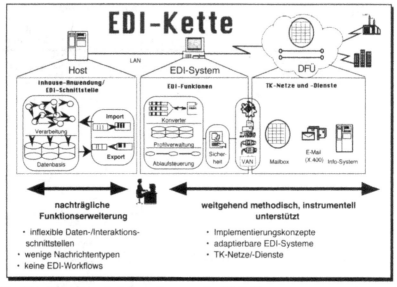

Abb. 5/7:   Umfang der methodischen und instrumentellen EDI-Einführung

Als unsinnig ist der Vorschlag zu werten, bei bestehender, datenbankbasierter SAS durch direkten Zugriff des EDI-Systems auf die Datenbank (z. B. SQL) das Problem des nachrichtenorientierten Datenex- und -importes zu lösen. Die Erstellung entsprechender Zugriffsprogramme gestaltet sich bereits bei kleineren Anwendungen als höchst problematisch und ist bei SAS, wie sie von ORACLE, SAP oder IBM angeboten wird, faktisch unmöglich. Hinzu kommt, daß in der Eingangsverarbeitung eine Vielzahl von Verarbeitungsschritten durchlaufen werden müssen, die ihrerseits wieder Vorgänge anstoßen und zu Änderungen der bestehenden Datenbasis führen können. Zur Sicherstellung der Datenkonsistenz müßten die Importprogramme diese Verarbeitungslogik ebenfalls vollständig berücksichtigen, was vom erforderlichen Aufwand faktisch unmöglich ist.

Ähnlich gestaltet sich die Situation bei der methodisch instrumentellen Unterstützung. Verfügbare Implementierungskonzepte stellen die zwischenbetriebliche Koordination sowie die EDI-Systemauswahl in den Vordergrund. Die Aussagen zur Integration in betriebliche Anwendungssysteme beschränken sich auf den Hinweis der Notwendigkeit.

Tabelle 5/22 zeigt zentrale Schwächen bei der Adaptionsfähigkeit von SAS und EDI-Systemen auf.

Tab. 5/22:   Schwächen bei der Adaptionsfähigkeit von SAS und EDI-Systemen

SAS	EDI-Systeme
wenige Nachrichtentypen mit einer starren proprietären Struktur	begrenzte Flexibilität bei der Strukturierbar keit von Flat Files
inflexible Ex- und Importfunktionen	Notwendigkeit eines Identifikationsheaders für die Verarbeitung von Flat Files
eingeschränkte Verwaltung von EDI-orientierten Stamm- und Bewegungsdaten	redundante Verwaltung von EDI-orientierten Stamm- und Bewegungsdaten
unzureichende Unterstützung von Fremd- und EDI-Codes	redundante Verwaltung von anwendungs-spezifischen Codes
keine Plausibilisierung eingehender Daten	keine Weitergabe von Statusmeldungen an SAS
keine Unterstützung von EDI-Workflows zur Automation der Ein- und Ausgangsverarbeitung	Beschränkung der Prozeßüberwachung auf die Konvertierung und externe Kommunikation
keine Interaktion mit dem EDI-System (z. B. Ereignissteuerung, Statusdatenaustausch)	ereignisgesteuerte Interaktion mit SAS nur mittels funktionaler Erweiterungen möglich
unzureichende Unterstützung marktgerichteter betriebswirtschaftlicher Funktionen	SBEL besitzen bislang keine Schnittstellen zu innerbetrieblichen Anwendungssystemen

6   Semantische Geschäftsprozeßintegration

Ausgangspunkt der semantischen Geschäftsprozeßintegration (SGPI) sind die bestehenden Mängel bei der Integration externer Geschäftsprozesse in betriebswirtschaftliche Anwendungssysteme. Die SGPI ist eine Integrationsarchitektur, die alle erforderlichen Integrationsfunktionen aufzeigt, strukturiert und dem innerbetrieblichen EDI-Instrumentarium (EDI-System, SGPI-Integrator, Anwendungssystem) eindeutig zuordnet. Zentraler Bestandteil ist der SGPI-Integrator, eine „intelligente", stark automatisierte Schnittstelle zwischen EDI-System und dem betrieblichen Anwendungssystem. Sie paßt sich situationsspezifisch und dynamisch den verschiedenen semantischen sowie prozeßorientierten Anforderungen zwischenbetrieblicher Geschäftsprozesse an.

Zentrale Unterscheidungsmerkmale zu bestehenden Ansätzen ergeben sich durch

- die Konzentration auf die Anwendungsintegration,
- die Berücksichtigung der Aspekte Semantik und Prozeßautomation,
- die qualitative und situationsspezifische Berücksichtigung der zugrundeliegenden Geschäftsprozesse sowie durch
- die Berücksichtigung der technisch organisatorischen Realisierbarkeit.

Die SGPI ist die logische Weiterentwicklung des bestehenden, technisch orientierten EDI-Ansatzes um eine automatische Verknüpfung des zwischenbetrieblichen Datenaustausches (EDI) mit der anwendungsinternen Vorgangsbearbeitung unter Berücksichtigung des zugrundeliegenden Geschäftsprozesses.

Die Integrationsarchitektur umfaßt die Ebenen

- der technisch-administrativen Integration,
- der semantischen Integration,
- der Prozeßintegration und
- der Funktionsintegration.

Auf Basis von EDI- und Workflow-Ansätzen wird hierzu eine offene Integrationsarchitektur entworfen. Grundlage bildet ein adaptierbares Standardinstrumentarium und ein „Elektronischer Assistent", der unter Berücksichtigung der verschiedenen Geschäftsprozesse, der Partnerbeziehung sowie des Verarbeitungsstatus dynamisch EDI-Workflows generiert („individualisierte Integration").

Aus Gründen der Praxisverwertbarkeit werden bestehende EDI- und Anwendungsarchitekturen berücksichtigt und ein Soll-Zustand entwickelt, der einen konkreten Weg für die Realisierung anforderungsgerechter und erweiterbarer Integrationslösungen aufzeigt.

In **Abschnitt 6.**1 wird basierend auf den verschiedenen Integrationsebenen die SGPI-Architektur mit allen erforderlichen Integrationsfunktionen erarbeitet und eindeutig dem innerbetrieblichen EDI-Instrumentarium zugeordnet.

Eine Analyse der zwischenbetrieblichen Geschäftsprozesse sowie deren Automationsfähigkeit durch EDI-Workflows ist Gegenstand von **Abschnitt 6.2**. Grundlage bildet die Bewertung des „betriebswirtschaftlichen Charakters" einzelner Nachrichtentypen auf Basis der zugrundeliegenden Geschäftstransaktionen.

Abschnitt 6.3 setzt sich mit dem „elektronischen Assistenten" auseinander. Seine Aufgabe umfaßt das Design und die Steuerung der individualisierten Integrationsprozesse (EDI-Workflows) sowie das dynamische Management von Ausnahmesituationen.

Mit der Integrationsmatrix wird in **Abschnitt 6.4** ein anwenderorientiertes Instrument zur Realisierung unternehmensindividueller Integrationslösungen sowie zur Bewertung bestehender Integrationsansätze und -lösungen bereitgestellt. In Abhängigkeit verschiedener betriebswirtschaftlicher Integrations- und Automationsanforderungen lassen sich die erforderlichen Integrationsfunktionen unmittelbar auf allen Ebenen der SGPI-Architektur ableiten und in ein Pflichtenheft überführen. Ebenso lassen sich Integrations- und Automationsgrad bestehender Lösungen durch Abgleich der bereitgestellten Funktionalität mit der Integrationsmatrix analysieren und bestehende Funktionslücken identifizieren.

6.1   SGPI-Architektur

Von klassischen EDI-Implementationen unterscheidet sich die SGPI-Architektur durch die matrixartige Verteilung erforderlicher Integrationsfunktionen. Unterschieden wird zwischen verschiedenen Funktionsblöcken sowie qualitativen Integrationsbereichen.

6.1.1   Matrixaufbau der SGPI-Architektur

Die funktionale Verteilung der erforderlichen Integrationsfunktionalität in systemtechnisch abgrenzbare Funktionsblöcke erfolgt auf

- das EDI-System,
- den SGPI-Integrator und
- das Anwendungssystem.

Das EDI- und das Anwendungssystem repräsentieren klassische am Markt verfügbare Produkte. Demgegenüber steht der SGPI-Integrator für eine sehr flexible und leistungsfähige Ansammlung von Integrationsfunktionen, welche als Bindeglied zwischen EDI- und Anwendungssystem fungieren, die in dieser Form bislang nicht verfügbar sind. Die klare funktionale Abgrenzung zwischen den einzelnen Funktionsblöcken erlaubt die Definition eindeutiger Schnittstellen sowie die Zuordnung bestehender Funktionslücken.

Demgegenüber erfolgt bei den Integrationsbereichen eine Differenzierung zwischen den qualitativen Aufgaben

- der technisch-administrativen Integration,
- der semantischen Integration,
- der Prozeßintegration sowie
- der Funktionsintegration.

Durch die Unterteilung in verschiedene Bereiche erfolgt eine zusätzliche Strukturierung der Integrationsfunktionen entsprechend der Art ihres Integrationsbeitrages. Neben den klassischen technischen Integrationsaspekten werden auch die anwendungsorientierten Bereiche der Semantik, der Geschäftsprozeßdynamik sowie der betriebswirtschaftlichen Kompatibilität kommunizierender Anwendungssysteme berücksichtigt.

In Abbildung 6/1 wird die matrixartige Architektur des SGPI-Ansatzes dargestellt. Jede Zelle innerhalb der Matrix beinhaltet einen klar abgegrenzten, logisch zusammengehörenden Funktionsumfang (vgl. Tabelle 6/1). Bei der Konzeption individueller Integrationslösungen lassen sich auf Basis der SGPI-Architektur Anforderungsprofile sehr schnell detailliert erstellen.

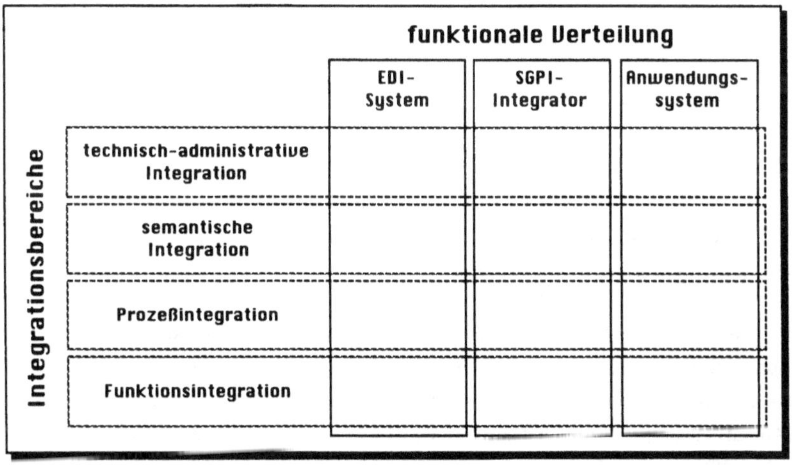

funktionale Verteilung			
	EDI-System	SGPI-Integrator	Anwendungs-system
technisch-administrative Integration			
semantische Integration			
Prozeßintegration			
Funktionsintegration			

(Zeilenbeschriftung links: **Integrationsbereiche**)

Abb. 6/1:   Allgemeines Strukturschema der SGPI-Architektur

Funktionale Verteilung

Bei der Realisierung von Integrationslösungen lassen sich drei Alternativen der programm-
technischen Gruppierung einzelner Funktionsblöcke unterscheiden (vgl. Abbildung 6/2):

1) Jeder Funktionsblock ist als eigenständige Applikation realisiert (klassische
   Integration).

2) Der SGPI-Integrator ist Bestandteil des Anwendungssystems (1. Stufe der
   SGPI).

3) Sowohl das EDI-System als auch der SGPI-Integrator sind in das Anwendungssystem integriert (2. Stufe der SGPI).

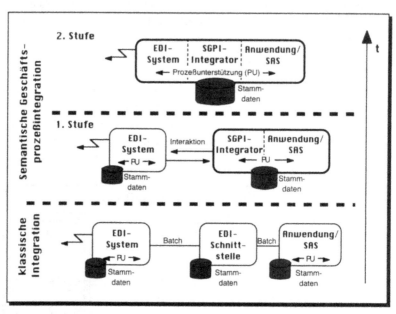

Abb. 6/2:   Entwicklung der EDI-Integration

Erhebliche Schnittstellen- und Koordinationsprobleme bei der Interaktion der einzelnen
Applikationen kennzeichnen die **klassischen Integration**. Eine Prozeßunterstützung erfolgt unkoordiniert im Anwendungssystem (Vorgangssteuerung) und dem EDI-System
(Ablaufsteuerung). Die redundante Haltung von Stammdaten führt zusätzlich zu einem er-
höhten Pflegeaufwand und dem Risiko inkonsistenter Datenbestände.

Die **1. Stufe der SGPI-Architektur** basiert auf einem Client/Server-Ansatz. Der SGPI-
Integrator ist integraler Bestandteil des Anwendungssystems, wohingegen das EDI-System
einen austauschbaren, systemtechnisch eigenständigen Funktionsblock bildet, der über eine
Daten- und Prozeßschnittstelle mit dem SGPI-Integrator im Anwendungssystem verbunden ist. Vorteile dieses Ansatzes ergeben sich durch die Nutzbarkeit beliebiger EDI-

Systeme (Skalierbarkeit) sowie durch die Entkopplung der Weiterentwicklungszyklen von SAS und den vergleichsweise schnellebigen EDI-Systemen. Der SGPI-Integrator ist mittels EDI-Workflows (vgl. Abschnitt 6.2) mit der anwendungsinternen Vorgangssteuerung und mittels der Nachrichtensteuerung (vgl. Abschnitt 6.1.4.1) mit dem EDI-System verbunden. Diese Teilintegrationsansätze fügen sich sehr gut in die bestehende, durch autonome EDI-Systeme geprägte Marktsituation ein.

Bei der **2. Stufe der SGPI-Architektur** sind sowohl das EDI-System als auch der SGPI-Integrator in das betriebswirtschaftliche Anwendungssystem integriert. Datenverwaltung, Interaktion sowie Prozeßverwaltung erfolgen zentral vom Anwendungssystem aus. Bislang wird dieser Ansatz von den SAS-Anbietern nicht verfolgt. Grund ist neben dem Realisierungsaufwand das vielfach das unzureichende EDI-Know-how. Selbst große SAS-Anbieter scheuen sich bislang, sich mit der Entwicklung und Pflege komplexer EDI-Systeme auseinanderzusetzen. Es ist zu erwarten, daß längerfristig von SAS-Anbietern auch vollständig integrierte Ansätze angeboten werden.

Bedingt durch die bestehende Marktsituation (Praxisrelevanz) wird den weiteren Ausführungen die 1. Stufe der SGPI zugrundegelegt (vgl. Tabelle 6/1). Alle Aussagen gelten uneingeschränkt auch für vollintegrierte Ansätze der 2. Stufe, wobei lediglich die Problematik der EDI-System-SAS-Kopplung entfällt.

Integrationsbereiche

Die SGPI setzt sich aus vier aufgabenbezogenen Integrationsbereichen zusammen. Aufgabe der technisch-administrativen Integration ist die Bereitstellung einer nachrichtenorientierten Ex- und Importfunktionalität sowie die Verwaltung von Zwischenstrukturen (Dokumententypen) zum Datenaustausch mit dem EDI-System. Die semantische Integration stellt die korrekte Interpretation und Weiterverarbeitbarkeit von EDI-Daten durch Kontroll- und Aufbereitungsmechanismen sicher. Initiierung, Steuerung und Kontrolle der Abläufe (EDI-Workflows) ist Gegenstand der Prozeßintegration. Aufgabe der Funktionsintegration ist die Sicherstellung der betriebswirtschaftlichen Funktionskompatibilität zwischen den Kommunikationspartnern.

Tab. 6/1: Überblick über die Architektur der SGPI

funktionale Verteilung / Integrationsbereiche	EDI-System	betriebliches Anwendungssystem	
		SGPI-Integrator	Grundsystem

technisch-administrative Integration	• Erzeugung und Verarbeitung von Zwischenstrukturen
	
	• Partnerprofilverwaltung
	
	• Archivierung
	
	• inner- und zwischenbetriebliche Kommunikation
		• Definition und Verwaltung von Zwischenstrukturen
		
		• Selektion beliebiger Felder aus der Anwendungsdatenbasis
		
		• Im-/Exportschnittstelle
			• SGPI-Datenbasis
			  - EDI-Stammdatenverwaltung
			  - EDI-Bewegungsdatenverwaltung
			
			• Erweiterung der Adaptions- und Administrationswerkzeuge

semantische Integration	partnerspezifische Konvertierung der EDI-Zwischenstruktur	• Interpretation • Kontrolle • Datenaufbereitung	• Pflege EDI-relevanter Daten • Definition von Plausibilitätsregeln • Verwaltung von Fremd-Codes

Prozeßintegration	• Anwendungskopplung (Datentransfer, Funktionsaufruf)
	
	• Ablaufsteuerung (Konvertierung, Kommunikation)
	
	• Verarbeitungskontrolle und Reporting
	
	• Acknowledgement
		• EDI-Systemkopplung (Datentransfer, Funktionsaufruf)	• EDI-Workflow
			  - Eingangsverarbeitung
			  - Ausgangsverarbeitung
			
			• Elektronischer Assistent
			  - Eskalationsmechanismen
			  - Interaktionsmechanismen

Funktionsintegration	betriebswirtschaftliche Funktionalität von Small Business EDI-Lösungen (SBEL)	SBEL-Schnittstelle (Stamm-, Bewegungsdatenabgleich)	Adaption

Die nachfolgenden Ausführungen konzentrieren sich auf den SGPI-Integrator als zentrales Element der Integrationsarchitektur. Eine Diskussion des EDI- sowie des Anwendungssystems erfolgt nur dann, wenn der Leistungsumfang am Markt verfügbarer Systeme den spezifischen SGPI-Anforderungen nicht gerecht wird.

6.1.2 Technisch-administrative Integration von Daten

Aufgabe der technisch-administrativen Integration (vgl. Tabelle 6/2) ist die Bereitstellung aller für die Verwaltung (Konfigurieren, Steuern) sowie für das operative Schnittstellenmanagement (Ex- und Import von Zwischenstrukturdaten) erforderlichen Funktionen.

Tab. 6/2: Technisch-administrative Integration

funktionale Verteilung / Integrationsbereiche	EDI-System	betriebliches Anwendungssystem	
		SGPI-Integrator	Grundsystem
technisch-administrative Integration	• Erzeugung und Verarbeitung von Zwischenstrukturen • Partnerprofilverwaltung • Archivierung • inner- und zwischenbetriebliche Kommunikation	• Definition und Verwaltung von Zwischenstrukturen • Selektion beliebiger Felder aus der Anwendungsdatenbasis • Im-/Exportschnittstelle	• SGPI-Datenbasis - EDI-Stammdatenverwaltung - EDI-Bewegungsdatenverwaltung • Erweiterung der Adaptions- und Administrationswerkzeuge

6.1.2.1 Zwischenstruktur

Zwischenstrukturen stellen strukturierte „Datencontainer" dar, die neben Geschäftsdaten auch Verwaltungsinformationen zur Identifikation und Statusverfolgung beinhalten. Bei der Abbildung der unterschiedlichen Geschäftsdokumente kommen verschiedene Zwischenstrukturtypen zum Einsatz. Umfang und Ausprägung sind von Datenmodell sowie Verarbeitungslogik des Anwendungssystems abhängig. Die Zwischenstruktur kann sowohl zum Datenaustausch mit dem EDI-System als auch zur Integration verteilter Anwendungen innerhalb einer Organisation eingesetzt werden. Voraussetzung für die Integration verschiedener Anwendungen ist die Kompatibilität der jeweiligen Zwischenstrukturtypen.

Von zentraler Bedeutung für die Flexibilität und Effektivität von Zwischenstrukturtypen ist eine standardisierte Syntax und die Konzeption als „Meta-Struktur" (vgl. Abbildung 6/3).

Standardisierte Syntax

Standardisierte syntaktische Regeln erleichtern dem Anwender die Anpassung und Erweiterung bestehender Zwischenstrukturtypen sowie EDI-Systemanbietern die Bereitstellung von anwendungsspezifischen Flat File-Schnittstellen. Ferner wird eine syntaktische Kompatibilität zwischen den verschiedensten Implementierungen und Versionen eines Anwendungssystems sichergestellt.

Die Zwischenstruktursyntax innerhalb der SGPI muß folgende Eigenschaften besitzen:

- Zwischenstrukturtypen bedienen sich syntaktischer EDIFACT-Elemente, wie Kann- und Muß-Komponenten, Wiederholungen oder TAGs.

- Zwischenstrukturtypen sind komplexe Informationsobjekte bestehend aus einer frei definierbaren Menge an Datenfeldern.

- Datenelemente, die sich aus mehreren Datenfeldern zusammensetzen, sind nicht erlaubt.

- Formate und Wertebereiche der Datenfelder berücksichtigen neben dem Datenmodell des Anwendungssystems auch die EDIFACT-Norm.

- Zwischenstrukturtypen sind unabhängig von EDI-Datenaustauschformaten und spezifischen Subsets.

- Zwischenstrukturtypen sind partnerunabhängig.

Die Kompatibilität der Zwischenstruktursyntax von verschiedenen Anwendungssystemen ist erstrebenswert, jedoch für die SGPI nicht erforderlich.

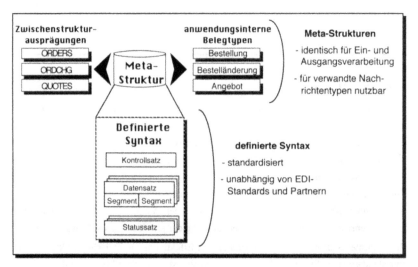

Abb. 6/3:   Charakteristika der Zwischenstruktur

Meta-Struktur

Das Konzept der Meta-Struktur vereinfacht den Verwaltungsaufwand von Zwischenstrukturtypen durch die Zusammenfassung inhaltlich verwandter Nachrichtentypen, wie Bestellung, Bestelländerung und Angebot sowie die Nutzung ein und derselben Zwischenstruktur für die EDI-Eingangs- und EDI-Ausgangsbearbeitung.

Die Meta-Struktur ist charakterisiert durch folgende Eigenschaften:

- Jeder Zwischenstrukturtyp repräsentiert eine Meta-Struktur (Obermenge) mit der verschiedene, verwandte Nachrichtentypen abgebildet werden.
- Zwischenstrukturtypen orientieren sich an EDI-Nachrichten oder Belegtypen der Anwendung.
- Zwischenstrukturtypen sind für die EDI-Eingangs- und die EDI-Ausgangs-verarbeitung identisch.

Partnerspezifische Ausprägungen eines Zwischenstrukturtyps (z. B. Datenumfang) werden durch die Hinterlegung von Strukturattributen (z. B. Kann-/Muß-Elemente, Fremd-Codes) erzeugt. Strukturattribute werden im EDI-Partnerprofil abgelegt. Bei ausgehenden Daten werden entsprechend den partnerspezifischen Strukturattributen durch Filterfunktionen innerhalb des „Selektionsmechanismus" (vgl. Abschnitt 6.1.2.2) nur die vom Partner benötigten Daten in der Zwischenstruktur gefüllt. Analog erfolgen bei der EDI-Eingangs-verarbeitung entsprechend dem EDI-Partnerprofil Prüf- und Aufbereitungsmechanismen (vgl. Abschnitt 6.1.3).

Der den Geschäftsdaten in der Zwischenstruktur vorangestellte Kontrollsatz gewährleistet die eindeutige Identifikation (z. B. Typ/Version, Sender, Empfänger, Laufnummer) und Verwaltung der erzeugten und verarbeiteten Zwischenstrukturen. Im Statussatz werden die erfolgten Verarbeitungsschritte und der bestehende Bearbeitungsstatus abgelegt.

6.1.2.2 Daten-Schnittstelle

Aufgabe der Daten-Schnittstelle ist die Bereitstellung des operativen Instrumentariums für

- die Definition und Verwaltung der Zwischenstrukturtypen,
- die Erzeugung von Zwischenstrukturdateien (Selektionsmechanismus) und
- die Weitergabe von Zwischenstrukturdateien an das EDI-System und umge-kehrt.

Definition und Verwaltung von Zwischenstrukturtypen

Die Möglichkeit zur Definition und Verwaltung von partnerspezifischen Ausprägungen einzelner Zwischenstrukturtypen erfordert eine Erweiterung der bestehenden Adaptions-funktionalität des Anwendungssystems. Im einzelnen sind dies Werkzeuge zum Design und zur Anpassung bestehender Zwischenstrukturtypen (z. B. grafischer Struktureditor) sowie zur Verwaltung der partnerspezifischen Strukturattribute im EDI-Partnerprofil.

Selektionsmechanismus

Aufgabe des Selektionsmechanismus ist der Zugriff auf beliebige Stamm- und Bewe-gungsdaten und das Füllen der Zwischenstrukturtypen entsprechend des Partnerprofils.

Wichtig ist hierbei die zeitliche Unabhängigkeit von Reorganisationsläufen oder vom lau-
fenden Geschäftsbetrieb. Sie ist Voraussetzung für eine zeitnahe Datenweitergabe durch
Exportmechanismen im Sinne eines „Real Time EDI" (z. B. JIT-Strategien).

Ex-/Importmechanismen

Aufgabe der Ex-/Importmechanismen ist es, in der EDI-Ausgangsverarbeitung die gefüll-
ten Zwischenstrukturdateien dem EDI-System zu übergeben. Der Datenaustausch mit dem
EDI-System erfolgt auf Betriebssystemebene entweder über Filetransfer oder durch Bereitstellen der Datei in einem Verzeichnis, auf welches das EDI-System zugreifen kann. Das
EDI-System muß hierbei in der Lage sein, die Zwischenstruktur aufgrund ihres Inhalts
(Kontrollsatz, Geschäftsdaten) zu identifizieren. Eine aufwendige Abstimmung von identi-
fizierenden Namenskonventionen der Datei (z. B. Sender, Empfänger, Zwischenstrukturtyp, Laufnummer) entfällt. Analog erfolgt die EDI-Eingangsverarbeitung externer Daten.

6.1.2.3 Voraussetzungen des Anwendungssystems

Die Nutzung der beschriebenen EDI-Funktionen erfordert Anpassungen struktureller und
funktionaler Art im Anwendungssystem. Das Datenmodell ist zur Verwaltung der EDI-
Stammdaten (z. B. Zwischenstrukturtypdefinitionen, Partnerprofile) und der EDI-Bewe-
gungsdaten (z. B. gefüllte Zwischenstrukturen, Logdateien) zu erweitern.

Reporting-, Administrations- und Verwaltungstools des Anwendungssystems sind dahingehend zu erweitern, daß sie sich ebenfalls für die Adaption von EDI-Funktionen und die
Verwaltung von EDI-Daten zum Einsatz bringen lassen.

6.1.3   Semantische Integration

Ziel der semantischen Integration (vgl. Tabelle 6/3) ist die korrekte Interpretation von
externen Daten sowie die Sicherstellung der Kompatibilität zum anwendungsinternen
Datenmodell. Jede vom EDI-System kommende Zwischenstruktur wird hierbei durch den
SGPI-Integrator in einzelne Datenelemente aufgelöst und gegebenenfalls für die Weiter-
verarbeitung angepaßt (z. B. Code-Umsetzung). Zwar definiert die EDIFACT-Norm die
Bedeutung jedes einzelnen Datenelements, nicht jedoch die Darstellung (z. B. Feldlänge,
Datentyp) und die Codierung des Inhalts (vgl. Abschnitt 4.3.3.1 und 4.3.3.2).

Für eine automatisierte Weiterverarbeitung der externen Geschäftsdaten sind diese noch
auf ihre Vollständigkeit und Plausibilität zu überprüfen.

Bislang müssen die externen Daten in Umfang und Darstellungsformat (z. B. Codierung)
exakt den Vorgaben des Anwendungssystems genügen, was aufgrund der Heterogenität
der kommunizierenden Anwendungssysteme zu enormen Problemen führt. EDI-Systeme

können hier nur sehr eingeschränkt Unterstützung leisten, beispielsweise durch Einfügen einer Konstanten bei fehlenden Dateninhalten.

Tab. 6/3:   Semantische Integration

funktionale Verteilung / Integrationsbereiche	EDI-System	betriebliches Anwendungssystem	
		SGPI-Integrator	Grundsystem
semantische Integration	partnerspezifische Konvertierung der EDI-Zwischenstruktur	• Interpretation • Kontrolle • Datenaufbereitung	• Pflege EDI-relevanter Daten • Definition von Plausibilitätsregeln • Verwaltung von Fremd-Codes

6.1.3.1   Semantische Anpassung

Gegenstand der semantischen Anpassung ist die Aufbereitung der Darstellungsformate einzelner Datenfelder sowie Ergänzungen und Code-Umsetzungen als Voraussetzung für eine automatische EDI-Eingangsverarbeitung.

Darstellungsformate

Nicht verarbeitbare Darstellungsformate ergeben sich aufgrund unterschiedlicher Datenformatierungen, wie beispielsweise rechts- oder linksbündige Ausrichtung, führende Nullziffern und Leerzeichen oder Zeit- und Datumsangaben (z. B. 1.4.1996, 04/01/96, 01.04.96). Da die Darstellungsproblematik keinen betriebswirtschaftlichen Gehalt besitzt und einfach mit Standardfunktionen und -umsetztabellen eines EDI-Systems gelöst werden kann, besteht keine Veranlassung, diese vom SGPI-Integrator vornehmen zu lassen.

Ergänzungen

Sind Ergänzungen aufgrund fehlender Dateninhalte für eine Weiterverarbeitung erforderlich, kann dies auf folgende Ursachen zurückgeführt werden:

1) Die Datenfelder werden vom Partner in der Zwischenstruktur nicht zur Verfügung gestellt.

2) Bei den fehlenden Feldern handelt es sich um anwendungsinterne Daten, wie Referenzierungen oder partner- bzw. nachrichtentypspezifische Verarbeitungshinweise.

Im ersten Fall ist zu prüfen, inwieweit die fehlenden Daten Einfluß auf den Verarbeitungsprozeß haben und ob mittels einer definierbaren „Verarbeitungskonstanten" oder einer einfachen Funktion (z. B. Summe der einzelnen Bestellpositionen) der Mangel behoben werden kann. Ist dies der Fall, so kann die Ergänzung vom EDI-System vorgenommen werden. Teilweise lassen sich die fehlenden Daten auch aus der Datenbasis des Anwendungssystems ergänzen. Im Rahmen der EDI-Eingangsverarbeitung erfolgt die Ergänzung mit Hilfe des Selektionsmechanismus.

Im zweiten Fall können die Daten mittels des Selektionsmechanismus ergänzt oder im Partnerprofil „Default-Werte" hinterlegt werden.

Code-Umsetzung

Die Notwendigkeit zu Code-Umsetzungen ergibt sich durch die Nutzung von unterschiedlichen Codes in Anwendungssystemen für die Darstellung von betriebswirtschaftlichen Sachverhalten (vgl. Abschnitt 4.3.3.2). Beispielhaft können Lieferbedingungen, Ländercodes, Standortcodes oder Artikelnummern genannt werden.

Bislang oblag es dem EDI-System mit Hilfe von Code-Tabellen die Umsetzung vorzunehmen. Eine redundante Datenverwaltung im Anwendungs- und im EDI-System sowie ein doppelter Pflegeaufwand sind die Folge.

Die SGPI sieht für codierungsfähige, ZBI-relevante Sachverhalte die Verwaltung partnerspezifischer Fremd-Codes im Anwendungssystem vor. Sie sind Bestandteil der Partnerstammdaten und erlauben bei der EDI-Eingangsverarbeitung die Umsetzung von Fremd-Codes in die anwendungsinternen Codes und vice versa.

Bereits heute bieten verschiedene SAS-Pakete in sehr eingeschränktem Maße die Möglichkeit zur Verwaltung von Fremd-Codes, wie Materialnummern und -bezeichnungen. Leider beschränken sich die Möglichkeiten bislang auf sehr wenige Datenelemente und lassen sich nicht oder nur eingeschränkt für den elektronischen Datenaustausch nutzen.

6.1.3.2 Plausibilisierung

Aufgabe der Plausibilisierung ist die automatisierte Überprüfung externer Geschäftsdaten hinsichtlich ihrer betriebswirtschaftlichen Stimmigkeit. Sie ist erforderlich, um Fehler und Inkonsistenzen betriebswirtschaftlicher Art im Rahmen einer Geschäftsbeziehung zu erkennen. Diese Funktion wurde bislang durch den Menschen, beispielsweise bei der Erfassung, vorgenommen um die Geschäftssicherheit zu gewährleisten.

Mit der Plausibilisierung erfolgt eine rein systemgestützte Prüfung des betriebswirtschaftlichen Kontextes. Hierzu zählen neben der Konsistenz der einzelnen Datenfelder innerhalb einer elektronischen Geschäftsnachricht auch der Abgleich zwischen verschiedenen Nachrichten innerhalb einer Geschäftsabwicklung, wie beispielsweise Bestellung und korrespondierende Bestellbestätigung, sowie Partnerstammdaten. Die Plausibilisierung ist strikt von der semantischen Anpassung zu trennen. Aufgabe der semantischen Anpassung ist die Gewährleistung einer strukturellen Verständlichkeit. Mittels Ergänzungen und der

Umsetzung von Codes werden die Geschäftsdaten für den Weiterverarbeitungsprozeß komplettiert und die Interpretierbarkeit der Datenelementinhalte durch das Anwendungssystem sichergestellt.

Die Plausibilisierung erfolgt auf drei Ebenen:

• der Datenfeldebene,

• der Ebene der Geschäftsabwicklung und

• der Partnerebene.

Datenfeldebene

Auf Datenfeldebene erfolgt eine Überprüfung der betriebswirtschaftlich zulässigen Wertebereiche. In einem ersten Schritt wird eine Überprüfung des zulässigen Datentyps vorgenommen, soweit dies nicht bereits bei der Konvertierung durch das EDI-System geschehen ist.

In einem zweiten Schritt werden die Feldwerte dahingehend untersucht, ob sie eine betriebswirtschaftlich sinnvolle Information innerhalb des Anwendungssystems darstellen. Innerhalb der Anwendungssysteme kommen vielfach codierte Feldwerte mit eingeschränktem Wertebereich zum Einsatz. Beispielsweise nutzt ein Unternehmen für seine Artikelidentifikation fünfstellige numerische Werte, wobei aufgrund der produktgruppenspezifischen Aufteilung nur die Werte zwischen 10001-18245, 20001-21888 und 70001-70089 Gültigkeit besitzen. Werte außerhalb dieser Bereiche (z. B. 30012, 51111) sind zwar ebenfalls fünfstellig und numerisch, kennzeichnen jedoch kein Produkt und führen zu Verarbeitungsfehlern.

Feldwerte, wie Preise, Adressen, Bankverbindungen oder individuelle Konditionen, lassen sich nicht in der beschriebenen Form überprüfen. Diese Werte sind in den Stammdaten des Anwendungssystems abgelegt und lassen sich bei Bedarf mit diesen vergleichen. Ein Beispiel hierfür sind ausgewiesene Produktpreise bei eingehenden Aufträgen. Sie müssen identisch mit den Produktstammdaten bzw. den Angebotsdaten sein.

Ebene der Geschäftsabwicklung

Auf der Ebene der Geschäftsabwicklung erfolgt eine Überprüfung der Konsistenz der verschiedenen logisch zusammengehörigen Nachrichten (z. B. Angebot, Auftrag, Rechnung). Hierzu werden einzelne Datenfelder mit zentraler Bedeutung für die Geschäftsabwicklung (z. B. Lieferbedingungen, Rabatte, Termine) mit den Werten bereits ausgetauschter Nachrichten hinsichtlich ihrer Integrität untersucht.

Hinzu kommen abgeleitete Werte, wie Summen (z. B. Auftragswert) oder Differenzen (z. B. Rabattabzüge), die sich aus verschiedenen Datenelementen ableiten lassen oder Fehler in der semantischen Integrität aufdecken [THOM90, D4.3 16]. Zu nennen sind unzulässige Abgabemengen oder Produktkombinationen.

Partnerebene

Bei einer Plausibilisierung auf Partnerebene werden über die Prüfung auf Datenfeld- und Vorfallsebene hinaus partnerspezifische Aspekte miteinbezogen. Sowohl strategische als auch unternehmenspolitische Aspekte spielen hier eine wesentliche Rolle. Der Mensch nimmt hier als situativ entscheidende Instanz eine zentrale Rolle ein, da er in der Lage ist, situationsabhängig Entscheidungen unter Berücksichtigung verschiedenster Aspekte zu treffen. Im Rahmen der SGPI wird aufgezeigt, wie diese häufig subjektiven Aspekte der Partnerinteraktion sich mit einfachen Mitteln weitgehend elektronisch abbilden und somit automatisieren lassen.

Als Entscheidungsgrundlage dienen

- die Partnervereinbarungen,
- der „interne Partnerrahmen" und
- die Partnerhistorie.

Partnervereinbarungen beziehen sich auf Geschäftskonditionen, wie Preisstaffelung, Rabatte, Liefer- oder Zahlungsbedingungen, die individuell zwischen den Geschäftspartnern ausgehandelt wurden. Die Plausibilitätsprüfung erfolgt auf Datenfeldebene durch Abgleich der Feldwerte mit den Partnerstammdaten.

Der interne Partnerrahmen legt das Verhalten des Unternehmens gegenüber dem Partner fest und bildet eine Erweiterung der Partnerstammdaten. Die hierzu erforderlichen Parameter und Schwellenwerte charakterisieren das Verhalten gegenüber dem Partner bei Dateninkonsistenzen oder Leistungsstörungen. Sie besitzen eine zentrale Bedeutung für den Automationsgrad der EDI-Workflows und für die erreichbare Geschäftssicherheit. Ferner bilden sie die Basis der Kontroll- und Entscheidungsregeln, die vom Elektronischen Assistenten (vgl. Abschnitt 6.3) zur Steuerung der EDI-Workflows benötigt werden.

Aufgabe der Partnerhistorie ist es, auf Basis definierter Kenngrößen, wie des durchschnittlichen Auftragsvolumens, bezogenen Produktspektrums oder Zahlungsverhaltens, ungewöhnliche Situationen zu identifizieren. Überschreiten die Partner innerhalb einer Geschäftstransaktion im internen Partnerrahmen definierte Schwellenwerte, so werden diese „Anomalien" erkannt. Situationsspezifisch paßt der Elektronische Assistent über Eskalationsmechanismen (vgl. Abschnitt 6.3.2) den EDI-Workflow an. Ferner dient die Partnerhistorie als Grundlage eines automatisierten, partnerspezifischen Controllings.

6.1.3.3 Voraussetzungen des Anwendungssystems

Im Rahmen der semantischen Anpassung ist im Datenmodell des Anwendungssystems die Verwaltung von partnerspezifischen Fremd-Codes sowie Verarbeitungskonstanten zu berücksichtigen.

Auf Partnerebene sind ferner Möglichkeiten zur individuellen Definition eines, über die Partnervereinbarung hinausgehenden, internen Partnerrahmens (z. B. maximales Auftragsvolumen, Lieferung nur bestimmter Güter) sowie die Verwaltung einer parametrisierbaren Partnerhistorie (z. B. nachgefragtes Produktspektrum, Auftragsvolumina) vorzusehen.

6.1.4   Prozeßintegration

Ziel der Prozeßintegration (vgl. Tabelle 6/4) ist die Unterstützung, Beschleunigung und Kontrolle von Geschäftsprozessen über System- und Unternehmensgrenzen hinweg. Im Gegensatz zur klassischen Vorgangsbearbeitung, die vergleichsweise starr einzelne Verarbeitungsschritte innerhalb des Anwendungssystems sequentiell aneinanderreiht und von korrekten Eingangsdaten ausgeht, ist die SGPI umfassender und flexibler.

Bei der Prozeßintegration erfolgt eine Unterscheidung in Nachrichtensteuerung und innerbetrieblichen EDI-Workflow.

Aufgabe der Nachrichtensteuerung ist die Steuerung und Überwachung des Nachrichtenaustausches von Anwendungssystem zu Anwendungssystem unter Einbeziehung der zeitlichen Dynamik des Geschäftsprozesses.

Der EDI-Workflow bildet die betriebswirtschaftliche Schnittstelle zur internen Vorgangsbearbeitung. Auf Basis der Nachrichteninhalte und der zugrundeliegenden Geschäftstransaktionen werden dynamisch, anhand definierter Ereignisklassen, die individuellen Verarbeitungsstrategien festgelegt und die erforderlichen Prozeßschritte angestoßen (vgl. Abschnitt 6.3.1).

Tab. 6/4:   Prozeßintegration

funktionale Verteilung / Integrationsbereiche	EDI-System	betriebliches Anwendungssystem	
		SGPI-Integrator	Grundsystem

Prozeß-integration	• Anwendungskopplung (Datentransfer, Funktionsaufruf)
	
	• Ablaufsteuerung (Konvertierung, Kommunikation)
	
	• Verarbeitungskontrolle und Reporting
	
	• Acknowledgement
		EDI-Systemkopplung (Datentransfer, Funktionsaufruf)	• EDI-Workflow
			  - Eingangsverarbeitung
			  - Ausgangsverarbeitung
			
			• Elektronischer Assistent
			  - Eskalationsmechanismen
			  - Interaktionsmechanismen

6.1.4.1 Nachrichtensteuerung

Aufgabe der Nachrichtensteuerung ist der kontrollierte technische, syntaktische sowie semantische Nachrichtenaustausch zwischen den kommunizierenden Anwendungssystemen. Dies umfaßt alle Verarbeitungsschritte vom Export der Zwischenstruktur durch das Anwendungssystem und deren Konvertierung beim Sender bis hin zum Empfang, der Konvertierung und dem Import der Daten beim Empfänger. Die anwendungsinternen Integrationsprozesse des SGPI-Integrators werden vom EDI-Workflow (vgl. Abschnitt 6.2) wahrgenommen.

In der Praxis findet eine derartige Nachrichtensteuerung bislang nicht statt.

Ursache ist die unzureichende Interaktion zwischen

- dem innerbetrieblichen EDI- und Anwendungssystem,
- den EDI-Systemen der Kommunikationspartner sowie
- den kommunizierenden Anwendungssystemen.

Das Anwendungssystem verliert in der EDI-Ausgangsverarbeitung die Kontrolle über Nachrichten mit dem Export der Zwischenstruktur, d. h. bevor sie vom EDI-System verarbeitet, die Unternehmensgrenze verlassen und den Partner erreicht haben. Bei der EDI-Eingangsverarbeitung durchlaufen Nachrichten eine Vielzahl von Verarbeitungsschritten im Unternehmen (z. B. Empfang, Konvertierung), bevor das Anwendungssystem sie mit der Bereitstellung durch das EDI-System registriert. Eine korrekte Prozeßsteuerung und -verfolgung ist folglich weder innerhalb des Unternehmens noch zwischenbetrieblich möglich.

Interaktion zwischen EDI- und Anwendungssystem

Bei der SGPI erfolgt die Interaktion zwischen EDI- und Anwendungssystem auf Basis von Systemaufrufen (z. B. RFC) und dem Austausch von Statusinformationen.

Das Anwendungssystem signalisiert bei der EDI-Ausgangsverarbeitung dem EDI-System, wann eine definierte Zwischenstruktur zur Konvertierung bereitsteht und an den Partner weiterzuleiten ist. Alternativ können im Partnerprofil des EDI-Systems nachrichtentypspezifisch Sendeintervalle oder -zeitpunkte definiert sein. Nur in Ausnahmesituationen forciert das Anwendungssystem den Nachrichtenversand.

Eingehende Nachrichten werden unmittelbar konvertiert und als Zwischenstruktur bereitgestellt. Weiterhin wird dem Anwendungssystem der Eingang einer Nachricht sowie der Verarbeitungsstatus mitgeteilt.

Sowohl das EDI- als auch das Anwendungssystem müssen hierzu die Erzeugung und Verarbeitung von direkten Systemaufrufen vorsehen (vgl. Tabelle 6/5).

Tab. 6/5:   Parameter der Systemaufrufe bei der Interaktion zwischen EDI- und Anwendungssystem

EDI-System -> Anwendung	Anwendung -> EDI-System
• Senderidentifikation	• Empfängeridentifikation
• Zwischenstrukturtyp	• Zwischenstrukturtyp
• Dringlichkeit	• Laufnummer
• Verarbeitungsstatus	• Übertragungszeitpunkt

Die in Tabelle 6/6 dargestellten Statusinformationen dienen der Prozeßüberwachung ein-
und ausgehender Nachrichten, sofern diese sich außerhalb des Anwendungssystems befinden.

Tab. 6/6:   Statusinformationen bei der Prozeßüberwachung ein- und ausgehender Nachrichten

EDI-Eingangsverarbeitung	EDI-Ausgangsverarbeitung
• fehlerhafter/korrekter Nachrichtenempfang	• fehlerhafte/korrekte Konvertierung
• Konvertierungsfehler	• fehlerhafter/korrekter Nachrichtenversand
	• fehlerhafte/korrekte Konvertierung beim Partner

In der EDI-Eingangsverarbeitung wird mit der Statusinformation „Nachrichtenempfang"
der Eingang einer EDI-Nachricht beim innerbetrieblichen EDI-System angezeigt. Tritt ein
Fehler auf, der eine Konvertierung sowie die Erstellung einer Zwischenstruktur verhindert,
so wird dies dem Anwendungssystem mit der Statusinformation „Konvertierungsfehler"
mitgeteilt.

Bei der EDI-Ausgangsverarbeitung erfolgt eine Rückmeldung an das Anwendungssystem
über die korrekte Konvertierung sowie die erfolgreiche Übermittlung der EDI-Nachricht.
Die Nachrichtensteuerung einer ausgehenden EDI-Nachricht endet mit der Übermittlung
des Konvertierungsstatus vom EDI-System des Partners.

Zwischenbetriebliche EDI-Systeminteraktion

Um die beschriebenen Statusinformationen bereitzustellen, müssen die kommunizierenden
EDI-Systeme die Funktionalität besitzen, Statusmeldungen (Konvertierung, Empfang) zu
erzeugen und zu verarbeiten.

Derartige Bestätigungen werden bereits heute angeboten durch

• leistungsfähige EDI-Systeme, die Functional Acknowledgement unterstützen,

• Übertragungsprotokolle, wie X.435 oder OFTP (vgl. Abschnitt 4.2.3) sowie

• die EDIFACT-Norm (Nachrichtentyp „CONTRL").

Während Empfangsbestätigungen sich mit allen genannten Alternativen realisieren lassen, bietet ausschließlich der Nachrichtentyp „CONTRL" (Syntax- und Servicebericht) die Option einer Konvertierungsbestätigung. Eine semantische Bestätigung der Nachrichteninhalte erfolgt nicht [DIN95b, 46-52]. Der Einsatz in der Praxis ist gering. So existiert beispielsweise bislang kein EDI-System, welches den Nachrichtentyp „CONTRL" unterstützt.

Zwischenbetriebliche Anwendungsinteraktion

Semantische Bestätigungen („Semantical Acknowledgement") können nur durch das empfangende Anwendungssystem erstellt werden. Voraussetzung bildet die Plausibilisierung im Rahmen der semantischen Integration (vgl. Abschnitt 6.1.3.2). Ziel ist es, auf Verarbeitungsebene Acknowledgements zwischen den kommunizierenden Anwendungssystemen auszutauschen, die eine korrekte semantische Interpretation anzeigen. Bei auftretenden Fehlern (z. B. fehlerhafte Code-Umsetzung) erfolgt die Übermittlung eines negativen Acknowledgements mit Nennung der Fehlerursache. Bei geringfügigen Fehlern, die nicht zum Verarbeitungsabbruch führen, besitzt das semantische Acknowledgement rein informativen Charakter. Erfolgt ein Verarbeitungsabbruch, so wird der Sender zur Übermittlung einer korrigierten Nachricht aufgefordert.

Voraussetzung hierfür ist

- die Definition einer standardisierten Kontrollnachricht („Semantical Acknowledgement") sowie
- die SGPI-Fähigkeit betrieblicher Anwendungssysteme (Fehleridentifikation, -analyse, Erzeugung und Verarbeitung derartiger Fehlernachrichten).

Acknowledgements auf Anwendungsebene dienen der semantischen Kontrolle des Datenaustausches (z. B. Fehler-, Verarbeitungscodes), d. h. sie beinhalten keine betriebswirtschaftlichen Nutzdaten, wie Produktdaten oder Geschäftskonditionen.

6.1.4.2 EDI-Workflow

Die semantische Verknüpfung der anwendungsinternen Verarbeitungsprozesse mit dem zwischenbetrieblichen Geschäftsdatenaustausch ist Aufgabe des EDI-Workflows. Im Gegensatz zur Nachrichtensteuerung, deren Schwerpunkt der Nachrichtentransfer bildet, realisiert der EDI-Workflow die Geschäftsprozeßschnittstelle. Abbildung 6/4 zeigt den Zusammenhang zwischen Nachrichtensteuerung und EDI-Workflow.

Eingehende EDI-Nachrichten werden für die interne Weiterverarbeitung semantisch und syntaktisch aufbereitet und geprüft. Entsprechend dem Nachrichteninhalt erfolgt die Datenübergabe und der Anstoß der internen Verarbeitungsprozesse. Erforderliche Reaktionen in der EDI-Ausgangsverarbeitung, wie Bestätigungen oder Status der Geschäftsabwicklung, lassen sich automatisiert entsprechend definierten Regeln erzeugen. Ziel ist es, nicht nur einzelne Transaktions-, sondern ebenso Interaktionsprozesse zu unterstützen. Hierzu erfolgt eine Strukturierung der zwischenbetrieblichen Geschäftsprozesse entsprechend

* dem betriebswirtschaftlichen Charakter einzelner Nachrichtentypen und
* der Verarbeitungsrichtung.

EDI-Nachrichten initiieren EDI-Workflows in der Eingangsverarbeitung und sind deren Ergebnis in der Ausgangsverarbeitung. Jeder Nachrichtentyp besitzt in seiner Eigenschaft als Geschäftsdokument einen definierten **betriebswirtschaftlichen Charakter** innerhalb der zwischenbetrieblichen Leistungsbeziehung (vgl. Abschnitt 6.2.2), welcher im wesentlichen für die Art der Weiterverarbeitung verantwortlich ist.

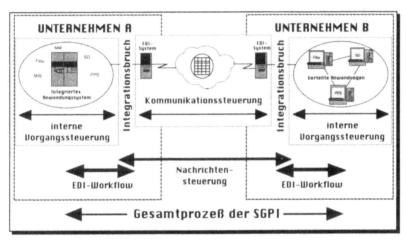

Abb. 6/4:   EDI-Workflow

Eine weitere wichtige Determinante ist die **Verarbeitungsrichtung** (vgl. Abschnitt 6.2.3). Während ausgehende EDI-Nachrichten das Ergebnis eines vorgelagerten betriebswirtschaftlichen Entscheidungsprozesses sind, lösen eingehende Nachrichten einen innerbetrieblichen Verarbeitungsprozeß aus.

Eine starre Automation der Verarbeitung ein- wie ausgehender Nachrichten ist nur unter der Annahme des reinen Routinecharakters und der Sicherstellung einer 100%igen Datenqualität denkbar. Da diese Voraussetzungen de facto nie gegeben sind, sind Mechanismen (z. B. Elektronischer Assistent) erforderlich, die bei Bedarf (z. B. Fehler, Ausnahmen) eine situative Entscheidungsfähigkeit besitzen (vgl. Abschnitt 6.3).

6.1.4.3 Voraussetzungen des Anwendungssystems

Die Prozeßintegration erfordert neben einer flexiblen anwendungsinternen Vorgangs-steuerung ebenfalls Werkzeuge zur Adaption der EDI-Nachrichtensteuerung und der EDI-Workflows. Die Parametrisierung erfolgt partner- und nachrichtentypindividuell (z. B. Schwellenwerte, Aktions-/Reaktionsmechanismen).

Neben der Adaption ist eine Statusverwaltung der EDI-Eingangs- und EDI-Ausgangsver-arbeitung erforderlich, die Statusnachrichten erstellen (Semantical Acknowledgement) und bearbeiten kann. Zudem muß sie es dem Anwender erlauben, sich über den Zustand von elektronisch ausgetauschten Geschäftsnachrichten zu informieren und bei auftretenden Problemen einzugreifen (Eskalationsmechanismen).

6.1.5   Funktionsintegration

Ziel der Funktionsintegration (vgl. Tabelle 6/7) ist die Anpassung betriebswirtschaftlicher Schnittstellenfunktionen kommunizierender Anwendungssysteme. Übermittelt der Partner beispielsweise mit dem Lieferavis auch Speditionsdaten und die Anwendung des Emp-fängers unterstützt nicht die betriebswirtschaftliche Funktionalität einer Speditionsver-waltung, so ist eine Weiterverarbeitung dieser Daten nicht möglich. Weitere Beispiele für verbreitete Funktionsinkompatibilitäten sind das Gutschriftenverfahren in der Zahlungsab-wicklung oder die Transportbehälterverwaltung.

Hintergrund ist eine unterschiedliche Funktionsbreite und -tiefe der betriebswirtschaftli-chen Schnittstellenfunktionen sowie des zugrundeliegenden Datenmodells. Das Problem der Funktionsintegration äußert sich in Form eines differierenden Datenumfangs, der von den beteiligten Anwendungssystemen erzeugt und verarbeitet werden kann.

Tab. 6/7:   Funktionsintegration

funktionale Verteilung / Integrations-bereiche	EDI-System	betriebliches Anwendungssystem	
		SGPI-Integrator	Grund-system
Funktions-integration	betriebswirtschaft-liche Funktionalität von Small Business EDI-Lösungen (SBEL)	SBEL-Schnittstelle (Stamm-, Bewe-gungsdatenabgleich)	Adaption

Die Funktionsintegration gestaltet sich in Abhängigkeit der zugrundeliegenden Anwen-dungen und elektronischen Austauschbeziehungen sehr individuell.

Generell lassen sich zwei Möglichkeiten der funktionalen Anpassung unterscheiden:

- die Adaption im Rahmen des Standardfunktionsumfangs des Anwendungssystems und

- die betriebswirtschaftliche Funktionserweiterung auf Basis von Small Business EDI-Lösungen (SBEL).

Adaption

Die Möglichkeiten der Adaption betriebswirtschaftlicher Schnittstellenfunktionen sind sehr eingeschränkt. Entweder wird die erforderliche Funktionalität vom Anwendungssystem in der entsprechenden Funktionsbreite und -tiefe unterstützt oder Nachentwicklungen sind unvermeidlich.

Geringe Probleme treten bei marktgerichteten Teilbereichslösungen, d. h. SAS des Typs II (vgl. Abschnitt 5.2.2.5), auf. Aufgrund ihrer Branchenorientierung (z. B. Automobilindustrie, Speditionswesen) bestand bereits in der Vergangenheit der Bedarf an EDI und somit auch die Forderung, entsprechende betriebswirtschaftliche Schnittstellenfunktionen anzubieten. Es ist zu erwarten, daß bei zukünftigen Neuentwicklungen verstärkt der Aspekt der Funktionsintegration (z. B. Ladelisten-, Transportmittelverwaltung, Gutschriftenverfahren) berücksichtigt wird.

Small Business EDI-Lösungen

SBEL (vgl. Abschnitt 5.3) sind konzeptionell auf elektronisch gestützte Geschäftsbeziehungen und die hierbei erforderlichen betriebswirtschaftlichen Schnittstellenfunktionsbereiche ausgelegt. Die PC-basierten Anwendungen sind ausnahmslos branchenorientiert und konzentrieren sich gezielt auf Funktionslücken klassischer Anwendungssysteme, wobei wichtige EDI-Nachrichten und -Austauschformate direkt unterstützt werden.

Auf zwischenbetrieblicher Ebene stellen SBEL bereits heute ein effizientes Instrument der Funktionsintegration dar, da sie sich an den (branchenspezifischen) Anforderungen des Partners orientieren. Mit SBEL ist ein Unternehmen mit vergleichsweise geringem Aufwand in der Lage, selbst komplexen ZBI-Anforderungen des Partners zu genügen. SBEL bieten sich insbesondere bei Unternehmen mit isolierten, nicht marktgerichteten Teilbereichslösungen (SAS-Typ I) oder mit Anwendungssystemen ohne Integrationsansatz (SAS-Typ III) an.

Innerbetrieblich werfen SBEL jedoch Integrationsprobleme auf. Da sie zusätzlich zu bestehenden, betrieblichen Anwendungssystemen zum Einsatz kommen, ist eine redundante Datenhaltung sowie die Notwendigkeit einer Daten- und Prozeßintegration zwischen SBEL und Anwendung die Folge (vgl. Abbildung 6/5).

Bislang besitzen SBEL standardmäßig keine innerbetriebliche Integrationsfunktionalität. Für Unternehmen verschiebt sich die Integrationsproblematik somit von einer zwischenbetrieblichen zu einer innerbetrieblichen Problemstellung.

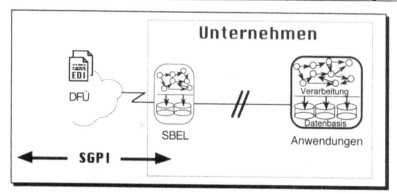

Abb. 6/5:   Klassische Nutzung von Small Business EDI-Lösungen zur Funktionsintegration

Es ist zu erwarten, daß mittelfristig Anbieter von klassischen Anwendungssystemen mit SBEL-Anbietern kooperieren und SBEL als funktionale Erweiterung zu den klassischen Anwendungssystemen anbieten. Sowohl die SBEL als auch das Anwendungssystem sind hierzu mit Integrationsschnittstellen zu versehen, die den Abgleich von Bewegungs- und Stammdaten zulassen.

Hierzu bietet sich analog zum Datenaustausch zwischen EDI- und Anwendungssystem das Konzept der Zwischenstruktur an (vgl. Abbildung 6/6). Vorteilhaft ist, daß auf Seite des Anwendungssystems keinerlei Mehraufwand entsteht und eine analoge Schnittstellen-konzeption auch bei SBEL realisiert werden kann.

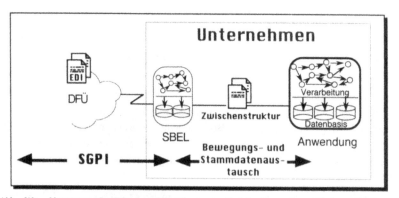

Abb. 6/6:   Nutzung von Small Business EDI-Lösungen zur Funktionsintegration auf Basis von SGPI

Die Integration betrieblicher Anwendungssysteme auf Basis eines nachrichtenorientierten Datenaustausches bildet die Grundlage des ALE (Application Link Enabling)- Konzeptes der SAP. Ziel hierbei ist es, eigenständige (SAP-) Anwendungen, wie R/2 und R/3, zu koppeln, um verteilte Lösungen zu schaffen [KILL95].

6.2   EDI-Workflow

Aufgabe des EDI-Workflows ist die Verknüpfung der anwendungsinternen Verarbeitungsprozesse mit der EDI-Nachrichtensteuerung. EDI-Workflows realisieren die Prozeßschnittstellen des Anwendungssystems nach außen unter Einbeziehung der Funktionen der
technisch-administrativen sowie der semantischen Integration.

Obwohl Anwendungssysteme durchgängig eine interne Vorgangssteuerung aufweisen, erfolgt bislang keine oder nur eine rudimentäre Unterstützung von EDI-Schnittstellenfunk-
tionen. Gründe hierfür sind die ausschließliche Orientierung an anwendungsinternen Verarbeitungsprozessen sowie die Absicht, manuelle Bearbeitungsprozesse lediglich zu unterstützen, nicht jedoch zu automatisieren.

Demgegenüber sind EDI-Workflows charakterisiert durch

* die Automation ein- und ausgehender EDI-Verarbeitungsprozesse,
* die Erweiterung der Vorgangsverwaltung um Funktionen der semantischen Integration,
* die Analyse struktureller und semantischer Fehler in der EDI-Eingangsverarbeitung sowie Bereitstellung geeigneter Eskalationsmechanismen und
* die Erweiterung der anwendungsinternen Vorgangsbearbeitung in der Ausgangsverarbeitung um automatisierte Aktions-/Reaktionsmechanismen.

EDI-Workflows zielen auf die vollständige Automation bislang manueller Aktivitäten an
der Anwendungsschnittstelle sowie auf die Kopplung von anwendungsinternen Vorgangsketten mit anwendungsübergreifenden Prozessen ab. Unter Automation ist im Rahmen von
EDI-Workflows die Substitution menschlicher Arbeitskraft durch anwendungsinterne
Automatismen zu verstehen. Ziel ist es, die zwischenbetriebliche Geschäftsprozeßabwicklung durch die Interventionslosigkeit zu beschleunigen. Hierzu erfolgt nicht nur die
Automation des technischen Datenex- und -importes, sondern ebenso die Automation der
betriebswirtschaftlichen EDI-Eingangs- und EDI-Ausgangsverarbeitung.

Ein generelles Redesign der anwendungsinternen Vorgangssteuerung wäre zwar aus Sicht
der Prozeßabwicklung sinnvoll, ist jedoch aufgrund der erforderlichen massiven Anpassungen in der Verarbeitungslogik des Anwendungssystems undurchführbar. EDI-Workflows erweitern aus diesem Grund die anwendungsinterne Vorgangssteuerung.

Entsprechend den zugrundeliegenden Geschäftsvorfällen differieren Form und Strategie
der Verarbeitung innerhalb der jeweiligen EDI-Workflows erheblich. Von bestehenden
Integrationsstrategien wird dies ebensowenig berücksichtigt wie der Bedarf an Geschäftssicherheit, d. h. Plausibilisierung externer Daten.

Dieser Mangel wird beim Konzept der SGPI durch die Strategie der individuellen Integration behoben. Für das Design von EDI-Workflows ist es unabdingbar, die zwischenbetrieblichen Geschäftstransaktionen zu analysieren und zu strukturieren.

6.2.1 Automation von EDI-Workflows

Der zwischenbetriebliche Abwicklungsprozeß orientiert sich traditionell an einem stark formalisierten Abwicklungsmuster von Aktion und Reaktion. Analoges gilt für die Verarbeitungslogik der Ein- und Ausgangsverarbeitung in betriebswirtschaftlichen Anwendungssystemen, die in ihren Grundstrukturen bei allen Anwendungssystemen identisch ist. Geschäftsdokumente sind Ergebnis oder Auslöser derartiger Prozeßketten, die entweder in Form von EDI-Nachrichten oder als Papierdokumente auftreten.

Die Analyse der Verarbeitungsprozesse erfolgt aus diesem Grund auf Basis der einzelnen Geschäftsdokumente, d. h. EDI-Nachrichtentypen.

Anhand der Kriterien (vgl. Tabelle 6/8)

- betriebswirtschaftlicher Charakter des Nachrichtentyps (vgl. Abschnitt 6.2.2) und

- Verarbeitungsrichtung (vgl. Abschnitt 6.2.3)

werden nachfolgend die Automationspotentiale einzelner Transaktionen definiert.

Tab. 6/8:   Nachrichtentyp und Verarbeitungsrichtung als Grundlage der EDI-Workflow-Gestaltung

Verarbeitungs-richtung / Nachrichtentyp-klassifikation	ausgehende Nachrichten	eingehende Nachrichten
primärer EDI-Nachrichtentyp	Der Sender erwartet ein Reaktion des Empfängers: • Informationsrückfluß (z. B. auf eine Anfrage) oder • Leistung (z. B. Warenlieferung).	Beim Empfänger wird eine Aktion initiiert: • Erzeugung eines Informationsrückflusses (z. B. Angebot) oder • Leistung (z. B. Warenproduktion).
sekundärer EDI-Nachrichtentyp	Weitergabe von geschäftsprozeßunterstützenden Informationen: • Kontrollinformationen (z. B. Bestätigungen) oder • Basisinformationen (z. B. Stammdatenaustausch).	Empfang von Kontroll- bzw. Partnerinformationen: • Kontrollinformationen (z. B. Abwicklungsstatus) oder • Basisinformationen (z. B. Lagerbestand, Abverkaufszahlen).

Der **betriebswirtschaftliche Charakter** klassifiziert die Bedeutung eines Nachrichtentyps innerhalb einer Geschäftsabwicklung. Unterschieden wird zwischen primären und sekundären Nachrichtentypen. Primäre Nachrichtentypen besitzen eine initiierende Wirkung, d. h. sie erfordern zwingend eine innerbetriebliche Aktion und/oder eine Reaktion dem Partner gegenüber. Sekundäre Nachrichtentypen sind rein informierend und führen nicht zwingend zu einer Aktion.

Mit der **Verarbeitungsrichtung** wird der für die SGPI relevante Ausschnitt einer unternehmensübergreifenden Prozeßkette festgelegt. Bei eingehenden EDI-Nachrichtentypen steht der sich dem Datenimport anschließende Verarbeitungsprozeß im Mittelpunkt des Interesses. Bei ausgehenden Nachrichtentypen sind die dem Datenexport vorgelagerten Entscheidungsprozesse von Relevanz.

6.2.2   Betriebswirtschaftlicher Charakter der Nachrichtentypen

Aufgrund der zugrundeliegenden Geschäftsprozesse definiert der betriebswirtschaftliche Charakter jedes Nachrichtentyps die wirtschaftliche Bedeutung innerhalb der zwischenbetrieblichen Leistungsbeziehung sowie die erforderliche Verarbeitungsstrategie an der Anwendungsschnittstelle.

Zu differenzieren ist zwischen

- primären EDI-Nachrichten, die zwingend zu einer Reaktion des Empfängers führen, und
- sekundären EDI-Nachrichten, mit kontrollierendem und informativem Charakter.

Beispielsweise ist das Dokument „Bestellung" dem primären EDI-Nachrichtentypen zuzurechnen. Seine betriebswirtschaftliche Bedeutung ist hoch, da ein zwischenbetrieblicher Leistungsaustausch initiiert wird. Im Rahmen des zwischenbetrieblichen Verhaltensmusters wird vom Empfänger eine Aktion in Form einer „Auftragsbestätigung" (Informationsrückfluß) oder einer „Warenlieferung" (Leistung) erwartet.

Demgegenüber besitzt der sekundäre Nachrichtentyp „Auftragsbestätigung" rein informativen und kontrollierenden Charakter. Vom Empfänger wird keine Reaktion erwartet.

Die stark formalisierte Geschäftsabwicklung innerhalb von EDI-Beziehungen zeigt zahlreiche Ansatzpunkte für ein zwischenbetriebliches Business Process Reengineering durch Eliminierung einzelner Austauschprozesse.

So wird bei dem in der Automobilindustrie verbreiteten Gutschriftenverfahren auf den Austausch von Rechnungen durch den Leistungserbringer verzichtet. Der Leistungsempfänger erstellt auf Basis vereinbarter Preiskonditionen sowie der erbrachten Leistung direkt eine Gutschrift. Eine innerbetriebliche Prüfung der eingehenden Rechnungen (Finanzbuchhaltung) mit der erbrachten Leistung im Wareneingang sowie den vereinbarten Bestellkonditionen (Vertrieb) entfällt [HÜBN93, 21-22].

Ebenso kann auf rein bestätigende Nachrichten (z. B. Bestellbestätigung) verzichtet werden. Der Empfang beim Partner wird durch die Nachrichtensteuerung der SGPI sichergestellt. Ferner müssen sich die Kommunikationspartner darauf einigen, daß nur bei Leistungsstörungen oder Unstimmigkeiten (z. B. Lieferunfähigkeit) ein Nachrichtenaustausch
innerhalb einer definierten Frist erfolgt. Ansonsten wird von der Akzeptanz des Empfängers ausgegangen. Sowohl das Datenaustauschvolumen als auch die erforderlichen
Prüfprozesse, wie beispielsweise der Abgleich zwischen Bestellung und Bestellbestätigung, lassen sich so erheblich reduzieren.

6.2.2.1 Primäre Nachrichtentypen

Primäre Nachrichtentypen (vgl. Tabelle 6/9) nehmen direkt Einfluß auf den Wertschöpfungsprozeß. Als Grundlage der zwischenbetrieblichen Leistungsbeziehung kommt der
Datenqualität (Geschäftssicherheit) eine zentrale Rolle zu.

Primäre Nachrichtentypen lassen sich unterteilen in

- geschäftsprozeßinitiierende Nachrichten (z. B. Auftrag/ORDERS),
- geschäftsprozeßbegleitende Nachrichten (z. B. Rechnung/INVOIC) und
- geschäftsprozeßbeeinflussende Nachrichten (z. B. Bestelländerung/ORDCHG).

Am Beginn einer Leistungsbeziehung stehen **geschäftsprozeßinitiierende Nachrichtentypen**. Ihre Aufgabe ist es, die Rahmendaten der zu initiierenden Geschäftsbeziehung, wie
Produkt, Bestellmenge oder Lieferbedingungen, zu übermitteln. Der Zeitpunkt ihrer Erzeugung erfolgt situativ entsprechend den betrieblichen Erfordernissen. Aufgrund des bestehenden Änderungsrisikos (z. B. Konditionsverhandlungen) und den sich hieraus ergebenden manuellen Interventionen ist der Automationsgrad als „mittel" einzustufen.

Geschäftsprozeßbegleitende Nachrichtentypen sind Gegenstand einer bestehenden Leistungsbeziehung. Ihr Inhalt läßt sich unmittelbar aus den verfügbaren Rahmendaten ableiten. Beispielsweise basiert die „Rechnung" auf den Angebots- und Lieferdaten. Ebenso
bestimmt sich der Zeitpunkt ihrer Erzeugung aus dem Stand der Geschäftsabwicklung,
d. h. erfolgt erst nach der Leistungserbringung entsprechend den vereinbarten Zahlungsbedingungen. Der Automationsgrad geschäftsprozeßbegleitender Nachrichtentypen ist aufgrund standardisierter Verhaltensmuster sowie bestehender Vereinbarungen hoch.

Geschäftsprozeßbeeinflussende Nachrichtentypen wirken koordinierend und steuernd
auf die operative Abwicklung (z. B. IFTMAN/Ankunftsmeldung). Der Erstellungszeitpunkt der Nachricht orientiert sich am Abwicklungsstand der Geschäftsbeziehung. Beispielsweise übermittelt der Spediteur dem Empfänger eine Ankunftsmeldung (IFTMAN),
sobald er die Güter übernommen hat.

Gegenstand von geschäftsprozeßbeeinflussenden Nachrichtentypen kann ebenso die Anzeige einer Leistungsänderung (z. B. Bestelländerung/ORDCHG) sein. Die Leistungsbe-

ziehung wird hierbei in Frage gestellt und stellt keine Routinetransaktion mehr dar (Ausnahmebehandlung). Der Automationsgrad ist in diesen Fällen analog den geschäftsprozeßinitiierenden Nachrichtentypen als „mittel" einzustufen.

Tab. 6/9:   Automationsgrad primärer Nachrichtentypen (EDIFACT-Nachrichten im Status 2, Directory 96A)

betriebswirtschaft- licher Charakter	Nachrichtentyp		möglicher Auto- mationsgrad
geschäftsprozeß- initiierend	- CONEST	(Auftragserteilung)	mittel
	- CONITT	(Angebotsaufforderung)	
	- CONTEN	(Angebotsabgabe)	
	- IFTMBP	(Buchungs-/Reservierungsan- frage)	
	- IFTMIN	(Transport-/Speditionsauftrag)	
	- ORDERS	(Bestellung)	
	- QUOTES	(Angebot)	
	- REQOTE	(Anfrage)	
geschäftsprozeß- begleitend	- CONDPV	(verkürzte Rechnung)	hoch
	- CONPVA	(Baurechnung)	
	- CUSCAR	(Zoll-Gestellungsmitteilung)	
	- CUSDEC	(Zollanmeldung)	
	- CUSREP	(Zoll-Beförderungsmitteilung)	
	- INVOIC	(Rechnung)	
	- PAXLST	(Passagier-/Besatzungsliste)	
	- PAYEXT	(erweiterter Zahlungsauftrag)	
	- PAYORD	(Zahlungsauftrag)	
	- QALITY	(Qualitätsdaten)	
geschäftsprozeß- beeinflussend	- DELFOR	(Lieferabruf/-plan)	mittel
	- DELJIT	(Feinabruf)	
	- IFTMBF	(Buchung/Reservierung)	
	- IFTMAN	(Ankunftsmeldung)	
	- ORDCHG	(Bestelländerung)	

6.2.2.2   Sekundäre Nachrichtentypen

Sekundäre Nachrichtentypen (vgl. Tabelle 6/10) besitzen einen kontrollierenden und informativen Charakter. Sie nehmen keinen Einfluß auf die zwischenbetriebliche Leistungsbeziehung. Überwiegend dienen sie dem Empfänger zur Überwachung der Geschäftsabwicklung (z. B. Liefermeldung/DESADV, Belastungsanzeige/DEBADV). Weiterhin können sie auch zwischenbetrieblich zum Austausch grundlegender, d. h. nicht geschäftsvorfallsbezogener Informationen (z. B. Stammdaten, Abverkaufszahlen) herangezogen werden.

Sekundäre Nachrichtentypen lassen sich unterteilen in

- kontrollierende Nachrichtentypen (z. B. Bestellbestätigung/ORDRSP) und

- allgemein informierende Nachrichtentypen (z. B. Produkt- und Preiskatalog/ PRICAT).

Tab. 6/10:   Automationsgrad sekundärer Nachrichtentypen (EDIFACT-Nachrichten im Status 2, Directory 96A)

betriebswirtschaft-licher Charakter	Nachrichtentyp		möglicher Auto-mationsgrad
kontrollierend	- CONQVA	(Bauleistungsstand)	hoch
	- CREADV	(Gutschriftenanzeige)	
	- CREEXT	(erweiterte Gutschriften-anzeige)	
	- CUSRES	(Zollantwort)	
	- DEBADV	(Belastungsanzeige)	
	- DESADV	(Liefermeldung)	
	- IFTMBC	(Buchungs-/Reservierungsbe-stätigung)	
	- IFCSUM	(Speditions- und Sammel-ladungsnachricht)	
	- IFTMCS	(Auftragsbestätigung/ Status-meldung)	
	- ORDRSP	(Bestellbestätigung)	
	- REMADV	(Zahlungsavis)	
	- STATAC	(Kontoauszug)	
	- SUPCOT	(Beitragsmeldung zur Renten-versicherung)	
	- SUPMAN	(Nachricht zur Pflege des Pensions-/Rentenbestandes)	
allgemein informierend	- BAPLIE	(Ladeplan über leere und besetzte Zellen)	hoch
	- BAPLTE	(Ladeplan über Gesamtzahl)	
	- INVRPT	(Lagerbestandsbericht)	
	- PARTIN	(Partnerstamm)	
	- PAYDUC	(Gehaltsabzugsavis)	

Kontrollierende Nachrichtentypen beziehen sich auf eine bestehende, d. h. bereits ausgehandelte Geschäftsbeziehung. Ihre Aufgabe ist es, dem Partner den aktuellen Abwicklungsstand und die erfolgten Aktionen, wie Gutschriftenanzeige/CREADV oder Zahlungsavis/REMADV, anzuzeigen. Ferner können sie dem Geschäftsprozeß zugrundeliegende Daten bestätigen (z. B. DESADV/Liefermeldung, ORDRSP/Bestellantwort). Der Zeitpunkt der Erstellung leitet sich aus dem Stand der Geschäftsabwicklung ab. Der mögliche Automationsgrad ist daher als hoch einzustufen.

Historisch bedingt haben sich eine Vielzahl kontrollierender Geschäftsdokumente entwickelt und wurden Bestandteil des Geschäftsabwicklungsprozesses. Leider werden sie häufig auch zur Anzeige von Änderungen herangezogen, wodurch sie gegebenenfalls einen geschäftsprozeßbeeinflussenden Charakter erhalten.

Allgemein informierende Nachrichtentypen beziehen sich nicht auf einen konkreten Geschäftsvorfall. Sie erleichtern längerfristige Kooperationen durch die Aktualisierung von Rahmendaten (z. B. Partnerstammdaten/PARTIN, Preisliste/Katalog/PRICAT). Ihr Automationsgrad ist hoch, da sie weder zeitkritisch sind noch eine unmittelbare Reaktion erfordern. Allgemein informierende Nachrichtentypen werden entweder periodisch oder bei Aktualisierungsbedarf erzeugt.

Beim Austausch sekundärer Nachrichtentypen ergeben sich vielfältige Möglichkeiten zur Straffung des Abwicklungsprozesses, indem nur noch Nachrichten bei auftretenden Unstimmigkeiten oder Leistungsstörungen übermittelt werden.

Durch den Austausch primärer Nachrichten wird bereits bei der Initiierung einer Austauschbeziehung ein konsistenter Datenbestand aller Beteiligten über Art, Umfang sowie Form der Abwicklung erreicht. Auf den Austausch rein bestätigender Nachrichten kann aus diesem Grund weitgehend verzichtet werden. Die sich hieraus ergebenden Rationalisierungspotentiale im Sinne eines Business Process Reengineering sind erheblich.

6.2.3   Verarbeitungsrichtung

Neben dem betriebswirtschaftlichen Charakter einzelner Nachrichtentypen ist die Verarbeitungsrichtung ein weiterer zentraler Aspekt bei der Abschätzung möglicher Automationspotentiale. Entsprechend der Verarbeitungsrichtung kann für jeden Nachrichtentyp zwischen Ein- und Ausgangsverarbeitung unterschieden werden.

Bei eingehenden EDI-Nachrichten richtet sich der EDI-Workflow auf die Automation der Folgeverarbeitung. Hierzu zählen die Erfassung und Prüfung externer Daten sowie der gezielte Anstoß von Weiterverarbeitungsprozessen innerhalb der betrieblichen Anwendung. Demgegenüber ist bei ausgehenden Nachrichten der vorgelagerte Entscheidungsprozeß elektronisch abzubilden.

Entsprechend der Verarbeitungsrichtung läßt sich die Verarbeitungsstrategie anhand folgender Kriterien strukturieren:

*   Ursprung und Charakter der Daten,
*   angestrebter Automationsgrad sowie
*   strategische Zielsetzung der SGPI.

In Tabelle 6/11 werden die sich ergebenden, differierenden Anforderungen der Geschäftsprozeßunterstützung, denen die SGPI genügen muß, im Überblick dargestellt.

Tab. 6/11:   Charakteristik der EDI-Workflows entsprechend der Ein- bzw. Ausgangsverarbeitung

Verarbeitungs- richtung / Charakteristika	Eingangsverarbeitung	Ausgangsverarbeitung
Ursprung und Charakter der Daten	• externe Daten eines Kommunikationspartners • Risiko einer unzureichenden Datenqualität • EDI-Nachricht initiiert eine innerbetriebliche Folgeverarbeitung	• interne Daten • hohe Datenqualität (Ergebnis innerbetrieblicher Verarbeitungsprozesse) • aktiver Bestandteil der Geschäftsabwicklung (Aktion bzw. Reaktion)
angestrebter Automationsgrad	• automatische Datenübernahme • automatische Plausibilisierung sowie Eskalationsmechanismen • automatischer Anstoß der Weiterverarbeitung	• Unterstützung vorbereitender Entscheidungsprozesse (vgl. Abschnitt 6.3.3) • Erzeugung der Zwischenstrukturen • Interaktion mit dem EDI-System (vgl. Abschnitt 6.1.4.1)
strategische Zielsetzung der SGPI	• maximaler Automationsgrad der EDI-Eingangsverarbeitung • minimales Fehlerrisiko • gesicherte und koordinierte zwischenbetriebliche Prozeßkopplung	• maximaler Automationsgrad der EDI-Ausgangsverarbeitung • optimale Terminierung auszulösender Geschäftstransaktionen • gesicherte und koordinierte zwischenbetriebliche Prozeßkopplung

6.2.3.1   Nachrichten in der Eingangsverarbeitung

Charakteristisch für die Eingangsverarbeitung sind der externe Datenursprung sowie das damit verbundene Risiko, eine definierte Datenqualität (Syntax, Semantik) nicht sicherstellen zu können. Folge ist eine Beschränkung des elektronischen Datenaustausches auf Routinevorfälle ohne Ausnahmen und mit geringem Fehlerrisiko. Ziel der EDI-Eingangsverarbeitung ist neben der Datenübernahme ebenso der Anstoß der innerbetrieblichen Folgeverarbeitung.

Art und Umfang der angestrebten Automation können hierbei stark differieren. Im einfachsten Fall erfolgt eine automatische Datenübernahme, d. h. die Substitution der Erfassungstätigkeit. Dies entspricht im wesentlichen dem Stand bestehender Integrationslösungen. Eine Erweiterung der bearbeitbaren Geschäftsvorfälle über reine Routinevorfälle hinaus ist durch automatische Plausibilisierungsmechanismen erreichbar. Bei auftretenden Unstimmigkeiten werden Eskalationsmechanismen initiiert (vgl. Abschnitt 6.3.2). Eine zwischenbetriebliche Prozeßkopplung ist erst mit der automatisierten Weiterverarbeitung in der Anwendung zu erreichen. Die Prozeßintegration stellt in Erweiterung der automatisierten Datenübernahme und Plausibilisierung eingehender Nachrichten die höchste Integrationsstufe dar.

Als mögliche strategische Zielsetzungen der SGPI in der EDI-Eingangsverarbeitung lassen sich neben dem Automationsgrad, die Geschäftssicherheit elektronisch gestützter Leistungsbeziehungen (minimales Fehlerrisiko) sowie die unternehmensübergreifende Geschäftsprozeßkopplung definieren.

6.2.3.2 Nachrichten in der Ausgangsverarbeitung

Im Unterschied zur Eingangsverarbeitung wird bei der Ausgangsverarbeitung mit internen, d. h. als korrekt einzustufenden Daten gearbeitet. Semantische Anpassungen und Plausibilitätsprüfungen entfallen. Die erzeugten EDI-Nachrichten sind das Ergebnis eines vorgelagerten Verarbeitungs- und betriebswirtschaftlichen Entscheidungsprozesses.

Der Automationsgrad ausgehender EDI-Workflows ist aufgrund der in der Verarbeitungslogik des Anwendungssystems verankerten und stark den Menschen einbeziehenden Entscheidungsfindung vergleichsweise gering. Die für eine stärkere Automation erforderlichen Anpassungen der Verarbeitungslogik schließen sich aufgrund des Aufwandes und der traditionellen Anwendungsarchitektur faktisch aus. Eine Ausnahme bilden Funktionen der technisch-administrativen Integration (vgl. Abschnitt 6.1.2) und eindeutig ableitbare Nachrichten im Rahmen automatisierter Aktions-/Reaktionsmechanismen (vgl. Abschnitt 6.3.3).

Analog zur EDI-Eingangsverarbeitung lassen sich als strategische Zielsetzungen der SGPI in der EDI-Ausgangsverarbeitung ein hoher Automationsgrad sowie die unternehmensübergreifende Geschäftsprozeßkopplung nennen. Zu klären sind die Fragen, wie sich der Zeitpunkt ausgehender Geschäftstransaktionen (z. B. Zahlungsverkehr) exakt terminieren läßt und welche automatisierten Reaktionsmechanismen vorzusehen sind (vgl. Abschnitt 6.3.3).

6.3 Elektronischer Assistent

EDI-Workflows sowie die enthaltenen Integrationsfunktionen werden auf Grundlage definierter Ereignisse und Zustände von einem elektronischen Assistenten dynamisch geregelt. Die hierzu erforderlichen Daten (SGPI-Datenbasis) werden zusammen mit den Stamm- und Bewegungsdaten in der Datenbasis des Anwendungssystems abgelegt.

Als zentrale Instanz umfaßt der elektronische Assistent

* die Prozeßebene, d. h. den EDI-Workflow und dessen Verknüpfung mit der anwendungsinternen Vorgangsbearbeitung,

* die Funktionsebene, d. h. die Integrationsfunktionen (vgl. Abschnitt 6.1.5) und deren Verknüpfung in die Verarbeitungslogik des Anwendungssystems, sowie

* die Datenebene, d. h. den Zugriff und die Verwaltung einer SGPI-Datenbasis als Bestandteil der Anwendungsdatenbasis.

Mittels des EDI-Workflows werden auf Prozeßebene die zwischenbetriebliche Nachrichtensteuerung mit der innerbetrieblichen Vorgangsbearbeitung verknüpft. Auf Funktionsebene werden durch den EDI-Workflow erforderliche Integrationsfunktionen der SGPI koordiniert und mit der Verarbeitungslogik des Anwendungssystems verknüpft (vgl. Abbildung 6/7).

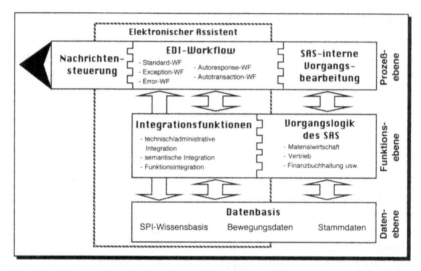

Abb. 6/7:   Regel- und Koordinationsfunktionen des elektronischen Assistenten auf Prozeß-, Funktions-
und Datenebene

Folgende Aufgabenbereiche werden hierbei vom elektronischen Assistenten übernommen:

- Koordination der Nachrichtensteuerung, des EDI-Workflows und deren Kopplung mit der anwendungsinternen Vorgangssteuerung,
- Datenintegration unter Berücksichtigung semantischer Anpassungen,
- Eskalationsmechanismen zum Ausnahmen- und Fehlermanagement sowie
- automatisierte Aktions-/Reaktionsmechanismen.

Die **Nachrichtensteuerung** wurde bereits in Abschnitt 6.1.4.1 beschrieben. Ihre Aufgabe ist der zwischenbetriebliche Nachrichtenaustausch. Art und zeitliche Abfolge der einzelnen Integrationfunktionen (SGPI-Integrator) sowie die Kopplung mit der anwendungsinternen Vorgangsbearbeitung werden durch **EDI-Workflows** wahrgenommen. Der elektronische Assistent koordiniert und überwacht als Bestandteil des Anwendungssystems das Zusammenspiel zwischen Nachrichtensteuerung, EDI-Workflow sowie der anwendungsinternen Vorgangssteuerung.

Die **semantische Anpassung** als Teilbereich der semantischen Integration (vgl. Abschnitt 6.1.3.1) bildet durch die Anpassung der Darstellungsformate, die Ergänzung fehlender

Daten sowie durch die Code-Umsetzung die Voraussetzung für die Datenintegration. Aufgabe des elektronischen Assistenten ist die nachrichtentyp- und partnerspezifische Steuerung der Anpassungsprozesse entsprechend der in der SGPI-Datenbasis abgelegten Vorgaben.

Im zweiten Schritt der semantischen Integration erfolgt durch den elektronischen Assistenten die Plausibilisierung sowie die Identifikation von Unstimmigkeiten bei externen Geschäftsdaten. Automatisch sind hierbei situationsspezifische **Eskalationsmechanismen** (vgl. Abschnitt 6.3.2) anzustoßen, die von einer automatischen Fehlerbehebung bis zum Verarbeitungsabbruch führen können. Aufgabe des elektronischen Assistenten ist es, einen hohen Automationsgrad in der EDI-Eingangs- und EDI-Ausgangsverarbeitung bei gleichzeitig hoher situationsspezifischer Flexibilität und einer definierten Geschäftssicherheit zu erreichen.

Aktions-/Reaktionsmechanismen (vgl. Abschnitt 6.3.3) dienen der Prozeßautomation in der EDI-Ausgangsverarbeitung. Auf Basis der im Anwendungssystem vorhandenen Datenbasis sowie definierter Ereignisse (z. B. Nachrichteneingang) erfolgt die automatische Erstellung ausgehender Nachrichten sowie der Versand an den Partner.

Die SGPI-Datenbasis beinhaltet alle integrationsspezifischen Informationen und Parameter, die der elektronische Assistent benötigt.

6.3.1   Strategie der individualisierten Integration

Kennzeichnend für die Strategie der individualisierten Integration ist die situationsspezifische und dynamische Erzeugung von individualisierten EDI-Workflows. Der Ansatz der SGPI stellt eine völlige Abkehr von den auf starren Prozeßketten basierenden Batch-Input-Ansätzen dar.

Folgende Kriterien determinieren den EDI-Workflow:

- der betriebswirtschaftliche Charakter des zugrundeliegenden Nachrichtentyps,
- die Verarbeitungsrichtung,
- die Kommunikationspartner,
- die Geschäfts- und Interaktionsstrategie des Unternehmens sowie
- der Bearbeitungsstatus einer Nachricht in der EDI-Eingangs- und EDI-Ausgangsverarbeitung.

In Tabelle 6/12 werden unterschiedliche EDI-Workflow-Typen aufgezeigt. Neben der Automation operativer Erfassungs- und Ausgabetätigkeiten (Standard-Workflow) werden betriebswirtschaftliche Entscheidungs- und Verarbeitungsprozesse vom elektronischen Assistenten vorgenommen.

In der EDI-Eingangsverarbeitung spiegelt sich dies in der Plausibilisierung und der Fehler-behandlung wider. Das Management von Ausnahmetransaktionen ist beispielsweise Aufgabe der EDI-Workflow-Typen „Exception-" und „Error-Workflow" (vgl. Abschnitt 6.3.2). Demgegenüber werden durch „Auto-Response-" und „Auto-Transaction-Work-flows" Marktkommunikationsprozesse in der EDI-Ausgangsverarbeitung automatisch initiiert (vgl. Abschnitt 6.3.3).

Tab. 6/12:   EDI-Workflow-Typen differenziert nach der Verarbeitungsrichtung

EDI-Workflow-Typen	
eingehende Verarbeitung	**ausgehende Verarbeitung**
• Standard-Workflow	• Standard-Workflow
• Exception-Workflow	• Error-Workflow
• Error-Workflow	• Auto-Response-Workflow
	• Auto-Transaction-Workflow

Voraussetzung hierbei ist die Formalisierbarkeit betriebswirtschaftlicher Entscheidungs- und Verarbeitungsprozesse unter Berücksichtigung situativer Faktoren.

6.3.1.1   Eingehende Verarbeitung

Bei der EDI-Eingangsverarbeitung stehen die semantische und betriebswirtschaftliche Da-tenqualität sowie der gezielte Anstoß anwendungsinterner Weiterverarbeitungsprozesse im Vordergrund.

Der Integrationsprozeß unterteilt sich in folgende Schritte:

• die semantische Anpassung,

• die Plausibilisierung auf Datenfeldebene,

• die Plausibilisierung auf Ebene der Geschäftsabwicklung,

• die Plausibilisierung auf Partnerebene und

• den Anstoß weiterer Verarbeitungsvorgänge im Anwendungssystem.

Die semantische Anpassung, die Plausibilisierung auf Datenfeldebene sowie der Anstoß weiterer Verarbeitungsvorgänge im Anwendungssystem werden von Standard-Workflows vorgenommen. Sie basieren auf einer exakt definierten Abfolge von Verarbeitungsschrit-ten. Bei auftretenden Fehlern wird der Standard-Workflow in einen Error-Workflow über-führt (vgl. Abschnitt 6.3.2.1).

Sowohl die Plausibilisierung auf Ebene der Geschäftsabwicklung als auch die Plausibili-sierung auf Partnerebene sind Gegenstand von Exception-Workflows (vgl. Abschnitt 6.3.2.2). Im Gegensatz zu Standard-Workflows arbeiten Exception-Workflows dynamisch und partnerspezifisch unter Berücksichtigung des nachrichtenübergreifenden Gesamtkon-textes.

Semantische Anpassung

In der EDI-Eingangsverarbeitung ist allen Nachrichtenklassen die semantische Anpassung (vgl. Abschnitt 6.1.3.1) gemein. Diese erfolgt anhand definierter nachrichtentyp- und partnerspezifischer Vorgaben in der SGPI-Datenbasis. Die semantische Anpassung umfaßt die Ergänzung eingehender Nachrichten um Feldwerte, die vom Partner nicht bereitgestellt wurden, sowie eine Umsetzung der inkompatiblen Codes kommunizierender Anwendungssysteme.

Plausibilisierung auf Datenfeldebene und Geschäftsabwicklungsebene

Mit Hilfe der Plausibilisierung (vgl. Abschnitt 6.1.3.2) erfolgt die Überprüfung der betriebswirtschaftlich zulässigen Wertebereiche ausgewählter Datenfelder (z. B. Artikelidentifikation, codierte Datenelemente).

Auf Ebene der Geschäftsabwicklung erfolgt der Abgleich der Datenfelder logisch zusammengehörender Nachrichten und Bewegungsdaten hinsichtlich ihrer Konsistenz (z. B. Preis, Menge) sowie ihrer semantischen Integrität (z. B. Summen, Rabattstaffelung).

Alle Plausibilitätsprüfungen lassen sich durch Vergleichsoperationen mit Stammdaten oder den Daten bereits ausgetauschter Nachrichten (Bewegungsdaten) realisieren.

Plausibilisierung auf Partnerebene

Die Überprüfung der partnerspezifischen Geschäftskonditionen erfolgt mit Hilfe einer Plausibilisierung auf Partnerebene (vgl. Abschnitt 6.1.3.2). Die „Partnerhistorie" dient der Identifikation ungewöhnlicher Geschäftstransaktionen des Partners, während der „interne Partnerrahmen" die Grundlage für die Steuerung des Reaktionsverhaltens bei auftretenden Plausibilitätsproblemen (vgl. Abschnitt 6.3.2) bildet. Sowohl die Partnerhistorie als auch der interne Partnerrahmen sind Bestandteil der SGPI-Datenbasis.

In der Partnerhistorie werden Kennzahlen vergangener Geschäftstransaktionen, wie Auftragsvolumen, bezogenes Produktspektrum oder Zahlungsverhalten, gepflegt. Zusätzlich sind partnerspezifische Schwellenwerte zu definieren, bei deren Überschreiten ein Error-Workflow initiiert wird.

Im „internen Partnerrahmen" sind partnerspezifische Parameter und Schwellenwerte gespeichert, die bei auftretenden Dateninkonsistenzen oder bei betriebswirtschaftlichen Leistungsstörungen, wie Lieferschwierigkeiten, das Verhalten gegenüber dem Partner definieren.

Während die semantische Anpassung und die Plausibilisierung sowohl auf Datenfeldebene als auch auf der Ebene der Geschäftsabwicklung bei allen Nachrichtentypen vorgenommen wird, ergeben sich bei der Plausibilisierung auf Partnerebene entsprechend des betriebswirtschaftlichen Charakters Unterschiede.

Bei **geschäftsprozeßinitiierenden Nachrichtentypen**, wie Bestellung oder Speditionsauftrag, erfolgt ein Vergleich der übermittelten Konditionen mit den im Partnerstamm hinterlegten Geschäftskonditionen. Ferner werden Art und Umfang der zu initiierenden Geschäftstransaktion mit der Partnerhistorie verglichen. Bei Überschreiten definierter Schwellenwerte wird der Exception-Workflow in einen Error-Workflow überführt.

Geschäftsprozeßbegleitende Nachrichtentypen (z. B. Rechnung, Zahlungsauftrag) beziehen sich auf bereits bestehende Vereinbarungen und sind Bestandteil eines abgestimmten Aktions-/Reaktionsverhaltens. Die den eingehenden Nachrichten zugrundegelegten Geschäftskonditionen (z. B. Rabatte, Zahlungs- und Lieferbedingungen) werden mit denen der Anwendungsdatenbasis verglichen.

Geschäftsprozeßbeeinflussende Nachrichtentypen können Änderungen einer Geschäftsbeziehung (z. B. Mengen-, Konditionsänderungen) oder eine unmittelbare Leistungsforderung (z. B. Feinabruf) beinhalten. Aufgabe des elektronischen Assistenten ist es, Änderungen zu erkennen und zu prüfen, inwieweit sich die Abweichungen innerhalb definierter Toleranzgrenzen und Geschäftskonditionen bewegen. Bei Änderungen der Geschäftsbeziehung erfolgt die Überprüfung der Abweichung, was bei Überschreiten von Schwellenwerten den Anstoß eines Error-Workflows zur Folge hat.

Kontrollierenden Nachrichtentypen kommt innerbetrieblich eine große Bedeutung bei der Überwachung der Geschäftsprozeßabwicklung zu. Aufgabe des elektronischen Assistenten ist die Überprüfung der dem spezifischen Geschäftsprozeß zugrundeliegenden betriebswirtschaftlichen Daten. Hierzu zählt neben dem Abgleich der Bewegungsdaten (z. B. Angebots- und Auftragsdaten) auch die terminliche Kontrolle der Geschäftsprozeßabwicklung.

Allgemein informierende Nachrichtentypen sind keinem spezifischen Geschäftsprozeß zuordenbar. Sie dienen dem Abgleich von Stammdaten (z. B. Produktkataloge, Partnerstammdaten) oder informieren über die Marktsituation (z. B. Abverkaufszahlen, Ladeplan). Eine automatische Plausibilisierung ist nicht erforderlich.

Anstoß weiterer Verarbeitungsvorgänge im Anwendungssystem

Der letzte Schritt der EDI-Eingangsverarbeitung ist die Übergabe der Geschäftsdaten an die anwendungsinterne Vorgangssteuerung. Die syntaktisch, semantisch sowie betriebswirtschaftlich geprüften und aufbereiteten Daten werden an den zugehörigen Standardverarbeitungsprozeß des Anwendungssystems übergeben. Tabelle 6/13 zeigt eine Übersicht der Verarbeitungsstrategien eingehender Nachrichten entsprechend ihrem betriebswirtschaftlichen Charakter.

Tab. 6/13:   Übersicht der Verarbeitungsstrategien eingehender Nachrichten entsprechend ihres betriebswirtschaftlichen Charakters

betriebswirtschaft-licher Charakter	Verarbeitungsstrategie	möglicher Auto-mationsgrad
	primäre EDI-Nachrichten	

geschäftsprozeß-initiierende Nachrichtentypen	• semantische Anpassung
	  - Ergänzungen
	  - Code-Umsetzung
	• Plausibilisierung auf
	  - Datenfeldebene
	  - Ebene der Geschäftsabwicklung
	• Plausibilisierung auf Partnerebene
	  - Konditionen
	  - Geschäftshistorie
	• Anstoß der SAS-internen Vorgangs-verarbeitung
		mittel

geschäftsprozeß-begleitende Nachrichtentypen	• semantische Anpassung
	  - Ergänzungen
	  - Code-Umsetzung
	• Plausibilisierung auf
	  - Datenfeldebene
	  - Ebene der Geschäftsabwicklung
	• Plausibilisierung auf Partnerebene
	  - Konditionen
	• Anstoß der SAS-internen Vorgangs-verarbeitung
		hoch

geschäftsprozeß-beeinflussende Nachrichtentypen	• semantische Anpassung
	  - Ergänzungen
	  - Code-Umsetzung
	• Plausibilisierung auf
	  - Datenfeldebene
	  - Ebene der Geschäftsabwicklung
	• Plausibilisierung auf Partnerebene
	  - Konditionen
	  - interner Partnerrahmen
	  - Geschäftshistorie
	• Anstoß der SAS-internen Vorgangs-verarbeitung
		mittel

	sekundäre EDI-Nachrichten	

kontrollierende Nachrichtentypen	• semantische Anpassung
	  - Ergänzungen
	  - Code-Umsetzung
	• Plausibilisierung auf
	  - Datenfeldebene
	  - Ebene der Geschäftsabwicklung
	• Plausibilisierung auf Partnerebene
	  - Konditionen
		hoch

allgemeine informierende Nachrichtentypen	• semantische Anpassung • Einpflegen der Partnerstammdaten	hoch

6.3.1.2 Ausgehende Verarbeitung

Zielsetzung der EDI-Ausgangsverarbeitung ist die schnelle und zeitpunktgenaue Geschäftsdatenübermittlung. Anwendungsbeispiele finden sich bei JIT-Anlieferung (Feinabrufen/DELJIT) oder dem stichtagsgenauen Zahlungsverkehr (Zahlungsauftrag/PAYORD). Der Entscheidungsprozeß, der zur Erzeugung einer ausgehenden Geschäftsnachricht führt, wird traditionell vom Menschen wahrgenommen, d. h. der Automationsgrad ist bislang minimal. Ursache ist, daß alle vorbereitenden und manuell durchzuführenden Verarbeitungsprozesse Teil der anwendungsinternen Vorgangsbearbeitung sind und keine Automation vorsehen. Unterstützt werden bislang lediglich Bestellvorschläge und die Anzeige von Bedarfen durch das Anwendungssystem. Sofern verfügbar, besitzen sie ausschließlich Vorschlagscharakter und führen nicht zur Erzeugung einer ausgehenden Nachricht.

Mögliche Automationspotentiale in der EDI-Ausgangsverarbeitung werden somit durch die anwendungsinterne Verarbeitungslogik stark eingeschränkt. Die SGPI unterscheidet bei der EDI-Ausgangsbearbeitung zwischen

- operativen Exportfunktionen und
- Aktions-/Reaktionsmechanismen.

Operative Exportfunktionen

Zu nennen sind das Füllen von Zwischenstrukturen mittels Selektionsmechanismen sowie die EDI-Nachrichtensteuerung. Die operativen Exportfunktionen besitzen keine betriebswirtschaftlichen Verarbeitungsfunktionen und nehmen somit keinerlei Einfluß auf die Verarbeitungslogik des Anwendungssystems. Zum Einsatz kommen ausschließlich Funktionen des SGPI-Integrators.

Aktions-/Reaktionsmechanismen

Aktions-/Reaktionsmechanismen sind gegenüber den operativen Exportfunktionen wesentlich weitreichender (vgl. Abschnitt 6.3.3). Als Bestandteil der SGPI initiieren sie selbständig Geschäftsnachrichten, bevor diese mit Hilfe der operativen Exportfunktionen an das EDI-System weitergeleitet werden.

Voraussetzungen für automatisierte Aktions-/Reaktionsmechanismen sind

- formal definierbare, innerbetriebliche Vorgehensschemata,
- eindeutig ableitbare Nachrichteninhalte sowie
- eine klare Terminierung des Geschäftsdatenaustausches.

Diese Voraussetzungen sind insbesondere bei sekundären sowie geschäftsprozeßbegleitenden primären Nachrichtentypen gegeben. Entsprechend ihrem betriebswirtschaftlichen Charakter sind sie ausnahmslos fester Bestandteil einer bereits definierten Austauschbeziehung. Der jeweilige Nachrichteninhalt läßt sich vollständig aus bereits verfügbaren Daten ableiten. Ebenso ist der Zeitpunkt der Erzeugung entweder anhand des Standes der Geschäftsabwicklung oder bestimmter Ereignisse formal definiert.

Beispielhaft läßt sich die Erstellung von Zahlungsaufträgen (PAYORD) an die Bank nennen. Sie stellt eine Reaktion auf einen Rechnungseingang (INVOIC) dar. Nach einer Prüfung der Rechnungsdaten (Bestell- und Wareneingangsdaten) erfolgt die Generierung und Übermittlung eines Zahlungsauftrages entsprechend den im Partnerstamm abgelegten Zahlungskonditionen (Zahlungsziel).

Nur geringe Automationsmöglichkeiten bieten sich bei Geschäftstransaktionen auf Basis geschäftsprozeßinitiierender und -beeinflussender Nachrichtentypen, bei denen noch keine Leistungsbeziehung besteht oder eine bestehende unerwartet geändert wird. In diesen Fällen beschränkt sich die SGPI auf manuell initiierte, operative Exportfunktionen.

6.3.2   Eskalationsmechanismen bei der EDI-Eingangs- und EDI-Ausgangsverarbeitung

Eskalationsmechanismen dienen dem Management von Sondersituationen, wie Fehler oder „ungewöhnliche Transaktionen" des Geschäftspartners. Ziel ist die Vermeidung unkontrollierter Verarbeitungsabbrüche sowie eine aktive Unterstützung bei der Bearbeitung dieser Sondersituationen. Gefordert wird eine Prozeßintegration mit hohem Automationsgrad und abschätzbarem Risiko für die Geschäftssicherheit.

In Tabelle 6/14 werden Ursachen für situationsspezifische Eskalationsmechanismen entsprechend der Verarbeitungsrichtung (vgl. Abschnitt 6.2.3) aufgezeigt.

Tab. 6/14:   Ursachen für den Anstoß von Eskalationsmechanismen

Ursachen für Eskalationsmechanismen	
eingehende Verarbeitung	**ausgehende Verarbeitung**
Fehler bei der Konvertierung oder dem Datenimport **-> Error-Workflow**	Fehler bei der Erstellung einer Zwischenstruktur **-> Error-Workflow**
Fehler bei der semantischen Anpassung **-> Error-Workflow**	Fehler bei der Konvertierung **-> Error-Workflow**
dynamische Plausibilisierung **-> Exception-Workflow**	Fehler bei der Übermittlung oder Rekonvertierung beim Empfänger **-> Error-Workflow**
Fehler bei der Plausibilisierung **-> Error Workflow**	

Eskalationsmechanismen stellen eine besondere Ausprägung von EDI-Workflows dar und dienen insbesondere dem situativen Management vom Standard abweichender Geschäftstransaktionen in der Eingangsverarbeitung unter Berücksichtigung eines partnerspezifischen Risikomanagements. In der Ausgangsverarbeitung nehmen lediglich Eskalationsmechanismen eine Signalfunktion bei Problemen innerhalb der Nachrichtensteuerung wahr und zeigen dem Anwender einen fehlgeschlagenen Nachrichtentransfer an, was besonders bei zeitkritischen oder primären Nachrichtentypen von hoher Bedeutung ist. Zu unterscheiden ist zwischen Exception- und Error-Workflows.

6.3.2.1 Error-Workflows

Error-Workflows sind das Ergebnis der vom elektronischen Assistenten erkannten Unstimmigkeiten. Eine Übersicht über Fehler, deren Ursache sowie das Error-Management gibt Tabelle 6/15 für die Eingangsverarbeitung und Tabelle 6/16 für die Ausgangsverarbeitung.

Tab. 6/15:   Auslöser für ein Error-Management und Verarbeitungsstrategien in der Eingangsverarbeitung

Fehlerart	Ursache	Folge/ Error-Management
eingehende Nachrichten		
Fehler bei der Konvertierung oder beim Import (Nachrichtensteuerung)	• Nachrichtenstruktur oder Absender unbekannt • Konvertierung einzelner Datenfelder fehlerhaft (z. B. kein Muß-Feldeintrag)	**keine Erstellung einer Zwischenstruktur** • Übermittlung eines Functional Acknowledgements mit Fehlerstatus an den Sender • Benachrichtigung des Administrators per E-Mail
Fehler beim Import in das Anwendungssystem (EDI-Workflow)	• Fehler bei der Übertragung der Zwischenstruktur • Fehler beim Austausch von Statusmeldungen oder Funktionsaufrufen	**Abbruch der EDI-Eingangsverarbeitung** • Benachrichtigung des Administrators per E-Mail
Fehler bei der semantischen Anpassung (EDI-Workflow)	• Darstellungsformat einzelner Datenfelder unbekannt • keine Code-Umsetzung aufgrund unbekannter Codewerte	**Abbruch der EDI-Eingangsverarbeitung** • Benachrichtigung des zuständigen Sachbearbeiters - Fehlerursache - Zwischenstrukturanzeige in einem Editor (ggf. manuelle Anpassungen) - ggf. Übergabe an einen EDI-Standard-Workflow • Benachrichtigung des Administrators per E-Mail
Fehler bei der Plausibilisierung (EDI-Workflow)	• der Inhalt einzelner Datenfelder liegt außerhalb des betriebswirtschaftlich zulässigen Wertebereichs • Konsistenz- und Integritätsfehler zwischen dem Inhalt logisch zusammengehöriger Nachrichten • der Nachrichteninhalt steht im Widerspruch zu bestehenden Partnervereinbarungen oder überschreitet Schwellenwerte	**Abbruch der EDI-Eingangsverarbeitung** Benachrichtigung des zuständigen Sachbearbeiters - Fehlerursache - Beleganzeige in den betreffenden Anwendungsmasken (ggf. manuelle Anpassungen) - ggf. Übergabe an einen EDI-Standard-Workflow

Unterscheiden lassen sich

* Konvertierungs- oder Kommunikationsfehler (Nachrichtensteuerung) und
* strukturelle und/oder semantische Unstimmigkeiten, die die Toleranzgrenzen überschreiten (EDI-Workflow).

Wird der Fehler als unkritisch für die Folgeverarbeitung eingestuft, erfolgt eine Weiterführung des Standard-Workflows sowie die Benachrichtigung des verantwortlichen Sachbearbeiters. Bei Fehlern, die keine korrekte Folgeverarbeitung gestatten oder die Geschäftssicherheit gefährden (Plausibilitätsfehler), erfolgt der Abbruch des Standard-Workflow sowie die Vorlage beim zuständigen Sachbearbeiter und/oder dem Systemadministrator.

Tab. 6/16:   Auslöser für ein Error-Management und Verarbeitungsstrategien in der Ausgangsverarbeitung

Fehlerart	Ursache	Folge/ Error-Management
ausgehende Nachrichten		
Fehler bei der Erstellung einer Zwischenstruktur (EDI-Workflow)	• Selektionsmechanismus kann die Zwischenstruktur nicht füllen (z. B. Datenbasis unvollständig) • Datenfeldtyp oder -größe ist inkompatibel	**keine Erstellung einer Zwischenstruktur** • Benachrichtigung des zuständigen Sachbearbeiters - Fehlerursache - Beleganzeige in der Bearbeitungsmaske der Anwendung
Fehler bei der Konvertierung (EDI-Workflow)	• Partnerprofil nicht vorhanden (z. B. keine Zuordnungsvorschriften für den Nachrichtentyp) • Datenelemente nicht korrekt zuordenbar	**keine Erstellung und Übermittlung einer EDI-Nachricht** • Benachrichtigung des Administrators per E-Mail • Benachrichtigung des zuständigen Sachbearbeiters
Fehler bei der Übermittlung oder Rekonvertierung beim Empfänger (Nachrichtensteuerung)	• Empfänger nicht erreichbar • keine korrekte Datenübertragung möglich • Empfänger sendet Functional Acknowledgement mit Fehlerstatus	**EDI-Transaktion wird nicht abgeschlossen** • Benachrichtigung des Administrators per E-Mail • Benachrichtigung des zuständigen Sachbearbeiters

6.3.2.2   Exception-Workflows

Aufgabe von Exception-Workflows ist die situationsspezifische, betriebswirtschaftliche Prüfung eingehender Nachrichten unter Berücksichtigung des nachrichtenübergreifenden Gesamtkontextes. Die automatische Überwachung der formalen Stimmigkeit wird um sich dynamisch anpassende, kontextsensitive Elemente erweitert. Ziel ist das Identifizieren widersprüchlicher oder „außergewöhnlicher" Geschäftstransaktionen innerhalb einer Geschäftsabwicklung oder einer Kooperationsbeziehung

Partner- und nachrichtentypindividuell lassen sich hierzu vom Unternehmen betriebswirtschaftliche Prüfgrößen sowie Toleranzbandbreiten definieren. Als Prüfgrößen dienen
Datenelemente, die in verschiedenen ein- und ausgehenden Nachrichtentypen einer Geschäftsabwicklung vorkommen, sowie sich aus der Geschäftshistorie des Partners ablei-
tende Durchschnittswerte. Die betriebswirtschaftliche Plausibilisierung ist individuell
durch den Umfang der Prüfungen und durch die gewählten Toleranzbandbreiten gestaltbar.
Mit zunehmendem Umfang der Plausibilisierung und der Einschränkung der Toleranzgrenzen steigt die Geschäftssicherheit und sinkt der zu erwartende Automationsgrad in der Eingangsverarbeitung.

Der Exception-Workflow ist dreistufig aufgebaut:

1) Prüfung der Partnerstammdaten,

2) Prüfung der Konsistenz von Bewegungsdaten sowie

3) Prüfung der Partnerhistorie, d. h. Art und Umfang in der Vergangenheit getä-
   tigter Abwicklungen.

Treten bei der Plausibilitätsprüfung gravierende Unstimmigkeiten auf, die die Geschäftsabwicklung gefährden, kommt es zur Erzeugung eines Error-Workflows. Bei Abweichungen innerhalb der definierten Toleranzgrenzen erfolgt die kontrollierte Weiterführung
des Integrationsprozesses sowie eine Benachrichtigung der verantwortlichen Instanzen.

In der ersten Stufe, der **Prüfung von Partnerstammdaten**, werden Datenelemente eingehender Nachrichten mit im Anwendungssystem abgelegten Stammdaten verglichen. Der
Abgleich erfolgt ausschließlich bei Datenelementen, die für die Abwicklung wichtige
Stammdaten (z. B. Lieferanschrift, Bankverbindung) und Rahmenkonditionen (z. B. Lieferbedingungen, Rabatte, Sondervereinbarungen) betreffen. Im Falle einer Abweichung
wird diese protokolliert und der verantwortliche Sachbearbeiter informiert. Bei Überschrei-
tung der Toleranzgrenzen erfolgt der Verarbeitungsabbruch und die Vorlage beim zuständigen Sachbearbeiter unter Angabe der Abbruchursache.

Zur Aufdeckung von Inkonsistenzen innerhalb einer spezifischen Geschäftsabwicklung
werden für den Geschäftsprozeß wichtige Bewegungsdaten überwacht. Diese **Konsistenz-
prüfung geschäftsprozeßspezifischer Bewegungsdaten** erfolgt auf Basis eines nachrichtenübergreifenden Vergleichs (z. B. Angebot, Bestellung, Liefermeldung oder Rechnung).
Zu nennen sind insbesondere Leistungsumfang, Termine sowie geschäftsprozeßspezifische
Sonderkonditionen wie Rabatte, Lieferkonditionen und Verrechnung. Werden Diskrepan-
zen innerhalb verschiedener Nachrichten einer Geschäftsabwicklung entdeckt, so werden
diese gegen die in der SGPI-Wissensbasis abgelegte Toleranzbandbreite geprüft. Bei
Überschreiten der Toleranzgrenzen erfolgt der Verarbeitungsabbruch und die Vorlage
beim zuständigen Sachbearbeiter.

Die Einbeziehung der **Geschäftshistorie** eines Partners dient dem Erkennen außergewöhnlicher Geschäftstransaktionen. Formal bestehen hierbei weder syntaktische noch semantische Fehler. Im Auftragsvolumen, in der Art der Leistung oder der Form der Abwicklung
treten jedoch im Vergleich zu vorangegangenen Geschäftsbeziehungen deutliche Abweichungen auf. Zur Gewährleistung der Geschäftssicherheit sind diese Geschäftstransaktionen bei einer automatisierten Verarbeitung zu kennzeichnen und gesondert zu
bearbeiten.

Hierzu werden partnerspezifisch betriebswirtschaftliche Kenngrößen definiert und mit
Toleranzgrenzen versehen. Die Kenngrößen werden dynamisch aus den Daten bereits ab-
geschlossener Geschäftsprozesse ermittelt und in die SGPI-Datenbasis eingepflegt. Entsprechend der Partnerhistorie lassen sich beispielsweise durchschnittliche Bestellmengen,
Auftragsvolumina sowie eine Übersicht des bezogenen Leistungsspektrums erstellen.

Bei Berücksichtigung der Geschäftshistorie erfolgt im Gegensatz zu den vorgenannten
Plausibilitätsprüfungen bei Überschreiten der Toleranzgrenzen kein Verarbeitungsabbruch,
sondern die aktive Benachrichtigung des verantwortlichen Sachbearbeiters, Bereichsleiters
oder einer definierbaren anderen Person.

6.3.3   Automatisierte Aktions-/Reaktionsmechanismen bei der EDI-Ausgangsverarbeitung

Die Vision der semantischen Geschäftsprozeßintegration ist die automatisierte Interaktion
von Anwendungssystemen. Hierbei „verhandeln" die kommunizierenden betriebswirtschaftlichen Anwendungen Leistungsbeziehungen und klären auftretende Unstimmigkeiten
im Dialog. Einer Realisierung dieser Vision stehen zur Zeit noch die fehlende Integrationsarchitektur sowie die stark interventionsbehaftete Verarbeitungslogik bestehender Anwendungssysteme entgegen. Mit automatisierten Aktions-/Reaktionsmechanismen wird ein
Weg aufgezeigt, wie mit einem Minimum an Anpassungen der Verarbeitungslogik bereits
bei bestehenden Anwendungsarchitekturen erhebliche Automationspotentiale realisierbar
sind.

Aktions-/Reaktionsmechanismen dienen der Automation marktgerichteter Aktionen, d. h.
der Erzeugung ausgehender EDI-Nachrichten. Grundlage bilden EDI-typische, formali-
sierbare Verhaltensmuster kooperierender Geschäftspartner sowie eine strukturierbare Entscheidungsfindung innerhalb der Anwendungslogik, die zur Erstellung einer ausgehenden
Nachricht führt.

Voraussetzungen hierfür sind

- die unmittelbare Integration eingehender EDI-Nachrichten,

- eindeutig definierte Aktions-/Reaktionsschemata zwischen den Geschäftspartnern,

- eindeutig ableitbare Dateninhalte automatisch erzeugter Nachrichten sowie

- die zeitpunktgenaue Erstellung und Weiterleitung ausgehender EDI-Nachrichten.

Interactive EDI (IEDI) ist vom SGPI-Ansatz strikt zu trennen. IEDI (vgl. Abschnitt 4.3.4.2) ist ein syntaktischer und informationslogistischer Ansatz zur Entwicklung eines dialogfähigen Austauschformates unter Berücksichtigung eines bidirektionalen Austausches von Nachrichten innerhalb einer Kommunikationsverbindung. Im Mittelpunkt stehen die primär technischen Aspekte des Datenaustauschformates und des Kommunikationsprozesses.

Grundlage für automatisierte Aktions-/Reaktionsmechanismen bilden die zugrundeliegenden Geschäftsprozesse, d. h. der betriebswirtschaftliche Charakter der zu erzeugenden Nachrichtentypen. Zu unterscheiden ist zwischen Auto-Response- und Auto-Transaction-Mechanismen.

6.3.3.1 Auto-Response

Aufgabe von Auto-Response-Mechanismen ist das interventionslose Erzeugen und Weiterleiten von EDI-Nachrichten mit bestätigendem betriebswirtschaftlichen Charakter. Sie stellen eine unmittelbare Reaktion auf eine zuvor eingegangene Nachricht dar und bestätigen den korrekten Empfang sowie den semantischen Nachrichteninhalt.

Zu nennen sind die EDIFACT-Nachrichtentypen

- CUSRES (Zollantwort),
- IFTMBC (Buchungs-/Reservierungsbestätigung),
- IFTMCS (Auftragsbestätigung/Statusmeldung) und
- ORDRSP (Bestellbestätigung).

Alle genannten Nachrichtentypen weisen einen kontrollierenden betriebswirtschaftlichen Charakter auf. Ihr Dateninhalt läßt sich nach einer fehlerfreien Plausibilitätsprüfung eindeutig aus den zuvor eingegangenen geschäftsprozeßinitiierenden Nachrichten ableiten oder direkt übernehmen (z. B. Bestellung/Bestellbestätigung).

Bei fehlerhafter EDI-Eingangsverarbeitung wird ein Error-Workflow angestoßen und ein Auto-Response unterbleibt.

6.3.3.2 Auto-Transaction

Auto-Transaction-Mechanismen setzen voraus, daß sich sowohl der Nachrichteninhalt als auch der Zeitpunkt der Erstellung bzw. des Versandes eindeutig auf Basis formaler Regeln ableiten lassen. Gute Voraussetzungen hierzu bieten Nachrichtentypen mit geschäftsprozeßbegleitendem, kontrollierendem und allgemein informierendem Charakter (vgl. Abschnitt 6.2.1 und 6.2.2).

Nachrichten mit geschäftsprozeßbegleitendem Charakter stehen für Aktionen inner-
halb eines definierten Aktions-/Reaktionsmusters und sind Ergebnis eines bestimmten
Geschäftsabwicklungsstandes. So erfolgt die Erstellung einer Rechnung (INVOIC) nach
Erbringung einer definierten Leistung für den Geschäftspartner. Der Erstellungszeitpunkt
ist allgemein durch Angabe eines Zeitraumes oder partnerspezifisch festzulegen. Der
Rechnungsinhalt leitet sich aus dem Umfang der erbrachten Leistung, den vereinbarten
Konditionen sowie den Partnerstammdaten ab. Analoge Schemata lassen sich für alle
Nachrichtentypen mit geschäftsprozeßbegleitendem Charakter ableiten.

Ähnlich gestaltet sich die Situation bei **Nachrichten mit kontrollierendem Charakter**.
Auch sie signalisieren einen definierten Abwicklungsstand (z. B. Bauleistungsstand/
CONQVA, Liefermeldung/DESADV) oder eine anzeigepflichtige Aktion des Partners
(z. B. Gutschriftenanzeige/CREADV, Belastungsanzeige/DEBADV). Ausnahmen bilden
rein bestätigende Nachrichtentypen, deren Erzeugung auf Basis von Auto-Response-Mechanismen erfolgt. Der Eintritt eines definierten Ereignisses (z. B. Zahlungsauftrag an die
Bank) führt zur Nachrichtengenerierung (z. B. Zahlungsavis/REMADV). Der Nachrichteninhalt kann aus den anwendungsinternen Bewegungs- und Stammdaten übernommen
werden.

Der Versand von **Nachrichten mit allgemein informierendem Charakter** (z. B. Lager-
standsbericht/INVRPT, Partnerstammdaten/PARTIN) erfolgt ohne direkten Bezug zu einer
bestimmten Geschäftsabwicklung. Der Zeitpunkt ihrer Erstellung ist frei festlegbar. Alternativ kann der Datenabgleich mit dem Partner periodisch oder unregelmäßig bei Änderungen der internen Datenbasis erfolgen. Der Nachrichteninhalt ist nach einem festen
Schema, aus den anwendungsinternen Bewegungs- und Stammdaten ableitbar.

Demgegenüber erweisen sich Automatismen bei der Erstellung von **Nachrichten mit ge-
schäftsprozeßinitiierendem und -beeinflussendem Charakter** (z. B. Angebotsabgabe/
CONTEN, Bestelländerung/ORDCHG) als problematisch. Sowohl Zeitpunkt der Erstellung als auch der Inhalt sind situationsabhängig und lassen sich nicht formal ableiten.

Möglichkeiten zu Auto-Transaction-Mechanismen bestehen nur bei stark institutionalisier-
ten Austauschbeziehungen mit hohem Routinecharakter (Single Sourcing) oder exakt definierten Rahmenvereinbarungen (z. B. Feinabrufe/DELJIT). Aufgrund der bestehenden
Absprachen entfallen die zur Erzeugung einer Nachricht erforderlichen Entscheidungsprozesse. Mit Auftreten eines (Material-) Bedarfs kann unmittelbar und automatisch eine
Bestellung (ORDERS) oder ein Lieferabruf (DELFOR) erzeugt werden. Der Nachrichteninhalt, wie Empfänger, Konditionen oder Bedarfsmenge, ist eindeutig aus den anwendungsinternen Daten (z. B. Rahmenvertragsdaten, Bedarfsmeldungen) ableitbar.

In Tabelle 6/17 werden Aktions-/Reaktionsmechanismen in Abhängigkeit vom betriebswirtschaftlichen Charakter des zu erzeugenden Nachrichtentyps sowie des zugrundeliegenden Geschäftsprozesses analysiert.

Tab. 6/17:   Automatisierte Aktions-/Reaktionsmechanismen in Abhängigkeit vom betriebswirtschaftlichen
              Charakter des zu erzeugenden Nachrichtentyps

betriebswirt- schaftlicher Charakter	Kennzeichen zugrundeliegender Geschäftsprozesse	Auto- Transac- tion	Auto- Response
	primäre EDI-Nachrichten		
geschäftsprozeß- initiierende Nachrichtentypen	repetitiver Standardvorfall: • stark formalisierte Leistungsbeziehungen • Art (Güter, Dienstleistungen) und Umfang des Leistungsaustausches gleichbleibend • Konditionen und Form der Abwicklung bekannt	ja	nein
	Individualvorfall: • etablierte Leistungsbeziehung • Art und Umfang des Leistungsaustausches stark variierend • Konditionen und Form der Abwicklung unbekannt	nein	nein
geschäftsprozeß- begleitende Nachrichtentypen	• Bestandteil des Aktions-/Realisierungs- mechanismus innerhalb der Geschäftsab- wicklung • direkt aus dem Geschäftsprozeß ableitbare Daten	ja	nein
geschäftsprozeß- beeinflussende Nachrichtentypen	• aus einer bestehenden Geschäftsabwick- lung ableitbare Daten • Änderung der ursprünglichen Vereinbarun- gen • Steuerung der Abwicklung	nein	nein
	sekundäre EDI-Nachrichten		
kontrollierende Nachrichtentypen	• direkt aus vorangegangenen Nachrichten (z. B. Bestätigung) ableitbar	nein	ja
	• Signalisierung eines Abwicklungszustandes oder einer ausgeführten Aktion	ja	nein
allgemein informierende Nachrichtentypen	• Unabhängigkeit von einzelnen Geschäftsab- wicklungen • periodischer Informationsabgleich	ja	nein

Eine Weiterführung des Auto-Transaction-Ansatzes ist das „Makeln" in der Beschaffung.
Bei Auftreten eines Bedarfs erzeugt das Anwendungssystem für potentielle Lieferanten
(Partnerstammdaten) Bestellungen. Ergeben sich aufgrund der eingehenden Bestellbestä-
tigungen (ORDCHG) Beschaffungsprobleme durch Teillieferungen oder Abweichungen
bei den Lieferterminen, erfolgt automatisch die Erzeugung von Nachbestellungen bei lie-
ferfähigen Partnern.

Die situationsbedingte Lieferfähigkeit verschiedener Lieferanten kann auf diese Weise dynamisch in einem automatisierten Beschaffungsprozeß berücksichtigt werden.

6.4   Integrationsmatrix

Durch die Komplexität der Thematik ergibt sich bei Integrationsprojekten die Notwendigkeit, schnell zu einem klaren Anforderungsprofil zu gelangen und die erforderlichen betrieblichen Integrationsfunktionen zu identifizieren. Der SGPI-Ansatz zeigt eine umfassende Architektur auf, die verschiedene technische, organisatorische sowie prozeßbezo-
gene Integrationsaspekte berücksichtigt und mit den Erfordernissen einer zwischenbetrieblichen Geschäftsprozeßintegration in Beziehung setzt. Für den Individualfall müssen die
relevanten SGPI-Teilbereiche identifiziert und an die Unternehmensstruktur angepaßt
werden.

Mit der Integrationsmatrix in Anhang 3 wird hierzu ein effektives Werkzeug bereitgestellt,
welches ausgehend von den betriebswirtschaftlichen Anforderungen an den Integrations-
und Automationsgrad unmittelbar die erforderlichen Integrationsfunktionen auf allen
Ebenen der SGPI-Architektur identifiziert.

Die Integrationsmatrix ist ferner ein Instrument zur Analyse von Anwendungssystemen
und Integrationslösungen. Anhand der Verfügbarkeit von SGPI-Funktionen lassen sich ein
Leistungsprofil der Integrationsarchitektur erstellen und bestehende Funktionslücken aufzeigen.

6.4.1   Zielgruppe

Zielgruppe der Matrix sind alle an Integrationsprojekten beteiligten Institutionen. Zu
nennen sind insbesondere Unternehmen, Anbieter von Anwendungs- und EDI-Systemen
sowie Beratungsdienstleister.

Anwender

Entsprechend den unternehmensindividuellen Rahmenbedingungen bestehen konkrete Anforderungen hinsichtlich der Integrationsform von Geschäftsprozessen (Integrations-,
Automationsgrad) sowie dem Umfang der Daten (Nachrichtentypen).

Anwendern wird mit der Integrationsmatrix ein Instrumentarium angeboten, welches es erlaubt, die erforderlichen Integrationsfunktionen auf allen Ebenen der SGPI zu definieren
(Anforderungsprofil). Ebenso lassen sich bestehende Anwendungssysteme bezüglich ihrer
Integrationsfähigkeit analysieren (Leistungsprofil) und mittels eines Profilabgleichs Funktionslücken identifizieren.

Erhebliche Vorteile für den Anwender in Form von Zeit- und Kostenersparnissen ergeben
sich bei der Erstellung von Anforderungs- und Leistungsprofilen durch das strukturierte
Vorgehen anhand der Integrationsmatrix.

Anbieter von Anwendungssystemen

Anbieter von SAS konzentrieren sich auf die Befriedigung einer möglichst breiten Kundengruppe, wobei die Integrationsfähigkeit zunehmend von den Unternehmen als Standardfunktionalität in SAS gefordert wird. Bei den Anbietern besteht aufgrund der geringen Erfahrungen im Bereich der zwischenbetrieblichen Integration bislang noch ein erhebliches Know-how-Defizit.

Auf Basis der Integrationsmatrix kann der SAS-Anbieter ausgehend von betriebswirtschaftlichen Anforderungen einfach den technischen Leistungsumfang seiner Integrationsschnittstellen definieren. Die SGPI-Architektur liefert im weiteren die konzeptionelle Grundlage für die Umsetzung.

Für den Anbieter ergeben sich Vorteile aus dem problemorientiert aufbereiteten Integrations-Know-how, welches der Matrix zugrundeliegt (SGPI-Architektur), wodurch eine schnelle Erstellung von betriebswirtschaftlich-organisatorischen Anforderungsprofilen und eine Spezifikation erforderlicher Integrationsfunktionen möglich ist.

Anbieter von EDI-Systemen

Historisch bedingt konzentrierten sich EDI-Systemanbieter in der Vergangenheit auf die Bereiche der Kommunikation und Konvertierung mit der Folge, daß sich zum einen Know-how-Defizite im Umfeld der betriebswirtschaftlichen Geschäftsprozeßgestaltung finden und zum anderen bislang keine oder nur rudimentäre Schnittstellen zu Anwendungssystemen bestehen.

Die SGPI-Architektur und die Integrationsmatrix liefern den Anbietern nicht nur ein vertiefendes Verständnis für verschiedene Ausprägungen der Geschäftsprozeßintegration, sondern auch ein Referenzmodell für die Verknüpfung von Anwendungs- und EDI-Systemen.

Berater

Aufgabe von Beratungsunternehmen ist die Bereitstellung von Know-how, welches nicht oder nur unzureichend vom Auftraggeber erbracht werden kann. Vielfach müssen hierbei betriebswirtschaftliche Anforderungen in eine technisch-organisatorische Lösung umgesetzt werden.

Neben einem besseren Integrationsverständnis und einer klar strukturierten Integrationsarchitektur erlaubt die Integrationsmatrix die schnelle und methodische Analyse von Anforderungs- und Leistungsprofilen. Weiterhin lassen sich bestehende Integrationsansätze anhand eines homogenen Schemas nach vorhandenen Funktionslücken untersuchen und gegebenenfalls erforderliche SW-Anpassungen spezifizieren.

6.4.2   Aufbau der Integrationsmatrix

Eine Dimension der Integrationsmatrix beinhaltet die Integrationsfunktionen der SGPI (vgl. Abschnitt 6.4.2.2 und Anhang 2), welche sich analog zur SGPI-Architektur in vier Integrationsebenen unterteilen.

Die andere Dimension enthält die betriebswirtschaftlichen Integrationsanforderungen des Anwenders (vgl. Abschnitt 6.4.2.1 und Anhang 2), unterteilt nach Integrationsgrad und Automationsgrad, d. h. nach Umfang der menschlichen Intervention und Grad der Geschäftssicherheit.

Ist für die Realisierung einer Anforderung eine bestimmte Integrationsfunktion erforderlich, wird diese in der Matrix (vgl. Anhang 3) durch einen Punkt an der Schnittstelle zwischen Zeile und Spalte gekennzeichnet (vgl. Abbildung 6/8).

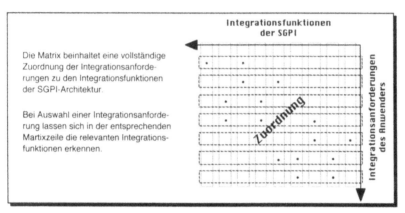

Abb. 6/8:   Schematischer Aufbau der Integrationsmatrix

In Anhang 2 werden die Zeilen- und Spaltenausprägungen der Integrationsmatrix erläutert sowie Verweise auf die entsprechenden Ausführungen in der Arbeit gegeben.

6.4.2.1   Integrationsanforderungen des Anwenders

Mit dem Integrations- und Automationsgrad (vgl. Anhang 2) legt der Anwender die organisatorischen Rahmendaten seiner individuellen Integrationsarchitektur fest. Diese bilden die Voraussetzung für die Bestimmung der erforderlichen technischen Integrationsfunktionalität.

In der Matrix werden die betriebswirtschaftlichen Anforderungen unterschieden in Integrations- und Automationsgrad (vgl. Tabell A/10), so daß der Anwender ein detailliertes Anforderungsprofil erstellen kann.

Mit dem Integrationsgrad wird die Architektur der Integrationslösung definiert, d. h. Art und Umfang der technisch-organisatorischen Integration innerhalb der betrieblichen DV-Strukturen.

Mit dem Automationsgrad spezifiziert der Anwender den Umfang der erforderlichen manuellen Intervention in der EDI-Eingangs- und EDI-Ausgangsverarbeitung bei der zwischenbetrieblichen Geschäftsprozeßabwicklung. Dies reicht von einer vollständig manuellen Steuerung bis hin zu einer automatisierten zwischenbetrieblichen Interaktion, in deren Rahmen Interventionen nur in Ausnahmesituationen, wie bei schwerwiegenden Fehlern oder außergewöhnlichen Geschäftstransaktionen, erforderlich sind.

6.4.2.2 Integrationsfunktionen der Semantischen Geschäftsprozessintegration

Die Integrationsfunktionen (vgl. Anhang 2) kennzeichnen logisch abgeschlossene Funktionsblöcke innerhalb der SGPI-Architektur und unterteilen sich in die Ebenen

- der technisch-administrativen Integration (vgl. Tabelle A/11),
- der semantischen Integration (vgl. Tabelle A/12),
- der Prozeßintegration (vgl. Tabelle A/13) und
- der Funktionsintegration (vgl. Tabelle A/14).

Integrationsfunktionen lassen sich sowohl isoliert als auch kombiniert realisieren. Ausgehend von den Anforderungen des Anwenders werden alle erforderlichen SGPI-Funktionen ebenenspezifisch identifiziert.

Für die Umsetzung sind in einem weiteren Schritt noch die unternehmensindividuelle Funktionstiefe und die exakte Parametrisierung, wie partnerspezifische Schwellenwerte, Fremd-Codes usw., zu bestimmen.

Umgekehrt lassen sich ausgehend von den in einem Anwendungssystem verfügbaren Integrationsfunktionen Aussagen über den möglichen Automations- und Integrationsgrad treffen.

Quellenverzeichnis

ACTI95   O. V.:
           EDI*forse* Benutzerhandbuch (Version 2.0). Stuttgart: ACTIS GmbH, 1995.

ALTR95   Alt, R./Cathomen, I.:
           Handbuch Interorganisationssysteme. Braunschweig/Wiesbaden: Vieweg,
           1995.

ANAL91   O. V.:
           The Emerging World of Multimedia. In: I/S Analyzer, 29 (1991) 3, S. 1-16.

AUGU90a   Augustin, S.:
           Information als Wettbewerbsfaktor: Informationslogistik, Herausforderung
           an das Management. Zürich et al.: Verlag Industrielle Organisation und
           TÜV Rheinland, 1990.

AUGU90b   Augustin, S.:
           Informationslogistik – worum es wirklich geht! In: io Management, 59
           (1990) 9, S. 31-34.

AWV94   AWV (Hrsg.):
           Deutscher EDI-Rahmenvertrag. Eschborn: AWV-Eigenverlag, 1995.

BARE91   Barents, Gasille & Mout:
           Trusted Third Parties and Similar Services. Final Report, o. O.: o. Verl.,
           1991.

BARR96   Barron, B./Ellsworth, J. H./Savetz, K. M.:
           INTERNET für Insider. Haar bei München: SAMS, 1996.

BART93   Bartels, H.-J.:
           Von VDA über ODETTE nach EDIFACT. In: Blenheim Heckmann GmbH
           (Hrsg.): EDI'93, Tagungsband zum EDI'93-Kongress in Stuttgart,
           Wiesbaden: o. Verl., 1993, Bereich 8, S. 10-15.

BÄRW96   Bärwald, W.:
           OSI-Architektur. In: Schulte, H. (Hrsg.): Telekommunikation: Dienste und
           Netze wirtschaftlich planen, einsetzen und organisieren. Loseblatt-Ausgabe,
           Zürich et al.: WEKA, Stand 08.1996, Kap. 4/7.3, S. 1-36.

BAUE94   Bauer, A./Holzer, J./Weidner, K.:
           Firewalls und Codierung: Hohe Hürden für ungebetene Besucher. In:
           Computerwoche, 23 (1995) 8, S. 66-68.

BERK96   Berke, J.:
          Grob fahrlässig. In: Wirtschaftswoche, o. Jg. (1996) 24, S. 56.

BESC94   O. V.:
          Neue Wege in der Beschaffung. In: Beschaffung aktuell, o. Jg. (1994) 3,
          S. 39-40.

BLEU95   Bleuel, J.:
          Online Publizieren im Internet. Pfungstadt/Bensheim: Ed. Ergon, 1995.

BULL94   Bullinger, H.J./Roos, A./Wiedman, G.:
          Amerikanisches Business Reengineering oder japanisches Lean Manage-
          ment. In: OFFICE MANAGEMENT, 42. Jg. (1994) 7/8, S. 14-20.

CANN93   Cannon, E.:
          EDI Guide: A Step by Step Approach. New York: Van Norstrand Reinhold,
          1993.

CLAU95   Claussen, I./Heilmeier, J.:
          Wettbewerbsfaktor EDI. In: Business Computing Spezial, o. JG. (1995) 3,
          S. 18-21.

COOR94   O. V.:
          EAN: Weltweit abgestimmte Identifikation, Kommunikation, Steuerung. In:
          Coorganisation, o. Jg. (1994) 1, S. 46-53.

DAME94   Damerau, G.:
          Vorgangsbearbeitung: Papier bringt Sand ins Getriebe. In: Computerwoche,
          22. Jg. (1994) 23, S. 48.

DAVI93   Davidow, W. H./Malone, M. S.:
          Das virtuelle Unternehmen: der Kunde als Koproduzent. Deutsche
          Übersetzung von Hasso Rost, Frankfurt am Main/New York: Campus, 1993.

DEDI96   DEDIC Deutsche EDI-Gesellschaft e. V. (Hrsg.):
          EDI-Jahrbuch 96. 2. Aufl., Berlin/Wien/Zürich: Beuth, 1996.

DEUT94a   Deutsch, M.:
          EDI – neue Perspektiven für den Mittelstand. In: x-change, o. Jg. (1994) 2,
          S. 10-12.

DEUT94b   Deutsch, M.:
          Unternehmenserfolg mit EDI: Strategie und Realisierung des elektronischen
          Datenaustauschs. Braunschweig/Wiesbaden: Vieweg, 1994.

DEUT95   Deutsch, M.:
          EDI nicht mehr aufzuhalten. In: Beschaffung aktuell, o. Jg. (1995) 10,
          S. 45-46.

DIN95a   DIN e. V., Normenausschuß Bürowesen (NBü) 3.11 (Hrsg.):
             Message Modelling. Arbeitspapier, o. O: o. Verl., Stand 04.1995.

DIN95b   DIN e. V., Normenausschuß Bürowesen (NBü) (Hrsg.):
             UN/EDIFACT: Nachrichtentypen. korrigierter Nachdruck der 3. Aufl., o. O:
             o. Verl., Stand 03.1996.

DIRL92   Dirlewanger, W.:
             EDIFACT, der Schlüssel zu weltweitem elektronischen Geschäftsverkehr.
             In: Praxis der Informationsverarbeitung und Kommunikation, 15. Jg. (1992)
             1, S. 36-40.

DOCH92   Doch, J.:
             Zwischenbetrieblich integrierte Informationssysteme – Merkmale, Einsatz-
             bereiche und Nutzeffekte. In: HMD, 29. Jg. (1992) 165, S. 3-17.

DÖRF95   Dörflein, M.:
             Die erfolgreiche EDI-Einführung. In: Beschaffung aktuell, o. Jg. (1995) 10,
             S. 40-41.

EBBI91   Ebbinghausen, W.:
             Geschichtliche Entwicklung von EDIFACT. In: DIN e. V., Normenausschuß
             Bürowesen (NBü) (Hrsg.): EDIFACT – Elektronischer Datenaustausch für
             Verwaltung, Wirtschaft und Transport. 4. Aufl., Berlin: o. Verl., 1991.

EIER95   Eierhoff, K:
             Schneller, billiger, transparenter – EDI zwischen Handel und Industrie. In:
             edi-change, o. Jg. (1995) 1, S. 9-12.

ELGA94   Elgass, P./Krcmar, H.:
             Computerunterstützung für die Planung von Geschäftsprozessen. In:
             Hasenkamp, U./Kirn, S./Syring, M.: CSCW – Computer Supported
             Cooperative Work. Bonn/Paris: Addison-Wesley, 1994, S. 67-83.

EMDE93   Emde, P.:
             Electronic Commerce: Wettbewerbsvorteile durch elektronischen
             Geschäftsverkehr. In: Management & Computer, 1.Jg. (1993) 3,
             S. 226-229.

ERDL92   Erdl, G./Schönecker H. G.:
             Geschäftsprozessmanagement: Vorgangssteuerungssysteme und integrierte
             Vorgangsbearbeitung. Baden-Baden: FBO, 1992.

FEDE94   Federal Electronic Commerce Acquisition Team (Hrsg.):
             Streamlining Procurement Through Electronic Commerce. Final Report,
             Leesburg Pike: o. Verl., 1994.

FERS94   Ferstel, O./Sinz, E.:
            Grundlagen der Wirtschaftsinformatik. Bd. 1, 2. Aufl., München/Wien:
            Oldenburg, 1994.

FISC93   Fischer, J.:
            Unternehmensübergreifende Datenmodellierung – der nächste folgerichtige
            Schritt der zwischenbetrieblichen Datenverarbeitung! In: Wirtschaftsinfor-
            matik, 35. Jg. (1993) 3, S. 241-254.

FRIT94   Fritz, F.-J.:
            Business Workflow Management und Standard-Anwendungssoftware. In:
            Management & Computer, 2.Jg. (1994) 3, S. 277-286.

FROH96   Frohberg, W.:
            Information Highway. In: Schulte, H. (Hrsg.): Telekommunikation: Dienste
            und Netze wirtschaftlich planen, einsetzen und organisieren. Loseblatt-Aus-
            gabe, Zürich et al.: WEKA, Stand 08.1996, Kap. 7/9.3, S. 1-18.

GABL88   O. V.:
            Gabler Wirtschafts-Lexikon. Taschenbuch-Kassette mit 6 Bd., Bd. 6,
            12. Aufl., Wiesbaden: Gabler, 1988.

GAIS96   Geis, I.:
            Ohne Brief und Siegel? In: Business Computing, o. Jg. (1996) 1, S. 76-77.

GALL93a   Gallasch, W.:
            Wirtschaftliche Bedeutung und betriebliche Auswirkungen des elektroni-
            schen Datenaustauschs. In: Scheer, August-Wilhelm (Hrsg): Handbuch
            Informationsmanagement: Aufgaben – Konzepte – Praxislösungen.
            Wiesbaden: Gabler, 1993, S. 567-587.

GALL93b   Gallasch, W.:
            EDI – Planung und Einführung. In: Management & Computer, 1.Jg. (1993)
            4, S. 255-263.

GASS92   Gaßner, R.:
            Wer sich ins Netz begibt, kommt darin um. In: INFOTECH, o. Jg. (1992) 1,
            S. 39-43.

GEIH92   Geihs, K.:
            ATM: Übermittlungstechnik für zukünftige Breitbandkommunikations-
            systeme. In: Lipinski, Klaus (Hrsg.): DATACOM special: Datentransfer im
            Weitverkehr, Bergheim: DATACOM, 1992, S. 70-74.

GEOR93   Georg, T.:
            EDIFACT – Ein Implementierungskonzept für mittelständische Unterneh-
            men. Dissertation, Universität Marburg 1993.

GEOR95   Georg, T./Gruber, P.:
Elektronischer Geschäftsverkehr: EDI in deutschen Unternehmen. München: Computerwoche, 1995.

GIFK88   Gifkins, M./Hitchcock, D.:
The EDI Handbook. London: Blenheim Online, 1988.

GORA91   Gora, W.:
Informationsarchitektur für Europa: Strategien, Richtlinien, Projekte. Bergheim: DATACOM, 1991.

GRIE93   Griese, J.:
Informations- und Kommunikationssysteme in international tätigen Unternehmen. In: Management & Computer, 1.Jg. (1993) 2, S. 283-288.

GRUB93   Gruber, P.:
EDI: An branchenspezifischen Subsets führt kein Weg vorbei. In: Computerwoche, 21. Jg. (1993) 50, S. 17-18.

GRUB95   Gruber, P.:
Telekom legt mit 14 ATM-Knoten Grundstein zum Daten-Highway. In: Computerwoche, 23. Jg. (1995) 9, S. 36.

HAMM93   Hammer, M./Champy, J.:
Reengineering the Corporation. New York: HarperCollins, 1993.

HAMM94   Hammer, M./Champy, J.:
Business Reengineering: Die Radikalkur für das Unternehmen. Deutsche Übersetzung von Patricia Künzel, 2. Aufl., Frankfurt am Main/New York: Campus 1994.

HANC96   Hance, O.:
Internet-Business & Internet-Recht. Deutsche Übersetzung von Elmar Krings et al., Brüssel: Mc Graw Hill, 1996.

HANS92   Hansen, H. R.:
Wirtschaftsinformatik I. 6. Aufl., Stuttgart/Jena: Gustaf Fischer, 1992.

HANS93   Hansen, R.:
Logistische Prozesse in der Automobilzulieferindustrie. Dokumentation des VDA-Arbeitskreises Vordruckwesen/Datenaustausch, Frankfurt am Main: VDA, 1993.

HANS96   Hansen, H. R.:
Klare Sicht am Info-Highway. München/Wien: Orac, 1996.

HART91   Harter, G.:
            VANS und andere "Vs". In: EWI Gesellschaft für Europäische Wirtschafts-
            information mbH (Hrsg.): VANS'91. Tagungsband zum VAN'91-Kongress
            in Starnberg, o. O: o. Verl., 1991, S. 7-34.

HASE94   Hasenkamp, U./Syring, M.:
            CSCW (Computer Supported Cooperative Work) in Organisationen –
            Grundlagen und Probleme. In: Hasenkamp, U./Kirn, S./Syring, M.: CSCW –
            Computer Supported Cooperative Work. Bonn/Paris: Addison-Wesley,
            1994, S. 15-37.

HECK93   Hecker, G./Emde, P.:
            PHARAO: Verbesserung von Kundenvertrauen und Kundenzufriedenheit
            durch kompetenten und zuverlässigen Service. In: MARK III, o. Jg. (1993)
            1, S. 32-36.

HEIL94   Heilmann, H.:
            Workflowmanagement: Integration von Organisation und Informations-
            verarbeitung. In: HMD, 31. Jg. (1994) 176, S. 8-21.

HERB92   Herbert, I.:
            BERKOM – Berliner Kommunikationssystem. In: OFFICE MANAGE-
            MENT, 40. Jg. (1992) 11, S. 65-66.

HERG96   Herget, J.:
            Electronic Commerce: Bedingungen, Anforderungen und Konzepte zur
            Realisation neuer Geschäftsformen In: o. V.: ONLINE '96. Tagungsband
            zum Symposium IV: Elektronischer Dokumentenaustausch EDI/EDIFACT:
            Fortschritte und innovative Entwicklungen in Hamburg, o. O: o. Verl., 1996,
            S. C431 1-20.

HERM91   Hermes, H.:
            Syntax-Regeln für den elektronischen Datenaustausch. In: DIN Deutsches
            Institut für Normung e.V. (Hrsg.): Einführung in EDIFACT – Elektronischer
            Datenaustausch für Verwaltung, Wirtschaft und Transport: Entwicklung,
            Grundlagen und Einsatz. 4. Aufl., Berlin: o. Verl., 1991, S. 7-11.

HOFM94   Hofmann, K./Breithaupt, J.:
            Durch EDI zur Anwendungsintegration im Bauwesen. In: x-change, o. Jg.
            (1994) 2, S. 29-31.

HOHA91   Hohagen, U./Schmid, M.:
            Stand und Entwicklungstendenzen Elektronischer Märkte in der Logistik.
            Arbeitsbericht IM2000/CCEM/7 der Hochschule St. Gallen, St. Gallen:
            o. Verl., 1991.

HOLS93   Holst, H.:
                Bedeutung von EDI für die Geschäftsprozess-Optimierung. In: Blenheim
                Heckmann GmbH (Hrsg.): EDI'93, Tagungsband zum EDI'93-Kongress in
                Stuttgart, Wiesbaden: o. Verl., 1993, Bereich 4, S. 3-8.

HORS94   Horst, N./Schulte, K.:
                Migration von SEDAS nach EABCOM. In: Coorganisation, o. Jg. (1994) 2,
                S. 34-37.

HORV88   Horvárth, P.:
                Grundprobleme der Wirtschaftlichkeitsanalyse beim Einsatz neuer
                Informations- und Produktionstechnologien. In: Horvárth, P. (Hrsg.),
                Wirtschaftlichkeit neuer Produktions- und Informationstechnologien:
                Tagungsband zum Stuttgarter Controller-Forum in Stuttgart, Stuttgart:
                Poeschel, 1988, S. 1-14.

HÜBN93   Hübner, T.:
                "Electronic Commerce" Konzepte der elektronischen Kommunikation mit
                Lieferanten in der Automobilindustrie. In: Management & Computer, 1. Jg.
                (1993) 1, S. 19-24.

HUFG94   Hufgard, A.:
                Betriebswirtschaftliche Softwarebibliotheken und Adaption. München:
                Vahlen, 1994.

INOV94   O. V.:
                PhonoNet-Workstation Handbuch (Version 2.0). Informationsmaterial der
                INOVIS GmbH & Co. KG, Karlsruhe: o. Verl., 1994.

INOV95   O. V.:
                Firmenprofil der INOVIS GmbH & Co. KG. Informationsmaterial der
                INOVIS GmbH & Co. KG, Karlsruhe: o. Verl., 1995.

JAKU94   Jakubczik, G.-D./Skubch, N.:
                Business Process Reengineering: Maßnahmen für den langfristigen IV-
                Einsatz. In: Online, o. Jg. (1994) 4, S. 58-64.

JONA92   Jonas, C.:
                Datenfernübertragung mit Personal-Computern. Würzburg: Vogel, 1992.

KARL93   Karlstetter, A./Meyr, P./Wunsch, S. (Hrsg.):
                Apple Handbuch: Datenkommunikation und Netzwerke. Bonn/Paris:
                Addison-Wesley, 1993.

KARS96   Karszt, J.:
                Electronic Commerce im Internet. In: edi-change, o. Jg. (1996) 2, S. 20-22.

KAVA95   Kavanagh, J.: Big ambitions. In: Electronic Trader, o. Jg. (1995) 7/8,
           S. 28-29.

KENN91   Kenny, P.:
           EDI product evolution. In: Electronic Trader, o. Jg. (1991) 3, S. 22-25.

KERN94   Kern, U./Werning, K.:
           EDITEC – Die EDIFACT-Datenkommunikation in der Sanitärwirtschaft. In:
           x-change, o. Jg. (1994) 2, S. 26-28.

KILL95   Killer, B.:
           Application Link Enabling (ALE) (Version 1.0). Informationsmaterial der
           SAP AG, Walldorf: o. Verl., Stand 07.1995.

KIRN94   Kirn, S. et al.:
           Flexible Organisationen durch Workflow Management? Oder: Zum Problem
           der Modellierung von Geschäftsprozessen. In: Hasenkamp, U. (Hrsg.): Ein-
           führung von CSCW-Systemen in Organisationen. Tagungsband der D-
           CSCW'94, Braunschweig/Wiesbaden: Vieweg, 1994, S. 13-27.

KLAU95   Klauke, N.-M.:
           Aufbruch allerortens. In: Business Computing, o. Jg. (1995) 6, S. 61-64.

KLUG93   Klugherz, M.:
           Die Bedeutung des Elektronischen Datenaustauschs zur Bildung von verti-
           kalen Wertschöpfungspartnerschaften in der Automobilindustrie. In: Ma-
           nagement & Computer, 1.Jg. (1993) 1, S. 95-103.

KORT95   Kortzfleisch, H. F. O. von:
           Elektronischer Datenaustausch und Information Highways: Aktuelle Trends
           in den USA. In: AWV – Arbeitsgemeinschaft für Wirtschaftliche Verwal-
           tung e.V. (Hrsg.): EDI-Guide. Bd. 2, Eschborn: AWV-Eigenverlag, 1995.

KRAN92   Kranz, U./Sattler, C.:
           Telekommunikations-Dienstleistungen. Studie der EUTELIS Consult,
           Ratingen: o. Verl., 1992.

KRCM92   Krcmar, H.:
           Informationslogistik im Unternehmen: Konzepte und Perspektiven. In:
           Stroetmann, K. A. (Hrsg.): Informationslogistik. Tagungsband zum 6. inter-
           nationalen Fachkonferenz des Komitees für Wirtschaftlichkeit in Informa-
           tion und Dokumentation (KWID) in Garmisch-Partenkirchen, DGD-Schrift
           (KWID 10), Frankfurt am Main: DGD Deutsche Gesellschaft für Dokumen-
           tation, Stand 1/1992.

KRCM94   Krcmar, H./Elgass, P.:
          Computerunterstützung für die Planung von Geschäftsprozessen. In
          Hasenkamp, U./Kirn, S./Syring, M.: CSCW – Computer Supported
          Cooperative Work. Bonn/Paris: Addison-Wesley, 1994, S. 67-83.

KRIE91   Krieger, N.:
          Edifact: Interessengruppen tragen zu Branchenlösungen bei. In: Computer-
          woche, 19. Jg. (1991) 31, S. 26-27.

KUBI91   Kubicek, H.:
          Der überbetriebliche Informationsverbund als Herausforderung an die Orga-
          nisationsforschung und-praxis. In: Information Management, 6. Jg. (1991) 2,
          S. 6-15.

KUBI92   Kubicek, H.:
          Die Organisationslücke beim elektronischen Austausch von Geschäftsdoku-
          menten (EDI) zwischen Organisationen. Überarbeitete Fassung des Vortra-
          ges auf dem 16. Workshop der wissenschaftlichen Kommission "Organisa-
          tion" im Verband der Hochschullehrer für Betriebswirtschaft "Ökonomische
          Theorie der interorganisationalen Beziehungen" in Berlin, o. O.: o. Verl.,
          1992

KULZ95   Kulzer, R.:
          Mit geschickter Taktik gelangt dem Neuling der Aufstieg in Rekordzeit. In:
          Handelsblatt, Nr. 161 vom 22.06.1995, S. 17.

LERC94   Lerch, M./Brombach, M.:
          Mit EDI-Clearing Service flexibler am Markt. In: Electronic Commerce-
          Magazin, o. Jg. (1994) 3, S. 8-10.

LOGA91   Logan, A.:
          Paperless Office: Fact or Fiction? In: Information Service & Use, 11. Jg
          (1991) 3, S.193-201.

MERT66   Mertens, P.:
          Die zwischenbetriebliche Kooperation und Integration bei der automatisier-
          ten Datenverarbeitung. Meisenheim am Glan: Hain, 1966.

MERT85   Mertens, P.:
          Zwischenbetriebliche Integration der EDV. In: Informatik Spektrum, 8. Jg.
          (1985) 8, S.81-90.

MERT89   Mertens, P./Schumann, M./Hohe, U.:
Informationstechnik als Mittel zur Verbesserung der Wettbewerbsposition – Erkenntnisse aus einer Beispielsammlung. In: Spremann, K./Zur, E. (Hrsg.), Informationstechnologie und strategische Führung, Wiesbaden: Gabler, 1989.

MERT90   Mertens, P.:
Integrierte Datenverarbeitung. In: Mertens, P. (Hrsg.): Lexikon der Wirtschaftsinformatik. 2. Aufl., Berlin et al.: Springer, 1990.

MERT93   Mertens, P.:
Integrierte Informationsverarbeitung. Bd. 1. Administrations- und Dispositionssysteme in der Industrie. 9. Aufl., Wiesbaden: Gabler, 1993.

MERT94a   Mertens, P.:
Virtuelle Unternehmen. In: Wirtschaftsinformatik, 36. Jg. (1994) 2, S. 169-172.

MERT94b   Mertens, P./Morschheuser, S.:
Stufen der Integration von Daten- und Dokumentenverarbeitung – dargestellt am Beispiel eines Maschinenbauunternehmens. In: Wirtschaftsinformatik, 36. Jg. (1994) 5, S. 444-454.

MERT95   Mertens, P. et al:
Grundzüge der Wirtschaftsinformatik. 3. Aufl., Berlin et al.: Springer, 1995.

MIEB92   Miebach, J.-T.:
Funktionalität von EDI-Konvertern. In: Wirtschaftsinformatik, 34. Jg. (1992) 5, S. 517-526.

MIEB94   Miebach, J.-T.:
Buchungssatzgenerator fungiert als branchenübergreifende Lösung. In: Computerwoche, 22. Jg. (1994) 23, S. 29-31.

MLC94   O. V.:
EDI*BEST – Benutzerhandbuch (Version 1.0). MLC Systeme GmbH, o. O.: o. Verl., Stand 11.1994.

MONC88   Monczka, R. M./Carter, J. R.:
Implementing Electronic Data Interchange. Journal of Purchasing Materials Management, 24. Jg. (1988) 3, 2-9.

MÜLL92   Müller-Berg, M.:
Electronic Data Interchange (EDI): Neue Kommunikationstechnologien gewinnen zunehmend an Bedeutung. In: o. V.: Der Bürokommunikations-Berater, Wiesbaden: Wirtschaftsverlag, 1992.

MÜLL95   Müller-Berg, T. (Hrsg.):
          EDI-Knigge. Berlin/Heidelberg/New York: Springer, 1995.

NIEM88   Niemeier, J.:
          Konzept der Wirtschaftlichkeitsrechnung bei integrierten Informationssyste-
          men. In: Horvárth, P. (Hrsg.): Wirtschaftlichkeit neuer Produktions- und
          Informationstechnologien, Tagungsband zum Stuttgarter Controller-Forum
          in Stuttgart, Stuttgart: Poeschel, 1988, S. 15-34.

NIGG94   Niggl, J.:
          Die Entstehung von Electronic Data Interchange Standards. Wiesbaden:
          Gabler, 1994.

NILS92   Nilsson, R.:
          Outsourcing und Informationswirtschaft. In: OFFICE MANAGEMENT, 40.
          Jg. (1992) 1-2, S. 16-21.

NOTT89   Notto, R. W.:
          EDI-Standards – A Historical Perspective. In: EDI-Forum, o. Jg. (1989) 1,
          S. 120.

OPPE92   Oppelt, U./Nippa M.:
          EDI-Implementierung in der Praxis. In: OFFICE MANAGEMENT, 40. Jg.
          (1992) 3, S. 55-62.

ÖSTE90   Österle, H.:
          Unternehmensstrategie und Standardsoftware: Schlüsselentscheidungen für
          die 90er Jahre. In: Österle, H. (Hrsg.): Integrierte Standardsoftware, Ent-
          scheidungshilfen für die Praxis. Bd. 1, Halbergmoos: AIT Angewandte
          Informationstechnik, 1990, S.11-36.

ÖSTE95   Österle, H.:
          Business Reengineering: Prozeß- und Systementwicklung. Berlin et al.:
          Springer, 1995.

OTTE94   Otten, K. W.:
          Workflow, Imaging, Dokumenten-Management und Business
          Reengineering. In: OFFICE MANAGEMENT, 43. Jg. (1994) 10, S. 62-67.

PAPS93   Papst, U.:
          Der postalische Austausch von Daten wird zum K.-o.-Kriterium. In:
          Computerwoche, 21. Jg. (1993) 30, S. 29-30.

PARG94   Parge, W./Suhm, A.:
          Beherrschung von Prozeßketten in der Produktentwicklung. In: Management
          & Computer, 2.Jg. (1994) 1, S. 5-12.

PETR90   Petri, C.:
              Externe Integration der Datenverarbeitung. Berlin/Heidelberg: Springer,
              1990.

PEUS96   Péus, J./Kutzner, M./Thissen, T.:
              Vor unerwünschten Zugriffen geschützt. In: BUSINESS ONLINE, o. Jg.
              (1996) 1, S. 96-99.

PFEI92a   Pfeiffer, H. K. C.:
              The Diffusion of Electronic Data Interchange. Heidelberg: Physica, 1992.

PFEI92b   Pfeiffer, W./Weiß, E.:
              Lean Management: Grundlagen der Führung und Organisation industrieller
              Unternehmen. Berlin: Erich Schmidt, 1992.

PICO84   Picot, A./Reichwald, R.:
              Bürokommunikation – Leitsätze für den Anwender. 4. Aufl., München: CW-
              Publikation, 1984.

PICO89   Picot, A.:
              Der Produktionsfaktor Information in der Unternehmensführung. In: Thexis,
              6. Jg. (1989) 4, S. 4-9.

PICO92a   Picot, A./Neuburger, R./Niggl, J.:
              Wirtschaftlichkeitsaspekte des Electronic Data Interchange (EDI). In:
              OFFICE MANAGEMENT, 40. Jg. (1992) 6, S. 38-41.

PICO92b   Picot, A./Neuburger, R./Niggl, J. :
              Erfolgsdeterminanten von EDI: Strategie und Organisation. In: OFFICE
              MANAGEMENT, 40. Jg. (1992) 7/8, S. 50-54.

PICO93a   Picot, A./Neuburger, R./Niggl, J.:
              Electronic Data Interchange und Lean Management. In: zfo, 62. Jg. (1993)
              1, S. 20-25.

PICO93b   Picot, A./Neuburger, R./Niggl, J.:
              Tendenzen für Entwicklung und Auswirkungen von EDI. In: Management &
              Computer, 1.Jg. (1993) 3, S. 183-190.

PICO94   Picot, A./Neuburger, R./Niggl, J.:
              Wirtschaftliche Potentiale von EDI. In: x-change, o. Jg. (1994) 2,
              S. 32-35.

PLAT93   Plattner, B. et al:
              X.400, elektronische Post und Datenkommunikation: Die Normen und ihre
              Anwendung. 3. Aufl. Bonn/Paris: Addison-Wesley, 1993.

PORT86   Porter, M.:
            Wettbewerbsvorteile: Spitzenleistungen erreichen und behaupten. Deutsche
            Übersetzung von Angelika Jaeger, Frankfurt am Main/New York: Campus,
            1986.

REIC87   Reichwald, R.:
            Einsatz moderner Informations- und Kommunikationstechnik – Modell einer
            Wirtschaftlichkeitsrechnung. In: CIM-Management, 3. Jg. (1987) 3,
            S. 6-11.

REIC95   Reichwald, R.:
            Der Taylorismus in den Köpfen der Reengineerer. In: OFFICE MANAGE-
            MENT, 43. Jg. (1995) 5, S. 12-13.

REIS92   Reiss, M.:
            "Lean Management" ist "Heavy Management". In: OFFICE MANAGE-
            MENT, 40. Jg. (1992) 5, S. 38-41.

RITZ91   Ritz, D.:
            Elektronische Märkte als neue Koordinationsinstrumente. Arbeitsbericht
            IM2000/CCEM/16 der Hochschule St. Gallen, St. Gallen: o. Verl., 1991.

RÖCK91   Röcker, B. et al.:
            Einsatz des Elektronischen Datenaustausches (EDI) in Wirtschaft und
            Verwaltung. O.O.: o. Verl., 1991.

RÖCK92a   Röcker, B.:
            Ein schlafender Riese wacht endlich auf. In: Die Computerzeitung, o. Jg.
            (1992) 11, S. 26.

RÖCK92b   Röcker, B./Liedel, P./Hartnic, W.:
            EDI-Konverter und Systemumgebungen. Mühlheim/Ruhr: o. Verl., 1992.

ROSE90a   Rosenberg, H.-J.:
            EDIFACT – der Weg von der Bürokommunikation zum elektronischen
            Geschäftsdatenaustausch. Sonderdruck aus DIN-Mitteilungen elektronorm,
            69. Jg. (1990) 7, S. 337-344.

ROSE90b   Rosenberg, H.-J.:
            UN/EDIFACT – die Richtlinie der Vereinten Nationen. Sonderdruck aus
            DIN-Mitteilungen elektronorm, 69. Jg. (1990) 7, S. 345-351.

RÜDI96   Rüdiger, A.:
            Service im Mittelpunkt. In: Business Computing, o. Jg. (1996) 2, S. 56-59.

SAP96   O. V.:
             R/3 im Internet – Electronic Commerce. Informationsmaterial der SAP AG,
             o. O: o. Verl., Stand 03.1996.

SCAL93   Scala, S./McGrath, R., Jr. :
             Advantages and disadvantages of electronic data interchange. In: Informa-
             tion & Management, o. Jg. (1993) 25, S. 85-91.

SCHE87   Scheer, A.-W.:
             Betriebsübergreifende Vorgangsketten durch Vernetzung der Informations-
             verarbeitung. In: Information Management, 2. Jg. (1987) 3, S. 56-63.

SCHE90a   Scheer, A.-W.:
             CIM (Computer Integrated Manufacturing) – Der computergesteuerte
             Industriebetrieb. 4. Aufl., Berlin et al.: Springer, 1990.

SCHE90b   Scheer, A.-W.:
             EDV-orientierte Betriebswirtschaftslehre: Grundlagen für ein effizientes
             Informationsmanagement. 4. Aufl., Berlin/Heidelberg/New York: Springer,
             1990.

SCHE91   Scheer, A.-W./Berkau, C/Kruse, C. :
             Analyse und Umsetzung einer EDI-Konzeption am Beispiel der Beschaf-
             fungslogistik in der Automobilindustrie. In: Information Management, 6. Jg.
             (1991) 2, S. 30-37.

SCHE94   Scheer, A. -W.:
             Wirtschaftsinformatik: Referenzmodelle für industrielle Geschäftsprozesse.
             4. Aufl., Berlin/Heidelberg/New York: Springer, 1994.

SCHE93   Scheckenbach, R.:
             Sicherheit mit MWD-Anbietern. In: Blenheim Heckmann GmbH (Hrsg.):
             EDI'93, Tagungsband zum EDI'93-Kongress in Stuttgart, Wiesbaden:
             o. Verl., 1993, Bereich 19, S. 14-20.

SCHE95a   Scheckenbach, R.:
             EDI-Trends, der lange Weg zur zwischenbetrieblichen Integration. In:
             Newsletter der Business Computing, o. Jg. (1995) 1, S. 6.

SCHE95b   Scheckenbach, R.:
             Datenfernübertragung, Konverter, MWD, Komplettlösungen – Entwick-
             lungstendenzen am Markt. In: o. V.: Plug & Play-Lösungen: Realität oder
             Utopie. Tagungsband zur WIV-Tagung "EDI-Praxis" in Würzburg, o. O:
             o. Verl., 1995

SCHE95c   Scheckenbach, R.:
             EDI-Kleinsysteme und ihre Bedeutung in der Wirtschaft. In: DEDIG
             Deutsche EDI-Gesellschaft e.V. (Hrsg.): 10. DIN-Tagung EDIFACT.
             Tagungsband zur 10. DIN-Tagung EDIFACT in Herrenberg bei Stuttgart,
             Berlin: o. Verl., 1995, Bereich 16, S. 1-7.

SCHE95d   Scheckenbach, R.:
             Was bietet der EDI-Markt? In: Beschaffung aktuell 10/1995, S. 42-44.

SCHE95e   Scheckenbach, R.:
             Vom notwendigen Übel zum echten Gewinn. In: Beschaffung aktuell, o. Jg.
             (1995) 10, S. 36-37.

SCHE96a   Scheckenbach, R.:
             Zwischenbetrieblicher Datenaustausch mit EDI. In: Schulte, H. (Hrsg.):
             Telekommunikation: Dienste und Netze wirtschaftlich planen, einsetzen und
             organisieren. Loseblatt-Ausgabe, Zürich et al.: WEKA, Stand 08.1996,
             Kap. 12/7, S. 1-70.

SCHE96b   Scheckenbach, R.:
             Anwendungsintegration – ein bislang gemiedenes Thema? In: edi-change,
             o. Jg. (1996) 3, S. 8-11.

SCHI94   Schimansky-Geiger, D.:
             Workflow Management oder elektronische Dokumentenverarbeitung? In:
             OFFICE MANAGEMENT, 42. Jg. (1994) 7/8, S. 60-62.

SCHM92a   Schmid, M.:
             Kommunikationsmodell für elektronische Märkte und mögliche Infrastruk-
             turen zu deren Realisierung. Dissertation, Hochschule St. Gallen 1992.

SCHM92b   Schmidt, K.-F./Friese, G.:
             Packetorientierte Netze: X.25-Standard. In: Lipinski, Klaus (Hrsg.):
             DATACOM special: Datentransfer im Weitverkehr, Bergheim:
             DATACOM, 1992, S. 36-45.

SCHM93   Schmid, B.:
             Elektronische Märkte. In: Wirtschaftsinformatik, 35. Jg. (1993) 5,
             S. 465-480.

SCHM94   Schmoll, T.:
             Handelsverkehr, elektronisch, weltweit: Nachrichtenaustausch mit EDI/
             EDIFACT. Haar bei München: Markt und Technik, 1994.

SCHO94   Scholl, K./Niemand, S.:
          Die fraktale Fabrik in der Praxis. In: io Management, 63. Jg. (1994) 6,
          S. 42-46.

SCHÖ94   Schönecker, H. G. :
          Wenn sich die Unternehmensumwelt ändert. In: OFFICE MANAGEMENT,
          42. Jg. (1994) 7/8, S. 22-23.

SCHU90   Schumann, M.:
          Abschätzung von Nutzeffekten zwischenbetrieblicher Informationsver-
          arbeitung. In: Wirtschaftsinformatik, 32. Jg. (1990) 4, S. 307-319.

SCHU92a   Schumann, M.:
          Wirtschaftlichkeitsrechnung für DV-Systeme. In: Huch, B./Behme,
          W./Schimmelpfeng, K. (Hrsg.): EDV-gestützte Controlling-Praxis. Frankfurt
          am Main/M.: Frankfurter Allgemeine Zeitung, 1992.

SCHU92b   Schumann, M.:
          Betriebliche Nutzeffekte und Strategiebeiträge der großintegrierten Infor-
          mationsverarbeitung. Berlin/Heidelberg/New York: Springer, 1992.

SCHU93   Schulte, K.:
          Migration von SEDAS nach EDIFACT. In: Blenheim Heckmann GmbH
          (Hrsg.): EDI'93, Tagungsband zum EDI'93-Kongress in Stuttgart,
          Wiesbaden: o. Verl., 1993, Bereich 15, S. 11-17.

SCHU94   Schulte-Zurhausen, M.:
          Integration und unternehmensinterne Verteilung von EDI-Daten. In:
          Wirtschaftsinformatik, 36. Jg. (1994) 1, S. 57-65.

SCHU96   Schulte, H. (Hrsg.):
          Telekommunikation: Dienste und Netze wirtschaftlich planen, einsetzen und
          organisieren. Loseblatt-Ausgabe, Zürich et al.: WEKA, Stand 08.1996,
          Kap. 15.

SEDR91   Sedran, T.:
          Wettbewerbsvorteile durch EDI? In: Information Management, 6. Jg. (1991)
          2, S. 16-21.

SEEB95   O. V.:
          WINVERA – Vertriebsabwicklung, Versandabwicklung für Automobilzu-
          lieferer. Produktblatt der Seeburger Unternehmensberatung, o. O: o. Verl.,
          Stand 02.1995.

SHIH96   Shih, C. et al:
             Requirements for Inter-operable Internet EDI. EDIINT Working Group,
             Internet Draft, ftp://ds.internic.net/internet-drafts/draft-ietf-ediint-req-00.txt
             (15.07.1996), Stand 07.1996.

SINZ94   Sinz, E. J.:
             Geschäftsprozeßmodellierung als Grundlage für den Einsatz von Workflow-
             Management-Systemen. In: Hasenkamp, U. (Hrsg.): Einführung von
             CSCW-Systemen in Organisationen. Tagungsband der D-CSCW'94 in
             Braunschweig, Wiesbaden: Vieweg, 1994, S. 219-224.

SNI94a   Siemens Nixdorf Informationssysteme AG (Hrsg.):
             COMET EDI – Electronic Data Interchange. Produktblatt, o. O.: o. Verl.,
             Stand 08.1994.

SNI94b   O. V.:
             COMET V3.1 – Vertriebsfreigabe. Siemens Nixdorf Informationssysteme
             AG, o. O.: o. Verl., Stand 05.1994.

SNI94c   Siemens Nixdorf Informationssysteme AG (Hrsg.):
             COMET V3.1. Produktblatt, o. O.: o. Verl., Stand 03.1994.

SOKO89   Sokol, P. K.:
             EDI: The Competitive Edge. New York, McGraw-Hill, 1989.

STEE94a   Steel, K.:
             Another Approach to Standardising EDI. In: EM – Elektronische Märkte,
             Newsletter des Competence Centers Elektronische Märkte der Universität
             St. Gallen, o. Jg. (1994) 12 , S. 9-10.

STEE94b   Steel, K.:
             Matching Functionality of Interoperating Applications – Another Approach
             to Standardising EDI. Working Paper ISO/ICE JTC/SC30 IT11/7/94-108,
             University of Melbourne, o. O.: o. Verl., Stand 07.94.

STEE95   Steel, K.:
             Open-edi Reference Model Standard – CD. Initial rewrite of ISO/ICE
             JTC/SC30 CD14662.2, University of Melbourne, ftp://turiel.cs.mu.oz.au/
             pub/edi/nextgen1.doc (17.01.1996), Stand 12.95.

STEE96   Steel, K.:
             The Basic Semantic Repository: The Users Guide to the BSR. Standards
             Australia – IT11/7, Initial Draft, ftp://turiel.cs.mu.oz.au/pub/edi/bsrug.doc
             (12.02.1996), Stand 01.96.

STEI93   Steinbach, C.:
              Mehrwertdienste: wirtschaftliche, ordnungspolitische und gesellschaftliche
              Rahmenbedingungen. Bergheim: DATACOM, 1993.

STEI94   Steinbock, H.-J.:
              Potentiale der Informationstechnik: state of the art und Trends aus Anwen-
              dersicht. Stuttgart: B. G. Teubner, 1994.

STEM91   Stemmerding, A.:
              EDI software: user requirements. In: Electronic Trader, o. Jg. (1991) 11,
              S. 23-26.

STIE92   Stiel, H.-D.:
              Superdrive fürs Postnetz. In: Lipinski, Klaus (Hrsg.): DATACOM special:
              Datentransfer im Weitverkehr, Bergheim: DATACOM, 1992, S. 106-112.

SWAT92   Swatman, P. M. C./Swatman, P. A.:
              EDI Systems Integration: A Definition and Literature Survey. In: Journal of
              the Information Society, o. Jg. (1992) , S. 169-205.

SZYP93   Szyperski, N./Klein, S.:
              Informationslogistik und virtuelle Organisationen. In: DBW, 53. Jg. (1993)
              2, S. 187-208.

TEDI92   O. V.:
              Sicherer EDI-Verkehr – Ein Management-Brevier. Papier der Kommission
              der Europäischen Gemeinschaft EUR 13794 DE für das Tedis-Programm,
              Luxemburg: Amt für amtliche Veröffentlichungen der Europäischen
              Gemeinschaft, 1992.

TENG94   Teng, T. C./Grover, V./Fiedler, K. D.:
              Re-designing Business Processes Using Information Technology. In: Long
              Range Planning, 27. Jg. (1994) 1, S. 95-106.

THOM91   Thomas, H.:
              Vorhandene EDI-Software läßt noch stark zu wünschen übrig. In: Com-
              puterwoche, 19. Jg. (1991) 26, S. 48-51.

THOM90   Thome, R.:
              Wirtschaftliche Informationsverarbeitung. München: Vahlen, 1990.

THOM95   Thome, R.:
              Wi(e)der die Nummer. In: Newsletter der Business Computing, o. Jg. (1995)
              11, S. 5-6.

UNWP92 O. V.:
Recommendations to UN/ECE WP.4 GE.1 of Interactive EDI. Arbeitspapier
TRADE/WP.4/R.842 der Economic Commission for Europe, Committee on
the development of trade, Working Party on Facilitation of International
Trade Procedures, o. O.: o. Verl., Stand 07.1992.

UNWP94 O. V.:
I-Edi Message Design Guidelines. Entwurf der UN/ECE WP.4/GE.1 I-EDI
Special Interest Group, o. O.: o. Verl., Stand 05.1994.

WARN93 Warnke, H.-J.:
Revolution der Unternehmenskultur: Das Fraktale Unternehmen. Berlin
et al.: Springer, 1993.

WARS92 Warsch, C.:
Planung rechnergestützter Kommunikation im Unternehmensverbund.
Fortschritt-Bericht VDI Nr. 202, Düsseldorf: VDI-Verlag, 1992.

WEID95 Weid, H.:
Wettbewerbsvorteile durch Electronic Data Interchange (EDI). München:
Huss, 1995.

WOMA90 Womack, J.P./Jones, D. T./Roos, D.:
The Maschine that Changed the World. New York: Rawson, 1990.

WOMA92 Womack, J.P./Jones, D. T./Roos, D.:
Die zweite Revolution in der Autoindustrie: Konsequenzen aus der weltwei-
ten Studie aus dem MIT. Deutsche Übersetzung von Wilfried Hof, 5. Aufl.,
Frankfurt am Main/New York: Campus, 1992.

ZBOR92 Zbornik, S./Schmid, M.:
Elektronische Märkte – wie realisieren? In: io Management, 61. Jg. (1992)
2, S. 72-75.

ZBOR93 Zbornik, S./Scheidegger, P.:
Sicherheitskonzepte für offene elektronische Märkte auf Basis von EDI.
Arbeitsbericht IM2000/CCEM/18 der Hochschule St. Gallen, St. Gallen:
o. Verl., 1993.

Anhang

1   Architektur und Funktionen von EDI-Systemen

Die aufgezeigten Aspekte und Merkmale repräsentieren das Angebot am Markt ergänzt um Benutzeranforderungen. Sie sind entsprechend ihrer Verfügbarkeit am Markt gekennzeichnet als

- „verfügbar"(**v**), d. h. Standardfunktionalität oder Zusatzmodul realisiert,

- „eingeschränkt realisiert"(**er**), d. h. die Funktionalität ist wünschenswert, wurde jedoch bislang weder umfassend realisiert noch wird sie in allen Produkten angeboten oder

- „nicht verfügbar" (**nr**), d. h. die Funktionalität ist wünschenswert, wurde jedoch bislang nicht realisiert.

Tab. A/1:   Architektur von EDI-Systemen

Aspekt	Erläuterung/Ausprägungen	Verfüg-barkeit
funktionaler Abdeckungs-grad	Zu unterscheiden ist zwischen	
	• Komplettsystemen, welche die Anforderungen einer bestimmten Zielgruppe umfassend abdecken,	v
	• Modulsystemen, bestehend aus einem Basissystem (z. B. Ablaufsteuerung) und optionalen Funktionsmodulen (z. B. Konverter, TK-Modul) sowie	v
	• Zusatzsoftware, die als eigenständige Anwendung spezifische Funktionen (z. B. Accounting, Mapping, Security) realisiert.	v
Implementie-rungsform	Zu unterscheiden ist zwischen	
	• Client/Server-Architektur (Vorrechnerlösung), d. h. das EDI-System und/oder die Kommunikationskomponente laufen auf einem von dem Anwendungssystem unabhängigen Rechner und sind über ein LAN verbunden,	v
	• Host-Lösungen, d. h. das EDI-System und das Anwendungssystem werden auf demselben Rechner betrieben und	v
	• anwendungsinternen EDI-Systemen, d. h. die EDI-Funktionalität ist integraler Bestandteil des Anwendungssystems.	v
Plattformun-abhängigkeit	Das EDI-System ist für verschiedene Betriebssysteme verfügbar und die Konfigurationsdaten sind übertragbar.	er
Oberfläche	Zu unterscheiden ist zwischen	
	• grafischen (z. B. WINDOWS-Anwendungen),	er
	• ASCII- (veraltet) oder	v
	• kommandozeilenorientierten Oberflächen (veraltet).	v

Tab. A/2:   Architektur von EDI-Systemen

Aspekt	Erläuterung/Ausprägungen	Verfüg-barkeit
Benutzer-führung	Homogenität der Bedienung (z. B. Short-Cuts, Menü-Hierarchien) und Homogenität der Oberflächen (z. B. Button-Anordnung, Masken-aufteilung).	er
Mehrspra-chigkeit	Das EDI-System ist in verschiedenen Sprachen verfügbar oder es kann menügesteuert zwischen den Sprachen umgeschaltet werden.	er
Datenver-waltung	Die Verwaltung von Profildaten, Zuordnungsvorschriften usw. erfolgt in • Tabellen oder • Datenbanken	 v er
Konverter-architektur	Die Verwaltung der Zuordnungsvorschriften erfolgt • tabellenorientiert, was durch die einfache Handhabung, hohe Flexibilität und durch die gute Performance die verbreitetste Form darstellt, • datenbankorientiert, d. h. sehr performance-intensiv oder • programmorientiert (hard coded), d. h. individuell für jeden Nachrichtentyp starr codiert (inflexibel, aber sehr performant).	 v er er
Schnittstellen	Schnittstellen erlauben eine definierte und dokumentierte Verknüp-fung mit anderen Anwendungen oder mit individuell funktionalen Erweiterungen. Zu nennen sind hier insbesondere • Datenbankschnittstellen (z. B. ODBC, SQL), • anwendungsspezifische Inhouse-Schnittstellen (z. B. IDoc für R/3), • User-Exits zur funktionalen Erweiterung des EDI-Systems durch die Integration von individuellen Zusatzentwicklungen und • APIs (z. B. RPC) zur Interaktion mit anderen Programmen.	 er er er er

Tab. A/3:   Funktionen der Ablaufsteuerung

Funktion	Erläuterung	Verfüg-barkeit
Rahmen-system	Zentrale Steuerung aller EDI-Systemfunktionen und -module.	v
Protokolle/ Reports	Zu unterscheiden ist zwischen	
	• Logging Files (z. B. gesendete und empfangene Nachrichten mit Datum, Verarbeitungsstatus usw.),	er
	• Error-Reports,	v
	• Status-Reports (Bearbeitungszustand) und	er
	• Audit Trails (nachrichtenorientiertes Logging aller Verarbeitungsschritte).	er
Fehler-Management	Koordiniertes Fehlerverhalten, welches dem Anwender erlaubt, den Fehler frühzeitig zu erkennen und schnell zu beheben.	
	• Benutzerbenachrichtigung durch akustische oder optische Signale und/oder das Versenden von E-Mails	er
	• Fehlertoleranz, d. h. kein Systemstillstand sondern Aussondern der fehlerhaften Nachricht und korrekte Bearbeitung aller anderen Nachrichten	er
	• Fehlersuche und -behebung, d. h. automatische Fehleridentifikation und Eskalationsmechanismen	er
Ablauf-steuerung	Für die Systemsteuerung bestehen folgende Alternativen:	
	• Zeitpunktorientierung, d. h. zu bestimmten Zeitpunkten werden Funktionen durchgeführt,	er
	• Intervallorientierung, d. h. periodischer Funktionsanstoß oder	er
	• Ereignisorientierung, d. h. der Funktionsaufruf erfolgt bei Eintritt eines definierter Zustands (z. B. Nachrichteneingang, RFC).	er
Functional Acknowledge-ments (FA)	FAs sind Empfangsbestätigungen (ANSI-Nachricht 997), die den korrekten Eingang von EDI-Daten auf Nachrichtenebene (summary) oder Elementebene (detail) anzeigen.	nr
Return Codes	Innerbetriebliche Statusnachrichten (z. B. Verarbeitungsstand, Fehler), die an vor- oder nachgelagerte Anwendungen weitergeleitet werden.	er
Erstellung des Servicedaten-rahmens	Die im Servicedatenrahmen enthaltenen Daten setzen sich überwiegend aus Stammdaten zusammen, die um nachrichtenspezifische Daten (z. B. Nachrichtentyp, Segmentanzahl, Erstellungsdatum) ergänzt werden.	
	Automatische Erstellung des Servicedatenrahmens bei ausgehenden Nachrichten	v

Tab. A/4:   Konverterfunktionen

Funktion	Erläuterung	Verfüg-barkeit
Konvertierung	Syntaxkonvertierung (Reihenfolgeumsetzung und Umsetzung zwischen Inhouse- und EDI-Format)	v
	Semantische Konvertierung im Rahmen des Austauschformates (Qualifier, Maßeinheiten, Code-Umwandlung)	er
Programmier-barkeit	Ähnlich einer problemorientierten Programmiersprache können mathematische (z. B. Summenbildung) und logische Operationen (z. B. If-Then-Else) während der Konvertierung durchgeführt werden.	er
Offenheit	Interoperabilität des Konverters mit anderen Anwendungen (z. B. User-Exits, API), d. h. dokumentierte Schnittstellen für die Anbindung anderer Applikationen oder selbstentwickelter Erweiterungen (z. B. Anpassungs-, Verarbeitungsfunktionen)	er
Syntaxprüfung	Überprüfung der Normkonformität ein- und ausgehender EDI-Nachrichten hinsichtlich:	
	• der Datenelemente (z. B. Länge, Typ, Code, Vollständigkeit),	er
	• der Nachrichten (z. B. Struktur, Existenz von Muß-Elementen),	er
	• der Codes (z. B. Verfügbarkeit) oder	er
	• der korrekten Zeichensatzes usw.	er
Multi-standard-fähigkeit	Verarbeitbarkeit verschiedener EDI-Standards (z. B. EDIFACT, ANSI X.12, VDA), Versionen (z. B. EDIFACT-Directories) und Subsets	er
Fehler-verhalten	Fehlerhafte Nachrichten dürfen nicht zu unkontrollierten Systemabstürzen führen oder die Konvertierung anderer Nachrichten beeinflussen.	er
Struktur-flexibilität	Keine Einschränkungen bei der Umsetzung zwischen Inhouse- und EDI-Austauschformat (Überkreuzzuweisungen), d. h. völlige strukturelle Flexibilität	er

Tab. A/5:   Kommunikationsfunktionen

Funktion	Erläuterung	Verfüg-barkeit
interne Kommunikation	Zu unterscheiden ist zwischen • der Bereitstellung von Filetransfer als integralem Bestandteil des EDI-Systems, • der Nutzung von Fremdprodukten durch definierte Schnittstellen (z. B. API) und • keinerlei Kommunikationsfunktionalität, sofern die Kommunikation vom Host ausgeht oder eine Host-Lösung vorliegt.	er er v
externe Kommunikation	Zu unterscheiden ist zwischen • der Bereitstellung verschiedener TK-Module zur Unterstützung verschiedener TK-Dienste/-Protokolle und MWD sowie • der Fähigkeit eines EDI-Systems mehrere TK-Alternativen parallel zu nutzen (z. B. Carrier-Clearing).	er er
Message Handling	Zu unterscheiden ist zwischen • Sammeln (mehrere ausgehende Einzelnachrichten werden zu einer Übertragungsdatei zusammengefaßt), • Splitting (Übertragungsdateien werden in Einzelnachrichten aufgespalten) und • Routing (Einzelnachrichten werden gezielt an unterschiedliche betriebliche Anwendungen weitergeleitet)	er er er
ergänzende Kommunikationsformen	Zu differenzieren sind • Fax-, Mail- oder Telex-Versand von EDI-Nachrichten an nicht EDI-fähige Partner, • Austausch von Binärdateien oder CAD-Daten (z. B. ENGDAT) und • Bereitstellung von E-Mail-Systemen bzw. -Schnittstellen (z. B. MAPI) für den interpersonellen Austausch von Informationen.	er er er
Accounting	Aufschlüsselung der angefallenen Kommunikations- und Verarbeitungskosten nach verschiedenen Kriterien, wie versendende Abteilung oder Empfänger	er

Tab. A/6:   Funktionen der Datenein- und -ausgabe

Funktion	Erläuterung	Verfüg-barkeit
Dialogober-fläche	Grafische Benutzerschnittstelle, Maus-Unterstützung und Menü-technik (z. B. MS-WINDOWS, OSF/Motif)	er
Viewer/Editoren	Viewer bzw. Editoren sind Grundlage für die EDI-Systemüberwa-chung und das Fehler-Management. Sie dienen der Darstellung bzw. der Manipulation von Inhouse- und EDI-Nachrichten, Reports, Logfiles usw. am Bildschirm. Eine strukturierte Darstellung mit unterschiedlichen Darstellungsalternativen (z. B. Sortierung, Filter) erweist sich als überaus hilfreich.	er
Data Entry Modul	Bei nicht-integrierten EDI-Systemen müssen die Daten am EDI-System erfaßt und ausgegeben werden. Zu unterscheiden ist zwischen • dem segmentorientierten Maskenaufbau, d. h. Orientierung an der Struktur des Austauschformates (für den EDI-Laien nicht lesbar), und	v
	• dem formularorientierten Maskenaufbau, der entweder starr vorgegeben oder mittels eines Formulargenerators dynamisch anpaßbar ist.	er
Auswahl-listen/Filter	Bei der EDI-Systemkonfiguration, -überwachung oder beim Erfassen von betriebswirtschaftlichen Daten lassen sich Eingaben durch Eingabefilter (z. B. Datentyp, Feldlänge) bzw. Auswahllisten zu einzelnen Feldern auf "sinnvolle" Eingaben beschränken.	er
aufbereitete Druckausgabe	Druckausgabe von Protokollen, Reports und Nachrichten in einer vom EDI-System vordefinierten oder benutzerdefinierten Form (z. B. Sortierung, Selektion).	er

Tab. A/7:   Implementationsfunktionen und -werkzeuge

Funktion	Erläuterung	Verfüg-barkeit
Import von EDIFACT-Directories	Alle verfügbaren EDIFACT-Strukturen, wie Nachrichtentypen, Segmente, Elemente, liegen in digitaler Form vor und können bei Bedarf vom EDI-System importiert werden.	v
Zuordnungs-tools	Für die Konvertierung sind exakte Konvertiervorschriften erforderlich, die sich je nach EDI-System erheblich unterscheiden. Ihre Erstellung erfolgt mit Hilfe spezieller Zuordnungstools.	er
	Der Leistungsumfang von Zuordnungstools umfaßt	
	• die Erfassung korrespondierender EDI- und Inhouse-Strukturen,	
	• das Zuordnen einzelner Felder (Mapping),	
	• die Anpassung von Feldlängen, -typ oder -ausrichtung,	
	• das Einfügen von Konstanten,	
	• die Code-Tabellenerstellung und -Konvertierung,	
	• das Programmieren von logischen und mathematischen Operationen in einer konverterspezifischen Skript-Sprache,	
	• die Subset-Erstellung,	
	• die Prüfung der Normkonformität und	
	• die Dokumentation der Zuordnungsvorschriften.	
System-installation	Die Installation der EDI-System-SW erfolgt mittels Disketten (PC-Systeme), Magnetband (z. B. UNIX-Systeme) und in zunehmendem Maß auch mittels CD-ROM.	v
	Der Automationsgrad bei der Installation differiert erheblich in Abhängigkeit des jeweiligen EDI-Systems. Folgende Aktionen sollten automatisch durchgeführt werden:	er
	• das Kopieren der SW auf das Zielsystem und die Erstellung der benötigten Verzeichnisse,	
	• die Anpassung der Systemeinträge,	
	• die Allokation des erforderlichen Speicherplatzes und	
	• die Identifikation und Initialisierung der Kommunikations-schnittstellen.	
	Dem Anwender müssen folgende Ereignisse angezeigt werden:	
	• das Auftreten von Fehler unter Angabe möglicher Ursachen und Lösungen sowie	er
	• vorgenommene Anpassungen in den Systemdateien.	er
Systemtest und Testda-tengenerator	EDI-Systeme sind vor dem Echtbetrieb auf ihre Funktionsfähigkeit und Kompatibilität mit den Partnersystemen zu testen.	er
	Testprogramme erlauben eine Systemüberprüfung durch	
	• Selbsttest, d. h. Kotrolle der Verfügbarkeit aller Module, Ver-zeichnisse sowie Kommunikationsperipherie, und	
	• Erzeugung von Testdaten zum Probebetrieb.	
Anwendungs-schnittstellen	Dateischnittstellen bilden die verbreitetste Form Daten (Flat Files) zwischen EDI- und Anwendungssystem auszutauschen. Das EDI-System muß flexibel auf die vom Anwendungssystem erstellten, spezifisch strukturierten Dateien anpaßbar sein.	er
	Für R/3 von SAP existiert eine standardisierte, dokumentierte und zertifizierte Schnittstelle ("IDoc").	er

Tab. A/8:   Archivierungsfunktionen bei EDI-Systemen

Funktion	Erläuterung	Verfüg-barkeit
Archivierung	Ziel ist die Wiederherstellbarkeit der EDI-Nachrichten sowie aller für die Interpretation erforderlichen Informationen (z. B. Wechselkurse). Unverfälschte Speicherung • der EDI-Nachrichten, • der Konvertierungsvorschriften sowie • der genutzten Code-Tabellen, Fehlerprotokolle und Reports.	 v nr nr
Recovery	Gezielte Suche von archivierten Nachrichten nach Kriterien wie • Partner, • Nachrichtentyp, • Datum und/oder • Verarbeitungsrichtung. Systemunterstützte Rekonstruktion von archivierten Nachrichten, d. h. unter Nutzung der Directory-Versionen, Konvertierungsvorschriften, Code-Tabellen usw.	er nr
gesetzliche Anforderungen	Sicherstellung der GoS (Grundlagen ordnungsgemäßer Speicherbuchführung) durch geeignete Speichermedien, die den Anforderungen der Aufbewahrungsfrist sowie der Manipulationssicherheit genügen	er

Tab. A/9:   Sicherheitsmechanismen bei EDI-Systemen

Funktion	Erläuterung	Verfüg-barkeit
Zugangsschutz	Durch einen gegebenenfalls mehrstufigen Paßwortschutz, Chip-Karten oder biometrische Verfahren ist eine Manipulation der EDI-Systeme sowie der EDI-Daten durch Unberechtigte im Unternehmen zu verhindern.	er
Verschlüsselung	Die Geschäftsdaten werden zwischenbetrieblich mit kryptografischen Verfahren verschlüsselt, um ein "Ausspähen" bei der Übertragung zu verhindern.	er
Elektronische Unterschrift	Auf Basis der EDI-Nachricht wird eine Prüfsumme erstellt und mit einem personifizierten Verschlüsselungsalgorithmus chiffriert. Zusammen mit der EDI-Nachricht lassen sich sowohl die Unversehrtheit der Datei als auch die Authentität des Absenders belegen.	er
Referenznummern	Alle an einen Partner versandten EDI-Nachrichten werden mit einer fortlaufenden Referenznummer versehen. Als Bestandteil einer EDIFACT-Nachricht kann der Empfänger die Lückenlosigkeit prüfen und bei Unstimmigkeiten eine erneute Übertragung anfordern.	v

2 Detailbeschreibung der Integrationsmatrix

Tab. A/10: Erläuterung zum Integrations- und Automationsgrad auf Basis von betriebswirtschaftlichen und organisatorischen Benutzeranforderungen

Kriterium	Beschreibung	Ab-schnitt
Integrationsgrad		
EDI-Clearing	Zentrale Bereitstellung der Konvertierungs- und Kommunikations-Services für mehrere Inhouse-Anwendungen	4.2.4
Adaptionsfähigkeit	Anpassungsfähigkeit an sich dynamisch ändernde Interaktionsbeziehungen mit den Partnern	6.1.2 6.1.3 6.1.5 6.3.1
Geschäftssicherheit	Transaktionsgesicherter Geschäftsdatenaustausch durch Bestätigung des Nachrichtenempfangs und der erfolgreichen Konvertierbarkeit durch den Empfänger	4.2.3 4.2.5.2 6.1.4.1
Passive Datenintegration	Alle Funktionen, die den Im- und Export von Zwischenstrukturen durch das Anwendungssystem gestatten	6.1.2
Aktive Datenintegration	Analog zur passiven Datenintegration, erweitert um die Funktionen der semantischen Anpassung und Plausibilisierung	6.1.3
Aktive Prozeßintegration	Aktive Unterstützung der Geschäftsprozeßabwicklung durch Interaktion aller beteiligten Funktionen/Komponenten auf technischer sowie Geschäftsprozeßebene	6.1.4 6.3
Automationsgrad: EDI-Eingangsverarbeitung		
manuell	Eingehende Daten müssen manuell angepaßt, geprüft und an die anwendungsinterne Vorgangssteuerung übergeben werden.	4.1.4.1
Prozeßkopplung	Eingehende Daten werden automatisch an die anwendungsinterne Vorgangssteuerung übergeben und der Verarbeitungsprozeß angestoßen.	6.2.3.1 6.3.1.1
Error-/Exception-Management	Eingehende Daten durchlaufen automatisierte Anpassungs- und Plausibilisierungsprozesse. Bei auftretenden Unstimmigkeiten erfolgt der Anstoß von Eskalationsmechanismen zur Fehlerbehebung.	6.3.2
Automationsgrad: EDI-Ausgangsverarbeitung		
manuell	Ausgehende Geschäftsnachrichten werden traditionell manuell initiiert und als Zwischenstruktur exportiert.	4.1.4.1
Auto-Response	Bestätigende Geschäftsnachrichten werden automatisch erzeugt und dem EDI-System übergeben.	6.2.3.2 6.3.3.1
Auto-Transaction	Geschäftsnachrichten werden automatisch entsprechend den betriebswirtschaftlichen Rahmenbedingungen und zeitlichen Vorgaben erzeugt und dem EDI-System übergeben.	6.2.3.2 6.3.3.2

Tab. A/11: Erläuterung der Integrationsfunktionen auf technisch-administrativer Ebene

technisch-administrative Integration	Beschreibung	Ab-schnitt
EDI-System		
Routing/Splitting	Aufspalten eingehender Nachrichtengruppen in Einzelnachrichten und gezielte Weiterleitung an verschiedene Anwendungssysteme	Anhang 1
Statusmeldungen	Erstellung von Statusmeldungen für das Anwendungssystem zur Dokumentation des Verarbeitungszustandes von ein- und ausgehenden EDI-Nachrichten	Anhang 1
Archivierung	Archivierung der ein- und ausgehenden EDI-Nachrichten im Austauschformat entsprechend den gesetzlichen Vorschriften	Anhang 1
Multistandard-/Multiprotokollfähigkeit	Simultane Unterstützung mehrerer EDI-Austauschformate und Kommunikationsprotokolle (Clearing)	Anhang 1
Zwischenstruktur	Zwischenstrukturen sind frei definierbar und können um anwendungsspezifische Header erweitert werden.	Anhang 1
SGPI-Integrator: Zwischenstruktur		
bidirektionale Nutzung	Jeder Zwischenstrukturtyp läßt sich sowohl für die Eingangs- als auch für die Ausgangsverarbeitung nutzen.	6.1.2.1
Meta-Strukturtypen	Inhaltlich verwandte Nachrichtentypen werden in einer Meta-Struktur zusammengefaßt und durch Filter in spezifische Zwischenstrukturtypen überführt.	6.1.2.1
Zwischenstruktursyntax	Alle Zwischenstrukturen sind entsprechend einer standardisierten, partner- und austauschformatunabhängigen Syntax aufgebaut.	6.1.2.1
Adaption	Verfügbarkeit von Werkzeugen zur Adaption von Meta-Strukturen und partnerspezifischen Zwischenstrukturen	6.1.2.3
SGPI-Integrator: Dateischnittstelle		
Ex-/Importmechanismen	Austausch gefüllter Zwischenstrukturdateien zwischen Anwendungs- und EDI-System auf Betriebssystemebene	6.1.4.1
Selektionsmechanismen	Flexibler Mechanismus zum Füllen von Zwischenstrukturen mit beliebigen Stamm- und Bewegungsdaten	6.1.2.2
Adaption	Verfügbarkeit von Werkzeugen zur flexiblen Adaption der Dateischnittstelle, wie z. B. Übergabeverzeichnisse	6.1.2.3
Anwendungsgrundsystem		
EDI-Bewegungsdatenverwaltung	Verwaltung von ein- und ausgehenden Zwischenstrukturtypen sowie von Verarbeitungsinformationen (z. B. Status)	6.1.2.3
EDI-Stammdatenverwaltung	Verwaltung von EDI-spezifischen Partnerprofilen, wie genutzte Zwischenstrukturtypen, Plausibilitätsregeln, Fremd-Codes oder Eskalationsmechanismen	6.1.2.3
Administration	Anwendungsinterne Bereitstellung von Verwaltungswerkzeugen zur Kontrolle, Anzeige und Auswertung von EDI-Bewegungs- und EDI-Stammdaten	6.1.2.3

Tab. A/12:   Erläuterung der Integrationsfunktionen auf semantischer Ebene

semantische Integration	Beschreibung	Ab- schnitt
EDI-System		
Acknowledgements	Erstellung und Verarbeitung von Acknowledgements zur Sicherstellung der korrekten Übermittlung und Konvertierung von EDI-Nachrichten	Anhang 1 6.1.4.1
Code-Umsetzung	Umsetzung von Fremd-Codes in anwendungsinterne Code und umgekehrt	Anhang 1 6.1.3.1
Konstantenergänzung	Ergänzung fehlender Datenfeldinhalte in der EDI-Eingangs- und EDI-Ausgangsverarbeitung durch Konstanten	Anhang 1 6.1.3.1
Formatierung der Datendarstellung	Anpassung der Datenfeldformatierung, wie Ausrichtung, Leerzeichen oder Zeit- und Datumsangaben	Anhang 1 6.1.3.1
Formatkonvertierung	Konvertierung von anwendungsspezifischen Zwischenstrukturformaten in Austauschformate und umgekehrt	Anhang 1
SGPI-Integrator: Plausibilisierung		
Datenfeldebene	Überprüfung, ob die Datenfeldwerte innerhalb der betriebswirtschaftlich zulässigen Wertebereiche liegen	6.1.3.2
Ebene der Geschäftsabwicklung	Überprüfung der inhaltlichen Konsistenz logisch zusammengehörender Nachrichten innerhalb einer Geschäftsabwicklung	6.1.3.2
Partnerebene	Überprüfung eingehender Nachrichten, inwieweit bei den Partnervereinbarungen, dem internen Partnerrahmen und der Partnerhistorie Unstimmigkeiten oder Anomalien auftreten	6.1.3.2
Adaption	Verfügbarkeit von Werkzeugen zur flexiblen Adaption der Plausibilisierung	6.1.3.3
SGPI-Integrator: semantische Anpassung		
Ergänzungen	Ergänzung fehlender Dateninhalte durch Verarbeitungskonstanten, Funktionen oder Werte der Anwendungsdatenbasis	6.1.3.1
Code-Umsetzung	Partnerspezifische Umsetzung von Fremd-Codes in anwendungseigene Codes und umgekehrt	6.1.3.1
Adaption	Verfügbarkeit von Werkzeugen zur flexiblen Adaption der Dateischnittstelle, wie Übergabeverzeichnisse oder Filetransfer	6.1.3.3
Anwendungsgrundsystem		
Partnerrahmen-/ Historienverwaltung	Berücksichtigung von internen Partnerrahmen sowie einer Partnerhistorie im Datenmodell des Anwendungssystems sowie deren Verwaltung in der Datenbasis	6.1.3.2 6.1.3.3
Fremd-Codes/ Konstanten	Berücksichtigung von partnerspezifischen Fremd-Codes und Konstanten im Datenmodell des Anwendungssystems sowie deren Verwaltung in der Datenbasis	6.1.3.2 6.1.3.3
Administration	Anwendungsinterne Bereitstellung von Werkzeugen zur Verwaltung von EDI-spezifischen Stamm- und Bewegungsdaten	6.1.3.3

Tab. A/13:   Erläuterung der Integrationsfunktionen auf Prozeßebene

Prozeß-integration	Beschreibung	Ab-schnitt
EDI-System		
Systeminteraktion	Interaktion zwischen EDI- und Anwendungssystem durch Erzeugung und Verarbeitung von Systemaufrufen	Anhang 1 6.1.4.1
Verarbeitungs-kontrolle/Status-meldungen	Verarbeitungskontrollen der EDI-Ein- und EDI-Ausgangs-verarbeitung sowie Übermittlung von Statusinformationen an das Anwendungssystem	Anhang 1 6.1.4.1
Ablaufsteuerung	Möglichkeit eines ereignis-, zeitpunkt- und/oder inter-vallorientierten Automatikbetriebs durch das EDI-System	Anhang 1
Functional Acknowledgement	Zwischenbetriebliche EDI-Systeminteraktion durch Erzeu-gung und Verarbeitung von Functional Acknowledgements (EDIFACT-Nachrichtentyp CONTRL)	Anhang 1 6.1.4.1
gesichertes TK-Protokoll	Unterstützung von TK-Protokollen, die Identitäts- und End-to-End-Kontrolle sowie Bodytypes beinhalten	4.2.3
SGPI-Integrator: EDI-Nachrichtensteuerung		
EDI-Systemaufruf	Aktive Interaktion mit dem EDI-System durch direkten Systemaufruf	6.1.4.1
Verarbeitung von Statusmeldungen	Auswertung von Statusinformationen des EDI-Systems und gegebenenfalls Anstoß von Eskalationsmechanismen	6.3.2
Semantical Acknowledgements	Erzeugung und Verarbeitung von Semantical Acknowledge-ments durch das Anwendungssystem und Übergabe an das EDI-System	6.1.4.1
Adaption	Verfügbarkeit von Werkzeugen zur flexiblen Adaption der EDI-Nachrichtensteuerung	6.1.4.3
SGPI-Integrator: EDI-Workflow		
Import eingegangener Daten	Automatischer Import eingegangener und konvertierter EDI-Nachrichten in das Anwendungssystem	6.1.4.1
semantische Anpassungen	Automatische Durchführung semantischer Anpassungen von eingegangenen Nachrichten entsprechend partner-spezifischer Vorgaben	6.3.1.1
Plausibilisierung	Automatische Plausibilisierung eingegangener Nachrichten entsprechend partnerspezifischer Vorgaben	6.3.1.1
Anstoß anwendungs-interner Prozesse	Anstoß anwendungsinterner Weiterverarbeitungsprozesse und Übergabe der externen Daten	6.3.1.1
Aktions-/Reaktions-mechanismen	Automatische Initiierung von ausgehenden Geschäftsnach-richten nach definierten Regeln und Zeiten sowie Übergabe an das EDI-System mit Hilfe operativer Exportfunktionen	6.3.3
Eskalations-mechanismen	Bereitstellung von Eskalationsmechanismen zur automa-tisierten Bearbeitung von Fehler- oder Ausnahmesitu-ationen in der EDI-Eingangsverarbeitung.	6.3.2
Adaption	Verfügbarkeit von Werkzeugen zur flexiblen Erstellung und Adaption von EDI-Workflows.	6.1.4.3

Tab. A/14:   Erläuterung der Integrationsfunktionen auf Funktionsebene

Funktions-integration	Beschreibung	Ab-schnitt
EDI-System		
Small Business EDI-Lösung	Bereitstellung der betriebswirtschaftlichen Schnittstellenfunktionen durch SBEL	5.3 6.1.5
Anwendungsgrundsystem		
Verarbeitungslogik	Die Verarbeitungslogik des Anwendungssystems unterstützt standardmäßig die betriebswirtschaftliche Schnittstellenfunktionalität in der erforderlichen Funktionsbreite und -tiefe.	6.1.5
Datenmodell/-basis	Im Datenmodell des Anwendungssystems sind die erforderlichen Dateninhalte enthalten und werden in der Datenbasis verwaltet.	6.1.5
Adaption	Verfügbarkeit von Werkzeugen zur flexiblen Adaption der Dateischnittstelle, wie Übergabeverzeichnisse oder Filetransfer	6.1.2.1 6.1.2.2

3   Integrationsmatrix der semantischen Geschäftsprozeßintegration

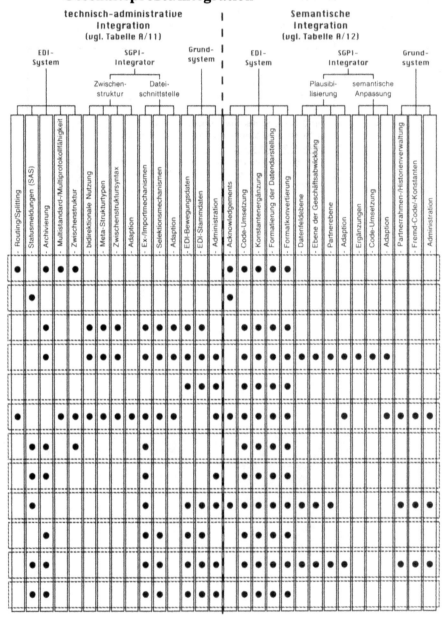

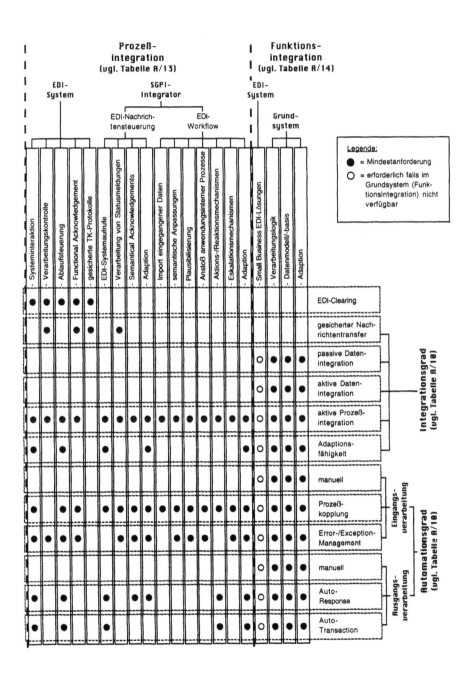

GPSR Compliance
The European Union's (EU) General Product Safety Regulation (GPSR) is a set
of rules that requires consumer products to be safe and our obligations to
ensure this.

If you have any concerns about our products, you can contact us on

ProductSafety@springernature.com

In case Publisher is established outside the EU, the EU authorized
representative is:

Springer Nature Customer Service Center GmbH
Europaplatz 3
69115 Heidelberg, Germany